In(ter)venciones del yo

Escritura y sujeto autobiográfico en la literatura hispanoamericana (1974-2002)

Sergio R. Franco

ENSAYOS DE TEORÍA CULTURAL
VOL. 2

Coordinadora: Mabel Moraña

In(ter)venciones del yo

Escritura y sujeto autobiográfico
en la literatura hispanoamericana (1974-2002)

Sergio R. Franco

Iberoamericana · Vervuert · 2012

De esta edición:

© Iberoamericana, Madrid 2012
Amor de Dios, 1 – E-28014 Madrid
Tel.: +34 91 429 35 22
Fax: +34 91 429 53 97
info@iberoamericanalibros.com
www.ibero-americana.net

© Vervuert, 2012
Elisabethenstr. 3-9 – D-60594 Frankfurt am Main
Tel.: +49 69 597 46 17
Fax: +49 69 597 87 43
info@iberoamericanalibros.com
www.ibero-americana.net

ISBN 978-84-8489-658-6 (Iberoamericana)
ISBN 978-3-86527-710-7 (Vervuert)
ISBN: 978-3-86527-986-6 (Ebook)
Depósito Legal: M-22758-2012

Cubierta: Carlos Zamora
Impreso en España
The paper on which this book is printed meets the requirements of ISO 9706

ÍNDICE

Para Berenice, Luzmila y Romelia

AGRADECIMIENTOS

Este libro es fruto del concurso de colegas, amigos y parientes. Quiero agradecer, en primer lugar, a Mabel Moraña, directora de la serie ETC, por su generoso apoyo crítico, así como a Klaus Vervuert, editor de este volumen. A Gerald Martin, por esclarecedoras sugerencias y a Raúl Bueno Chávez, mi maestro desde los años de la Universidad de San Marcos, por el permanente y enriquecedor diálogo. Debo indicar también mi reconocimiento a Margo Glantz, quien me recibió en su casa de Coyoacán en el cálido julio del 2007 y con paciencia respondió a mis preguntas.

Esta investigación no hubiese sido posible sin los fondos de la Hillman Library de la University of Pittsburgh, en cuyos laberintos siempre me fue tan grato perderme y encontrarme, y en particular de su admirable Eduardo Lozano Latin American Collection. De la misma manera, la Frick Fine Arts de la University of Pittsburgh, la Samuel Paley Library de Temple University y la Charles Patterson Van Pelt Library de la University of Pennsylvania han sido fundamentales para este trabajo.

Deseo agradecer también a mis colegas del Department of Spanish and Portuguese de Temple University y, en particular, a Luis González del Valle, por su apoyo en esta empresa académica.

Finalmente, mi gratitud a mis hermanos, Patricia y Óscar, y a mi tía Romelia Franco Alvarado, por su amor constante.

Simplifiquemos desaforadamente una vida: imaginemos que la integran trece mil hechos. Una de las hipotéticas biografías registraría la serie 11, 22, 33...; otra, la serie 9, 13, 17, 21...; otra, la serie 3, 12, 21, 30, 39... No es inconcebible una historia de los sueños de un hombre; otra, de los órganos de su cuerpo; otra, de las falacias cometidas por él; otra, de todos los momentos en que se imaginó las pirámides; otra, de su comercio con la noche y con las auroras.

JORGE LUIS BORGES, "Sobre el *Vathek* de William Beckford"

If one looks at the history of post-Enlightenment theory, the major problem has been the problem of autobiography: how subjective structures can, in fact, give objective truth. During these same centuries, the Native Informant was treated as the objective evidence for the founding of the so-called sciences like ethnography, ethnolinguistics, comparative religion, and so on. So that, once again, the theoretical problems only relate to the person who knows. The person who *knows* has all the problems of selfhood. The person who is known, somehow seems not to have a problematic self.

GAYATRI CHAKRAVORTY SPIVAK, "Questions of Multiculturalism"

That is what the highest criticism really is, the record of one's own soul. It is more fascinating than history, as it is concerned simply with oneself. It is more delightful than philosophy, as its subject is concrete not abstract, real and not vague. It is the only civilized form of autobiography, as it deals not with the events, but with the thoughts of one's life; not with life's physical accidents of deed or circumstance, but with the spiritual moods and imaginative passions of the mind.

OSCAR WILDE, "The Critic as Artist"

INTRODUCCIÓN

Los estudios académicos dedicados a autobiografías y memorias hispanoamericanas son relativamente recientes. No obstante, estas modalidades expresivas, cuya producción se viene acrecentando con celeridad, resultan menos novedosas si se piensa que sus antecedentes son tan antiguos como *Comentarios reales*, del Inca Garcilaso de la Vega; *Respuesta*, de Sor Juana Inés de la Cruz o ciertos textos de la literatura monacal del período de la colonia. Esta antigüedad no debe hacernos perder de vista el carácter periférico del discurso autobiográfico en el ámbito de nuestras letras. Si como plantea Silvia Molloy, autora de un estudio pionero en este campo, *At Face Value: Autobiographical Writing in Spanish America* (1991), la autobiografía implica tanto una forma de escribir como una forma de leer (12),[1] la cada vez más sostenida producción de (y atención a) textos autobiográficos de nuestra zona cultural, desde la segunda mitad del siglo XX a nuestros días, indica una clara modificación en las sensibilidades que dan forma a nuestras letras y en los protocolos de expresión y legibilidad donde se inscriben modificaciones culturales de mayor hondura, a cuyo análisis el presente libro aspira a contribuir.

El discurso autobiográfico constituye territorio privilegiado para el examen de la construcción de subjetividades, de identidades nacionales, sexuales y de género. Precisamente en su fundacional artículo de 1956, "Conditions et limites de l´autobiographie", Georges Gusdorf sostenía que el texto autobiográfico deriva de un *a priori*: la conciencia de la unicidad y singularidad de sí mismo que posee el sujeto. Para que ello fuera posible, la humanidad debió abandonar marcos de referencia míticos a fin de internarse en la historia (Gusdorf, "Conditions and Limits" 30). En esta orientación individualista prima lo que Paul Ricoeur ha denominado la "tradición de la escuela de la mirada interior", la cual se extiende desde san Agustín hasta Edmund Husserl y se define por el criterio de singularidad (los recuerdos de uno no son los del otro), por su carácter mediador entre la conciencia y el pasado y, finalmente, por su vínculo con el "sentido de la orientación en el paso del tiempo" (Ricoeur, *La memoria, la historia, el olvido* 128-9).

[1] Se citará por su traducción al español, *Acto de presencia. La escritura autobiográfica en Hispanoamérica* (1996).

En tanto que elaboración occidental, la autobiografía parece territorio privilegiado para asediar la conflictiva inserción de nuestro continente en las lógicas del occidentalismo, puesto que Hispanoamérica no fue engendrada bajo la égida de la modernidad sino que la modernidad constituye *la consecuencia* del descentramiento de las tradicionales coordenadas espacio-temporales que el "descubrimiento" de América provocó. En efecto, ese acontecimiento modificó la idea de la geografía del mundo, de las distancias y los lapsos de desplazamiento; dio origen, además, al eurocentrismo como perspectiva hegemónica de conocimiento y poder así como al despegue del capitalismo como patrón global de control del trabajo, de los recursos y del intercambio comercial. Todos estos cambios resultaron determinantes para la consolidación de Europa, la cual se constituyó en relación a su periferia, de ahí que América fuese la primera identidad geocultural moderna (Dussel 21-6; Quijano "Colonialidad del poder, eurocentrismo y América Latina" 201-14). Por lo dicho, no parece casual que Georges Gusdorf, quien explica la expansión de la autobiografía en el mundo por la empresa colonial moderna, establezca una analogía entre la acumulación de experiencias y el acopio de capital ("Conditions and Limits" 29).

No existe una definición plenamente satisfactoria de la autobiografía. La más famosa, sin embargo, es la que propuso Phillipe Lejeune en *Le pacte autobiographique*: "Récit rétrospectif en prose qu'une personne réelle fait de sa propre existence, lorsqu'elle met l'accent sur sa vie individuelle, en particulier sur l'histoire de sa personnalité" (14). Esta definición implica cuatro categorías: a. forma lingüística: narrativa en prosa; b. sujeto tratado: historia individual; c. situación del autor: el autor, cuyo nombre designa a una persona que existe, y el narrador son idénticos y d. posición del narrador: el narrador y el protagonista son idénticos y la narración posee una orientación retrospectiva. En opinión de Lejeune, la autobiografía entraña una relación "contractual" entre el lector y el autor del texto sobre la base de que c y d se cumplan, lo que lleva a que el lector asuma que el autor, el narrador y el protagonista del texto comparten una misma identidad rubricada por el nombre. Tal es el eje de su famosa propuesta de "pacto autobiográfico" (26).

Las objeciones son obvias. Al comprender Lejeune la identidad autobiográfica no como representacional y cognitiva sino como un acuerdo fundamentado en actos de habla antes que en tropos, desplaza el problema autobiográfico del plano ontológico al de lo contractual, con lo que el lector deja de ser una figura especular con respecto a la del autor para asumir la función de control respecto a la autenticidad de la firma y a la consistencia del comportamiento del firmante (De Man, *The Rethoric of Romanticism* 71). De otro lado, esta propuesta se fundamenta en un principio de identidad del nombre propio, de la firma y la preexistencia de un "yo" esencial abstraído de las relaciones sociales y de la Historia

(Ryan, "Self-Evidence" 5-10). Sin embargo, constituye un error considerar que el nombre propio ofrece una evidencia sólida de la presencia de la persona. Consideremos lo siguiente: si el nombre propio, y no otro nombre propio, designa a un individuo, y no a otro individuo, entonces el nombre propio está marcado por las huellas de los demás nombres propios a los que debe preterir para efecto de afirmar su propiedad y unicidad. Así, el mero acto de nombrar con el nombre propio conlleva la violación de la unidad que pretende instaurar. La conexión entre una persona y un nombre es mero legalismo y no existe nada que permita distinguir un nombre propio de cualquier otro nombre común.[2] Para que el nombre propio funcione ha de poder operar en ausencia del designado. Podemos imaginar una ausencia absoluta: la de quien ya murió. Por lo tanto, es justo decir que el nombre propio lleva ya inscrita la muerte de su portador como límite último de una ausencia presente en el nombre por el mero hecho de nombrar (Derrida, *The Ear of the Other* 7-10). La firma tampoco resulta un criterio más consistente de presencia, puesto que firmar no garantiza la identidad de quien firma sino que produce una marca, que correrá la suerte de todo signo: la iteratividad. Por definición, toda firma es falsificable; tal es la razón por la cual ella debe ser avalada en importantes actos públicos mediante el control de las condiciones de su producción (presencia del ejecutor, testigos dignos de crédito). Si algo representa la firma, entonces, es la ausencia del firmante a la vez que retiene el haber estado presente de aquél. La firma figura la pura reproducibilidad de un evento (Derrida, *Margins of Philosophy* 328).

La autobiografía es un campo discursivo tensionado por diversas fuerzas. De una parte consiste en un proceso de autoinvención. El proyecto autobiográfico constituye un modo de figuración con capacidad de productividad referencial en tanto que las demandas de autopresentacion determinan lo que el escritor realiza (De Man, *The Rethoric of Romanticism* 69). La autobiografía, prosigo con De Man, implica un doble movimiento mediante el cual un autor escribe su vida a la par que lee su vida escrita, lo que supone una duplicación del "yo" que escribe en el "yo escrito", y, además, una duplicación del rol del lector. Por lo dicho, la autobiografía no es un género o modo sino una figura de lectura o comprensión que ocurre en todo texto, en cierta medida. Existe una estructura

[2] "The proper name is a mark: something like confusion can occur at any time because the proper name bears confusion within itself. The most secret proper name is, up to a certain point, synonymous with confusion. To the extent to which it can immediately become common and drift off course toward a system of relations where it functions as a common name or mark, it can send the address of course. The address is always delivered over to a kind of chance, and thus I cannot be assured that an appeal or an address is addressed to whom it is addressed" (Derrida, *The Ear of the Other* 107-8).

especular en el momento autobiográfico –derivada del alineamiento de dos sujetos involucrados en el proceso de lectura que se determinan el uno al otro por substitución reflexiva– que se interioriza en el texto mismo y reintroduce el sistema tropológico bajo la forma de prosopopeya (del griego *prosopon poien*: conferir una máscara, dar un rostro), el tropo dominante en la autobiografía que consiste en dotar de acción y voz a entidades inanimadas, sobrenaturales o ausentes.[3] De Man acuerda especial importancia a la idea de que el discurso autobiográfico es "The fiction of the voice-from-beyond-the-grave" (77). Se trata, entonces, de un discurso de la ficción de la autorrestauración que, como indica atinadamente Leigh Gilmore, tematiza la tensión entre aquello que el lenguaje parece prometer y aquello que no puede producir (Gilmore, *Autobiographics* 73).

Sin embargo, la autobiografía es un relato y todo relato se orienta a un intercambio humano, a producir algún tipo de efecto y obtener algún beneficio. Todo relato implica un contexto de producción y presupone un contexto de recepción, de ahí que circunscribir la autobiografía a sus tropos, aporías y características ofrezca una comprensión insuficiente de esta modalidad. La preocupación por la finalidad del texto autobiográfico se manifiesta tempranamente en los estudiosos de la autobiografía. Gusdorf ve en el discurso autobiográfico un artefacto que le servirá al individuo para preservar su "yo" del olvido y de la muerte. La autobiografía cumple la función antropológica de autoconocimiento de sí dentro de los límites de espacio y tiempo –tal como estas categorías han sido pensadas desde la revolución de Copérnico– guiando una lectura de la propia experiencia cuya verdad excede el mero vivir despojado de conciencia. Por ello, para Gusdorf el valor estético del texto autobiográfico se debe colocar en un segundo plano ante su mérito antropológico. La empresa de autoconocimiento dista de ser objetiva y desinteresada. Por ello, la lectura crítica debe examinar los vasos comunicantes entre el discurso de una autobiografía y sus secretas intenciones, que suelen constituir una apología del individuo en una obra siempre inconclusa, abierta al diálogo y al *agon* consigo misma (Gusdorf, "Conditions and Limits" 43-44). Por lo dicho, una dimensión inevitablemente convo-

[3] David Herman, por su parte, propone leer la autobiografía como alegoría, como un discurso que opera a partir de un "yo" construido, entre muchos otros, que podría ser de mayor utilidad para negociar las realidades y condicionamientos externos que pesan sobre esa vida: "Thus autobiographies allegorize selves by constructing personae of a broadly symbolic import. Such personae symbolize strategies for self-construction; i.e. the point of autobiography is to make us re-evaluate the possibilities and limits of strategies for creating a self, given certain initial conditions (sociohistorical contexts, political forces, etc)" ("Autobiography, Allegory" 352). En el segundo capítulo de este libro arguyo la pertinencia de considerar la sinécdoque como figura emblemática de la autobiografía.

cada en el relato de la propia vida sea la de la ética, la forma que toma la libertad cuando está informada por la reflexión (Foucault, *Foucault Live* 435)[4]. James Olney también ve la autobiografía como una vía de conocimiento, como una metáfora que sirve para acceder a lo que se ignora a través de aquello que sí se conoce y que figurará en el lugar de lo ignorado. La autobiografía articula la experiencia no lingüística al conocimiento lingüístico, capaz de mediar entre el "yo" del pasado recuperado por la memoria y el "yo" que accede a su autoconciencia en el texto (*Metaphors of the Self* 31-9). De modo más escueto y quizá por ello más persuasivo, William C. Spengemann habla taxativamente de la autobiografía como texto que permite la autoexplicación histórica, el autoescrutinio filosófico, la autoexpresión poética y la autoinvención poética (xvi-xvii).

Ahora bien, cualquiera que sea la vía escogida por el autor, la autobiografía se escribe de cara al otro, no solo porque quien la escribe se desdobla y hace otro de sí mismo, como ya se indicó, sino porque toda autobiografía es una intervención. Quien publica su autobiografía aspira a algún grado de participación y efecto en la esfera social. Es por ello que existe toda una línea crítica que se apoya en la *Speech Act Theory* la cual, como es sabido, examina la dimensión performativa del lenguaje antes que su función descriptiva e informativa (Wolfreys 139).[5] Desde esa perspectiva, la autobiografía puede considerarse como un *acto ilocutivo*, vale decir, un acto de habla que realiza una acción concreta (prometer, amenazar, prevenir, etc.) y, como tal, sujeto a convenciones que regulan su funcionamiento (Bruss 4-12).[6] Esta interesante aproximación resulta problemática por más de un motivo. Primero, porque la conflación entre texto escrito y acto de habla no se sostiene: un texto literario, como todo texto escrito, supone una comunicación diferida, se emancipa de su contexto de producción y solo hasta cierto punto prevé la posición del lector (Eagleton, *Literary Theory* 103-4). En segundo lugar, porque la teoría de los actos de habla tiende a reducir el lenguaje a su actividad pragmática, menoscabando otras dimensiones. Por último, la formulación de reglas estrictas que regulan el intercambio autobiográfico –como las que propone Elizabeth W. Bruss– se basa en la discutible presunción de que es factible distinguir con nitidez los usos serios del lenguaje de los no serios. Reconocer estas limitaciones previene contra la aplicación drástica de

[4] Sobre el tema de la ética en el ámbito de la autobiografía en lengua española, remito al excelente estudio de Ángel G. Loureiro, *The Ethics of Autobiography. Replacing the Subject in Modern Spain*

[5] La teoría de los actos de habla deriva de la serie de conferencias de J. L. Austin editadas póstumamente con el título de *How to Do Things with Words* (1962). Para su aplicación a la literatura, véase Sandy Petrey, *Speech Acts and Literary Theory*.

[6] De acuerdo a Elizabeth W. Bruss, "An illocutionary act is an association between a piece of language and certain contexts, conditions, and intentions" (5).

reglas que establezcan las obligaciones del autor y los derechos del lector.[7] Y ello es así por dos razones: en primer lugar porque no es seguro que la autobiografía sea un género literario. No lo es para Paul De Man, quien razona de esta manera: si los géneros literarios son clasificaciones estéticas e históricas, lo que está en juego en el caso de la autobiografía, justamente, es la convergencia entre lo estético y la Historia (*The Rhetoric of Romanticism* 67). Además, la escritura autobiográfica es una modalidad híbrida, un *locus* en el que se entrecruzan y ensamblan los diversos fragmentos que construyen la subjetividad. Esos fragmentos son elaborados en el marco del devenir histórico, de lo social, donde el sujeto llega a ser quien es al representarse a sí mismo ante sí mismo[8], lo que exige que uno se relate su historia a sí mismo antes de poder relatársela a otros (Derrida, *The Ear of the Other* 13). Lo dicho no impide reconocer que el texto autobiográfico se lee *en buena medida* desde el *parti pris* de su carácter referencial y una hipótesis de verdad (Eakin, *Touching the World* 29-53; Pozuelo Yvancos, *Poética de la ficción* 222-5).[9] Esa expectativa complica todavía más la dicotomía que atraviesa los textos autobiográficos de nuestro corpus: obras de arte y, por tanto, productos autónomos, de un lado y, de otro, hechos sociales.

[7] En consonancia con las propuestas de Elizabeth W. Bruss (10-11), Paul John Eakin plantea la existencia de reglas implícitas en el discurso autobiográfico que de no respetarse desacreditarían al texto y al autor: "These rules are tacit because the daily performance of identity story is instinctive and automatic, and so it is chiefly when they are perceived to have been broken that they are most clearly displayed and articulated. This paper identifies three primary transgressions –there may be more– for which self-narrators have been called to account: (1) misrepresentation of biographical and historical truth; (2) infringement of the right to privacy; and (3) failure to display normative models of personhood. The seriousness of these charges for those accused is registered in the consequences that result from the alleged violations: public condemnation, litigation, and (potentially) institutional confinement. Telling the truth, respecting privacy, displaying normalcy –it's the last of these obligations that points most directly to the big issue that they all three signal and underwrite: what are the prerequisites in our culture for being a person, for having and telling a life story? To link person and story in this way is to hypothesize that the rules for identity narrative function simultaneously as rules for identity. If narrative is indeed an identity content, then the regulation of narrative carries the possibility of the regulation of identity– a disquieting proposition to contemplate in the context of our culture of individualism ("Breaking Rules" 113-4).

[8] Como indica Jean-Luc Nancy: "Now, philosophically understood, history, behind its watered-down historicist form, is the ontological constitution of the subject itself. The proper mode of subjectivity –its essence and its structure– is for the subject to become itself by inscribing in its 'becoming' *the law of the self itself*, and inscribing in the self the law and the impulse of the process of becoming. The subject becomes what it is (its own essence) by representing itself to itself (as you know, the original and proper meaning of 'representation' is not a 'second presentation,' 'a presentation to the self'), by becoming visible to itself in its true form, in its true *eidos* or *idea*" (148).

[9] Conviene traer a colación la idea de Jacques Lacan de que toda verdad se construye como ficción (*Le séminaire VII*, 21).

Jean Starobinsky propone rechazar la conexión entre texto y verdad referencial para centrarse en la emoción (verdadera) que el autor experimenta conforme aparece ante sí su propio pasado evocado (que tal vez sea falso): la exactitud no ha de buscarse en los acontecimientos referidos sino en la naturaleza y características de los vínculos que el autor establece con su propia vida. Mediante semejante empresa, problemática, sin duda, el autor se revela a sí mismo ante el otro y trasparece ante sí en ese pasado-presente de la rememoración. El valor que emerge de tal praxis ha de ser la autenticidad (*Jean-Jacques Rousseau: La transparence et l'obstacle* 216-239). Pero, ¿en qué medida puede creer el lector que los hechos referidos en los textos autobiográficos se ajustan a los hechos reales? Esta pregunta es difícil de contestar porque existen diversos grados de certidumbre. H. H. Price distingue "creencia estricta" (*belief proper*), asentada sobre alguna evidencia, de lo que denomina "aceptación de dar por descontado" (*acceptance of taking for granted*), que es una ausencia de disentimiento no razonada ("Some Considerations about Belief"). Mi certeza respecto a lo que declaran los autores que examino fluctúa entre una y otra pero se inclina en mayor medida hacia la segunda posibilidad. Asumo esta opción porque provee mayor economía de la comunicación, pues poner en tela de juicio cada enunciado de los textos que se analizan en este libro supondría la elaboración implícita de una suerte de negativo fotográfico de esas obras. De otro lado, en las últimas cuatro décadas se ha venido registrando en Occidente una alteración en los regímenes de recepción de lo fáctico y lo ficticio, pues esas instancias, que no son puras, tienden a interpenetrarse cada vez más. Un hito de ese proceso ocurrió cuando las técnicas de la ficción[10] se comenzaron a aplicar de manera sistemática a la narración de eventos reales en aras de lograr una exploración de los hechos que no se hallase constreñida por la evidencia ni por la objetividad, y en busca, también, de mayor amenidad. Se estableció así la base para la premisa que guiará los *talk shows*, los *reality shows*, los docudramas, los diarios en forma de *blogs* y hasta los reportajes periodísticos que inundan nuestra era: la realidad como entretenimiento.[11] Ahora bien, la realidad no siempre es divertida, por lo que hace falta reconfigurarla para convertirla en espectáculo en el marco de la cultura devenida ámbito por excelencia de las prácticas neocoloniales, pues si en el siglo XIX las

[10] Entiendo la ficción del siguiente modo: "Fiction is one kind of intendedly but non-deceptively untrue discourse" (Herman, *Routledge Encyclopedia of Narrative Theory* 163).

[11] Me refiero al estilo periodístico que surgió en los Estados Unidos conocido como *New Journalism* y cuya influencia a nivel global ha sido inmensa. Sobre el tema, remito al estudio de John Hollowell, *Fact & Fiction: The New Journalism and the Nonfiction Novel*. El relato contemporáneo que mejor representa la idea de la vida como espectáculo es, sin duda, el film de Peter Weir, *The Truman Show* (1998).

potencias colonizaban pueblos, desde el siglo XX los *trusts* fabrican significantes con los que satisfacen las "necesidades" del pueblo al que abruman y convierten en público (De Certeau, *Culture in the Plural* 134).

Si se acepta que el sujeto de la escritura autobiográfica puede ser descrito como un constructo producido para efectos de crítica cultural (Gilmore, *Autobiographics* 122-126), se debe concluir que el autor se autoinventa de acuerdo al tipo de presentación de sí que busca dar. Esto sitúa en primer plano no tanto el autoexamen por el cual alguien intenta acceder a un conocimiento de sí mismo sino, más bien, el desarrollo de estrategias retóricas de persuasión del lector posible. En efecto, el narrador, que generalmente es el protagonista y plausiblemente el autor textual, controla la voz narrativa, configura el universo diegético, organiza el tiempo y determina los regímenes de focalización (Reis 26). Mediante sus elecciones técnico narrativas, el narrador guiará la comprensión del texto que quiere que el lector concretice a la vez que creará el tipo de empatía o distancia conveniente para sus fines (usualmente justificarse y obtener la complicidad del lector).[12] Y si bien la autobiografía puede abrir un espacio textual donde confluyan autopresentación, autodescubrimiento y autoinvención, no menos cierto es que puede estar atravesada por el "poder de lo falso", cuya potencia desbarata la distinción entre lo mismo y lo semejante, entre la copia y el modelo (Deleuze, *Lógica del sentido* 304-6).

Este libro se concentra en cinco textos distintivos de la producción autobiográfica en Hispanoamérica que va de 1974, año de la publicación de *Confieso que he vivido*, las memorias póstumas de Pablo Neruda, hasta el 2002, cuando se edita *Vivir para contarla*, de Gabriel García Márquez. A esos dos textos se deben sumar *Las genealogías* (1981), de Margo Glantz; *El pez en el agua* (1993), de Mario Vargas Llosa y *El Cristo de la rue Jacob* así como los diversos "Autorretratos" de Severo Sarduy recogidos en el primer volumen de su *Obra completa* (1999). Los textos enfocados en este libro han sido seleccionados en base a los siguientes criterios: marco cronológico, representatividad regional, canonicidad y variedad formal.

El período en que se ubican los textos que conforman mi corpus es el de mayor riqueza en la producción de autobiografías en Hispanoamérica. Es, así mismo, el de la plena internacionalización de la literatura hispanoamericana, beneficiada por el protagonismo que América Latina alcanzó durante los años 60s en la escena internacional –no por casualidad este libro estudia a tres Pre-

[12] Patricia Meyers Spack anota: "Twentieth-century autobiographies deliberately adopt the technique of novels. Twentieth-century novelists write thinly veiled autobiography, call it a novel, then complain if readers suspect some direct self-revelation. Or they write real novels and complain; readers still relieve them to be autobiography. The multiplying confusions of genre are encouraged and publicized, becoming part of the general confusion of our times" (300).

mios Nobel– y por el *boom* de su narrativa. Éste intentó una modernización estético-ideológica de la sensibilidad hispanoamericana a la vez que coronaba cincuenta años de sostenido desarrollo literario (Martin, *Journey Through the Labyrinth* 311-2). Sin embargo, para la década siguiente, cuando Pablo Neruda redactaba los segmentos finales de lo que serían sus memorias, América Latina padecía una ola de represión que iba a dejar profundas heridas de las que la región aún no se repone. Paralelamente, la prosa se reinsertaba en la Historia mediante la reactivación del realismo y la exploración de la no ficción (Rama, *Novísimos narradores* 15-20). Lo más significativo, sin embargo, fue la irrupción de un tipo de relato que servía a sujetos colectivos subalternizados para expresar sus propias agendas. Se trata, claro está, del *testimonio*, que se puede definir como relato de denuncia emitido por un testigo que forma parte de una comunidad victimizada. Esta narración ostenta un carácter marcadamente oral y muchas veces se filtra a través de un intermediario letrado. Un rasgo a tener en consideración es que si bien el testimonio se asemeja en términos narratológicos a la autobiografía, funciona sobre premisas ideológicas muy diferentes, pues esta última tiene como núcleo a un individuo excepcional, mientras que aquél despliega una suerte de épica democrático-popular en que la elitista y patriarcal función del autor, que domina la modernidad literaria, tiende a borrarse (Beverley, "The Margin at the Center" 29-30). No deja de ser tentador establecer ciertos paralelismos entre el período de 1960 a 1970 en Hispanoamérica y el del *Modernism*. Este último, cuya duración puede ubicarse entre 1890 y 1950, constituyó un conjunto de prácticas y doctrinas estéticas triangulado por las siguientes coordenadas históricas previas a la primera guerra mundial: a. la codificación de un academicismo relacionado con clases históricamente superadas a nivel del aparato productivo (aristocracia, terrateniente) pero con suficiente prestigio todavía como para marcar pautas políticas y culturales; b. la aparición incipiente de las tecnologías de la segunda revolución industrial (comunicaciones, transporte) y c. el horizonte de potencial revolución (Anderson, "Modernity and Revolution" 323-5). En suma, un escenario en que mantienen vigencia valores con los cuales la alta cultura enfrentaba la lógica del mercado en un ámbito de novedad tecnológica y la amenaza/esperanza de un trastocamiento revolucionario. En Hispanoamérica existía hasta bien entrada la década de los 70s una concurrencia similar a la que se ha descrito: permanencia de oligarquías precapitalistas, inestable desarrollo tecnológico y en el horizonte la posibilidad de una revolución.

En todo caso, en la actualidad atravesamos una era marcada por una fractura en la percepción tradicional de la realidad debido a una compresión espacio-temporal. El período de bonanza económica vivido en Occidente desde 1945 hasta 1973 y las innovaciones en tecnología de transporte han permitido que el capitalismo alcance una expansión planetaria. La rigidez del capitalismo fordista ha sido substituida por un modelo flexible de producción que ha acelerado el ritmo de rotación tanto en la producción como en el intercambio y el consumo. Paralelamente, los servicios y mercados financieros han experimentado un aumento de velocidad así como las comunicaciones electrónicas permiten coordinar movimientos financieros internacionales de manera instantánea. En la actualidad, el interés de la actividad económica se centra en la industria de servicios, donde la acumulación y la ganancia son ilimitadas, antes que en los bienes. Como consecuencia de esto, se incrementa la transitoriedad de las técnicas de producción, de los procesos laborales, de las modas y de los productos, pero también de las ideologías, de los valores y de las prácticas cotidianas. La instantaneidad, la simultaneidad y la disponibilidad devienen los nuevos valores supremos. La fragmentación, inherente al capitalismo, se exacerba y la nueva geopolítica demanda individualismo antes que acción colectiva (Harvey, *The Condition of Postmodernity* 141-72; 272-6; 284-307). De otro lado, se produce una incredulidad ante los Grandes Relatos o Metanarrativas que guiaron la modernidad y pretendían articular explicativamente la sucesión de momentos históricos en torno a un elemento que permitiera la supresión de todos los diferendos (Lyotard, *La condition posmoderne*). Como lógico corolario de la pérdida de confianza en los metarrelatos, se produce una redefinición del artista y el arte: a la concepción trascendentalista del primero, se contrapone un vaciamiento de expectativas "heroicas" y un desengaño con respecto a los poderes del segundo para modificar la realidad. En este escenario, las temáticas del tiempo, la memoria y la *durée* declinan (Jameson, *Postmodernism* 16; Pavličić, 71, 78-82). Hispanoamérica, plenamente incorporada al orden económico mundial,[13] se ve afectada por estas lógicas. Además, la desigual y periférica participación de nuestro continente en el mercado internacional problematiza identidades al multiplicar y mixturar los intercambios culturales. Y en el contexto de la nueva *pax americana* que se vive desde los años 80s, definida por las alianzas que las élites del norte y del sur han establecido para imponer políticas de ajuste estructural a favor del capital transnacional, el Estado se ha convertido en un ente al servicio del sector privado, desrregulando y desnacionalizando la economía a la vez que desmantela sindicatos y minimiza la seguridad social (Nef y Roncallo 3-9). Tales son las señas de identidad del período en que vivimos cuyas huellas mostrará esta investigación en algunos de los textos examinados.

[13] El Estado-nación se creó en Hispanoamérica bajo un fuerte influjo de la revolución francesa, la cual se proponía organizar lo social a través de un autogobierno racional cuyo orden emanara de sí misma, lo que la encadena a una autorreferencialidad ontológica. Esto explica la tendencia de la modernidad a autocontemplarse e interrogarse (Lechner 148-50). ¿No hay aquí ya un vínculo con la típica operación especular del autobiógrafo?

En lo que respecta a la representatividad regional, se estudian autores de distintas zonas de América Hispana: el Cono Sur, la zona andina, el Caribe y América del Norte, a fin de establecer distintas modulaciones de lo autobiográfico en una misma área geolingüística, sin que ello implique caer en fáciles homogenizaciones o inconducentes analogías. Una de las ventajas de esta opción reside en la implícita comparación de temporalidades distintas, de inserciones en la modernidad desiguales que aportan inflexiones diferenciales al cambio de cognición provocado por los procesos culturales globales del capitalismo desde el período de la guerra fría hasta el período de globalización. Para lograr este cotejo hace falta prestar atención a la cancelación o problematización de las grandes metanarrativas de progreso y liberación; examinar el cambiante rol de la cultura y de su avatar, el letrado en los nuevos entornos; constatar la emergencia de subjetividades marginales y marginadas. Hace falta, además, discernir las líneas de subjetividad que responden a la lógica del intimismo y lo cotidiano; verificar el peso de lo visual y lo espacial como dominantes sociales y el incremento de la conciencia ecológica.

Este libro estudia textos de autores canónicos. Ahora bien, frente al canon cabe la aceptación o el desafío. Una socorrida estrategia para lo segundo consiste en oponer al canon un contracanon. Pero esta opción, a veces útil, repite especularmente lo que cuestiona. Más productivo parece, en cambio, explorar la zona "marginal" o excéntrica de lo canónico, y para ello es preciso acudir a autores cruciales en el edificio literario de Hispanoamérica pero atendiendo a un área de su producción que no es considerada "central". Este tipo de examen abre una vía disruptiva de comprensión del autor y sus retóricas, de la manera en que construye su propio emplazamiento cultural y su obra. Desde luego, importa recalcar que la dimensión canónica se conecta a comunidades interpretativas concretas ubicadas en un específico contexto y con propósitos determinados: siempre se lee para algo. Así, el valor de un texto literario es histórico y, por tanto, relativo (Eagleton, *Literary Theory* 10). Desde luego, toda apelación a lo canónico conlleva una afirmación sobre el *valor* literario que se asigna a los textos, el cual se puede determinar mediante tres vías: mimética, expresiva y formalista (Easthope, 43-5). Éstas no son excluyentes entre sí; coexisten, más bien, como premisas virtuales de las estimaciones. No obstante, cualquiera que sea la opción asumida, la aspiración de conferir valor "objetivo" a los textos literarios se frustra cuando consideramos que esas tres vías coinciden en asumir que los textos poseen propiedades intrínsecas de carácter intangible; vale decir, que los textos poseen identidades fijas. Esto es dudoso. Lo es porque el sentido de un texto está sujeto a un proceso de diferimiento en que la ausencia de los significados preteridos deja su huella en la cadena sintagmática, por lo que el texto jamás se halla del todo presente (Derrida, *Glas* 222-3; *Margins of Philosophy* 307-330).

En este trabajo también se asedia la diversidad de diseño –y por tanto de significación– de la autobiografía hispanoamericana, su "turbulencia formal".[14] Hay que destacar que los textos autobiográficos acudan a configuraciones que nunca han dejado de acompañarnos, como el *Bildungsroman*, la prosa poética, la hipérbole carnavalesca o el melodrama. La misma escritura fragmentaria de Severo Sarduy tampoco constituía una novedad por las fechas en que el autor cubano elaboraba *El Cristo de la rue Jacob*. Ninguna de estas formas, desde luego, se ofrece pura e incontaminada. Esto, curiosamente, permite que esa modalidad se recorte con mayor nitidez sobre el entramado de una vida escrita. Pero más allá del catálogo, explorar las formas significa deconstruir el ensamblaje retórico que permite la invención de la persona que emerge de la autobiografía y reconocer el plural de agencias de sujeto discernibles dentro de los códigos cuya dicción resuena en cada una de las obras estudiadas. Así, pues, se abre, ante todo, un intento de contribución, desde el campo de lo literario, a explorar la construcción de microidentidades dentro de las "comunidades imaginarias" en el lapso elegido.

La autobiografía hispanoamericana suele entrañar una dimensión redentora. Relata una realización personal que se sobrepone a las falencias de entornos marcados por el entrampamiento del proyecto de modernización y la incapacidad del Estado-nación para articular modelos de convivencia armónica o cuando menos viable.[15] Quiéralo o no, el letrado canónico hispanoamericano se ofrece como "monumento" a admirar. Pero si en el mundo contemporáneo existe un proceso de "reificación" de las personas concomitante al proceso de reificación de los objetos (Chow 33), entonces es válido pensar que la vida del autor deviene también en mercancía vía el "nombre", instrumento de intercambio que substituye una colección de rasgos por una unidad nominal (Barthes, *S/Z* 101). Y es que si bien la autobiografía fomenta la individuación merced a su dialéctica entre identidad y alteridad, también es cierto que esta forma narrativa se halla perfectamente incorporada al mundo editorial: existe una industria de la autobiografía así como una pedagogía de sus técnicas. ¿Hasta qué punto la escritura autobiográfica responde a legítimos impulsos expresivos del escritor o a requerimientos del mercado conformados, a su vez, por difundidas (y estrechas) taxonomías de la identidad contemporánea? ¿En qué medida la autobiografía no es también una *autobiocopia*?[16]

[14] H. Porter Abbott usa esta expresión para indicar la ausencia de una forma fija en los clásicos de esta modalidad (603).

[15] El letrado ha contribuido a consolidar esa comunidad imaginada que es la nación al proporcionar representaciones de totalidades empíricamente inaprehensibles; en esto, la novela ha jugado rol preponderante (Anderson, *Imagined Communities* 26-35).

[16] Tomo este término de Philippe Lejeune. Véase su *Brouillons de soi* (13-34).

El papel de la lectura crítica de la autobiografía se encuentra implícito en las figuras paradigmáticas que con mayor constancia vuelven cuando se piensa en textos de esta índole: Narciso y Edipo. El primero remite a la autocontemplación y el segundo al autoconocimiento; pero la incapacidad del primero para reconocer su propia imagen y la dificultad del segundo para descifrarse exponen la necesidad de que sea *otro* quien intervenga para esclarecer la identidad (Ryan, "Self-de(con)struction" 34). Para ello, este estudio asume el pluralismo teórico y se vale de la siguiente estrategia de lectura: priorizar ciertas secuencias del texto que sirven como detonantes de la interpretación, ya sea porque: a. tematizan contenidos que condensan ciertos trayectos de sentido definitorios no tanto del "sentido global" como del *ethos* imperante en el texto; o b. porque presentan elementos disruptivos que permiten deconstruir el texto, entendiendo aquí deconstrucción como una lectura que libera fuerzas opuestas de significación dentro del texto e invierte jerarquías.[17] Es por ello que el análisis se detiene en pasajes aparentemente no esenciales (e incluso en el paratexto, en el caso de *El pez en el agua*) a fin de subvertir el binarismo esencial/marginal mediante una mirada atenta a los momentos en que el texto difiere de sí mismo. De más está decir que este estudio no propugna una metodología estricta para leer textos autobiográficos, pues el propio estatuto de los mismos permanece abierto y esa apertura convoca la necesidad de diversas vías de lectura.

[17] Jonathan Culler, *On Deconstruction* (139-42); Barbara Johnson, *The Critical Difference* (5-6). Para la noción de diferencia, véase Jacques Derrida, *Margins of Philosophy* (1-27).

CAPÍTULO I

Historia y naturaleza en *Confieso que he vivido*, de Pablo Neruda

Las circunstancias en que apareció *Confieso que he vivido* (marzo de 1974) no podrían haber sido más dramáticas. El 11 de septiembre de 1973 un cruento golpe de estado en el que perdió la vida el presidente constitucional de Chile, Salvador Allende, ponía fin al gobierno de la Unidad Popular, desatando un largo período de violencia y represión. El texto de Pablo Neruda concluye con un apresurado reporte de los hechos:

> Escribo estas rápidas líneas para mis memorias a solo tres días de los hechos incalificables que llevaron a la muerte a mi gran compañero el presidente Allende. Su asesinato se mantuvo en silencio; fue enterrado secretamente; solo a su viuda le fue permitido acompañar aquel inmortal cadáver. La versión de los agresores es que hallaron su cuerpo inerte, con muestras visibles de suicidio. La versión que ha sido publicada en el extranjero es diferente. A renglón seguido del bombardeo aéreo entraron en acción los tanques, muchos tanques, a luchar intrépidamente contra un solo hombre: el presidente de la república de Chile, Salvador Allende, que los esperaba en su gabinete, sin más compañía que su gran corazón, envuelto en humo y llamas.
>
> Tenían que aprovechar una ocasión tan bella. Había que ametrallarlo porque jamás renunciaría a su cargo. Aquel cuerpo fue enterrado secretamente en un sitio cualquiera. Aquel cadáver que marchó a la sepultura acompañado por una sola mujer que llevaba en sí misma todo el dolor del mundo, aquella gloriosa figura muerta iba acribillada y despedazada por las balas de las ametralladoras de los soldados de Chile, que otra vez habían traicionado a Chile (477-8).[1]

Poco antes, tras un cotejo entre Allende y José Manuel Balmaceda (1840-1891),[2] otro presidente progresista que eligió morir por mano propia, el poeta menciona hasta en dos oportunidades el bombardeo del Palacio de la Moneda:

> Los salones de Balmaceda fueron destruidos a hachazos. La casa de Allende, gracias al progreso del mundo, fue bombardeada desde el aire por nuestros heroicos aviadores (476).

[1] Todas las citas de *Confieso que he vivido* provienen de la edición de Seix-Barral (Barcelona, 1974).

[2] Balmaceda también ha sido objeto de elogio de otra de las figuras clave de la poesía chilena: Gabriela Mistral. Véase *Gabriela piensa en…* (152-8).

> El simbolismo trágico de esta crisis se revela en el bombardeo del palacio de gobierno; uno evoca la Blitz Krieg de la aviación nazi contra indefensas ciudades extranjeras, españolas, inglesas, rusas; ahora sucedía el mismo crimen en Chile; pilotos chilenos atacaban en picada el palacio que durante dos siglos fue el centro de la vida civil del país (477).

Neruda no vivirá ya cuando la experiencia de tortura, exilio y desapariciones se desarrolle. El poeta murió el 23 de septiembre. Su casa del cerro San Cristóbal, La Chascona, fue objeto de saqueo e inundada mediante la desviación de un canal; ahí, sobre vidrios rotos y libros incinerados, se veló su cadáver. Se le enterró bajo vigilancia en una ceremonia que devino acto de contestación política contra los golpistas.[3] Las fuerzas de la represión también desvalijaron La Sebastiana, su casa de Valparaíso; la casa de Isla Negra, que pertenecía a una inmobiliaria del Partido Comunista, estuvo confiscada hasta 1988. Detenerse en el destino de las viviendas de Neruda resulta indispensable porque toda casa constituye un contenedor simbólico, un espacio ritual para la rememoración (Molloy 224-6). Pierre Nora ha hablado de "lugares de memoria" (*lieux de mémoire*) para referirse a entidades materiales, simbólicas y funcionales en que se condensa la herencia pretérita de una comunidad a través del interjuego entre memoria e Historia (18-9). Y, en efecto, hoy en día las casas de Neruda son lugares de memoria donde se recuerda al poeta y el duro final de la vía hacia un socialismo democrático. Neruda, a su vez, fijó de inmediato el Palacio de la Moneda como el "lugar de memoria" por antonomasia para evocar la violencia del golpe, el sacrificio de Allende y el comienzo de una sistemática política de terrorismo de Estado encaminada a exterminar tanto la izquierda política como la izquierda cultural, cuya más notoria luminaria era precisamente Neruda, y a todo aquel que se opusiese a la apertura total de Chile al capitalismo multinacional (Avelar 36).

El poeta no adquirió dimensión de símbolo a raíz del golpe. Pocas figuras, si alguna, han tenido en la literatura hispanoamericana su celebridad, su temprana y sostenida fama a lo largo de una vida que no fue breve. Hoy en día, incluso, se ha convertido en ícono popularizado a través de ficciones escritas y cinematográficas;[4] pero en 1971, dos años antes de morir, la "consagración" le llegó a

[3] *Cf.* Matilde Urrutia, *Mi vida junto a Pablo Neruda;* Sergio Villegas, *Funeral vigilado. La despedida de Pablo Neruda*.

[4] Piénsese en textos como *Ardiente paciencia* (1985), de Antonio Skármeta, novela ampliamente difundida a través de *Il postino* (1994), versión fílmica de Michael Radford. "Neruda" aparece, además, en "Me alquilo para soñar", uno de los *Doce cuentos peregrinos* (1992) de Gabriel García Márquez, así como en las novelas *Neruda clandestino* (2003), de José Miguel Varas; *Tango del viudo* (2003), de Cristián Barros y *El caso Neruda* (2008), de Roberto Ampuero.

través del Premio Nobel de Literatura en el momento de mayor impacto literario de Hispanoamérica a nivel internacional. Esto otorgó a su muerte un valor inseparable de la coyuntura que enfrentó junto a su país. La denuncia con que se cierra *Confieso que he vivido*, por ello, no dejó indiferentes a sus adversarios políticos, quienes se apoyaron en el hecho de que el libro fue "ordenado por Miguel Otero Silva y Matilde Urrutia", como se indica en el colofón de la edición de Losada, y publicado seis meses después de la muerte del poeta, para poner en duda que Neruda fuese el autor de las líneas donde se refiere el quiebre del estado de derecho en Chile (Edwards, *Adiós, poeta...* 302). Paradójicamente, una voz ubicada al otro lado del espectro ideológico, la de Roberto Fernández Retamar –acaso porque no aparece retratado con trazos amables en *Confieso que he vivido*–, expresa reticencias mayores todavía: "El libro, dado a la imprenta por otros, fue editado póstumamente. Nunca podrá saberse, pues, si derrocado el gobierno de unidad popular y asesinado Allende, el comunista Pablo Neruda, de no haber muerto, hubiera publicado ese libro tal como apareció" (*Recuerdo a* 129). La duda respecto a la composición de *Confieso que he vivido* se planteó tempranamente. En una recensión crítica de 1975 John C. Murchison se preguntaba: "The book is divided into twelve chapters (by Neruda? his stoic widow, Matilde, and his good friend Otero Silva, who collected and ordered the material?) on a chronological basis" (293). Jean Franco también ha cuestionado la validez del texto, ya que "outsider hands seemed to have sutured many gaps in the story" (Franco, *The Decline* 82). José Ángel Buesa, por su parte, indica que las páginas del texto "a veces, dan la impresión de otra caligrafía" (153). Así mismo, Martín Panero-Mancebo rechaza de plano que la conclusión del texto sea obra del poeta:

> Es imposible que Neruda pudiera escribir esas páginas –y ni siquiera dictarlas– cuando ya estaba o en el paroxismo del dolor inherente a un cáncer generalizado o en la semi-inconsciencia en que inevitablemente lo sumirían las fuertes dosis de calmantes que le administraban. Y ésa era su triste situación el 14 de septiembre de 1973, fecha de la redacción de esas páginas (230).

Por su parte, Matilde Urrutia declara escuetamente en *Mi vida junto a Pablo Neruda*: "No fue agregado ni quitado nada" (185) y Hernán Loyola afirma, apoyándose en el testimonio de Matilde Urrutia, que las páginas finales del texto fueron escritas entre el 11 y el 23 de septiembre (fecha de la muerte del poeta) en Isla Negra y en la Clínica Santa María de Santiago; atestigua, además, que Matilde Urrutia le comunicó, antes de la muerte del poeta, que éste había escrito duras páginas sobre la coyuntura política con miras a que se publicaran en el exterior (Loyola "Notas" 420).

Por supuesto, nunca se sabrá cómo habría sido *Confieso que he vivido* de haberse publicado en vida del poeta. Sin embargo, ello no amerita desestimar la importancia del texto, el cual reelabora escritos previos del autor. Su antecedente directo se halla en *Las vidas del poeta. Memorias y recuerdos de Pablo Neruda*, conjunto de diez textos que el poeta publicó en la revista *O'Cruzeiro Internacional* de Brasil entre el 16 de enero y el 1 de junio de 1962, con una "Introducción" fechada en Isla Negra, 1961, muy similar a la que antecede a sus memorias: "El joven provinciano"(16 de enero), "Perdido en la ciudad" (10 de febrero), "Los caminos del mundo" (16 de febrero), "La calle oriental" (10 de marzo), "La luz en la selva" (16 de marzo), "En Ceilán, la soledad luminosa" (10 de abril), "Tempestad en España" (16 de abril), "Las entrañas de América" (10 de mayo), "Lucha y destierro" (16 de mayo) y "Dicciones y contradicciones finales" (10 de junio). Hernán Loyola ha precisado que *Confieso que he vivido* retoma los tres primeros artículos de *Las vidas del poeta*; así mismo, ha rastreado las genealogías del texto, el cual incorpora materiales éditos e inéditos de distintas épocas –el más antiguo es el "Discurso al alimón" en homenaje a Rubén Darío que Neruda y García Lorca pronunciaron en Buenos Aires en 1933– a los que somete a un proceso de combinación y reescritura en una compleja operación intertextual, sin preocuparse por dotar de unidad estilística al conjunto.[5] Otros trabajos incorporados a *Confieso que he vivido*, con mayores o menores modificaciones, son "Infancia y poesía", la conferencia del mismo título que Neruda leyó en la Universidad de Chile en 1954 (*Obras completas* 15-24); "Mi amigo ha muerto…", redactado a la raíz de la muerte de Paul Éluard y originalmente publicado en el periódico del *El Siglo*, órgano del Partido Comunista de Chile, el 23 de noviembre de 1952 (383-385) o "Premio Nobel en Isla Negra" (1963), que fue parte del bello volumen *Una casa en la arena* (1966).

Podrían agregarse otros ejemplos que confirman al texto como obra de Neruda pero no se pretende aquí reconstruir las genealogías de *Confieso que he vivido*, cuyo complejo palimpsesto justifica la analogía con un "sistema geológico" propuesta por Emir Rodríguez Monegal ("Review" 220) y que habría complacido al poeta. De otro lado, no resulta inverosímil que Neruda redactase las páginas de sus memorias que cierran abruptamente el texto (el subcapítulo titulado "Allende"), replicando isomórficamente la interrupción de la experiencia

[5] *Cf.* las "Notas" que acompañan a la edición de *Confieso que he vivido* preparada por Hernán Loyola para Círculo de Lectores (1999). Así mismo, Loyola indica que la referencia autobiográfica, constitutiva de la poesía nerudiana, se intensifica a partir de lo que este estudioso denomina el "ciclo 1958-1967", dentro del que se debe considerar las ya mencionadas crónicas de *O Cruzeiro Internacional*, el poema final de *Canción de gesta* (1960), *Memorial de la isla negra* (1964) y *La Barcarola* (1967) (*El ciclo nerudiano 1958-1967* 249).

socialista en Chile. Esas páginas apresuradas expresan la indignación y el dolor de manera escueta, muy alejada de la artística y trabajada composición de otros segmentos del texto. Prosa de combate, sin duda, como la de tantos textos de Neruda, sobre todo aquellos de intencionalidad política, que no han sido pocos a lo largo de un extenso y prolífico trato con la escritura. Por ello, sorprende que quienes niegan la autoría nerudiana del final del texto no se hayan detenido a considerar que Neruda era un autor habituado a escribir en muy diversos registros y que podía hacerlo con rapidez cuando así lo quería. Resulta plausible pensar que el poeta, a pesar de su gravedad y sufrimiento, hallara algunos momentos en los que le fuera posible componer esos párrafos que la hora exigía. Esas páginas no pretenden ser "literatura" y al mismo tiempo sí lo son, o, mejor expresado, lo son de un modo distinto a como pueden serlo "El bosque chileno" (13-4) o "Los dioses recostados" (118-9), pues adhieren de facto a una idea de lo literario como escritura que comunica experiencias de profundo calado mediante un lenguaje despojado y directo.

La controversia sobre la autoría de esas páginas dramatiza el problema inherente a situar la relación entre autor y lector en términos de contrato que confiere al lector una función de vigilancia respecto a la identidad del firmante y la consistencia de su comportamiento (véase la Introducción). De hecho, si lleváramos esa pauta de lectura hasta su extremo se haría necesario embarcarse en una pesquisa que verifique todos los datos proporcionados por el texto, lo cual no obsta para que se contrasten aseveraciones del autor con otras fuentes, si ello resulta factible y productivo. Las dudas respecto a la autoría de *Confieso que he vivido* son una buena muestra de los protocolos letrados que sancionan a la figura del autor, tema sobre el se volverá cuando hablemos de *Vivir para contarla* en el último capítulo de este libro. De otro lado, y como mera reacción a las dudas sobre la autoría de ese segmento del texto, podría argüirse una desubstancialización del autor, distinguiendo un autor textual de un autor real. El primero pertenece al ámbito de los discursos y su nombre, más allá de la mera operatividad deíctica, agrupa y dota de coherencia estética y temática a distintos textos al unificarlos en torno a una pretendida cohesión biográfica e ideológica; es, en suma, una unidad imaginaria. El autor real sería, en cambio, quien efectivamente escribe un texto. Desde luego, la distinción entre autor real y autor textual no permite zanjar la controversia mencionada, simplemente la resitúa.

La heterogeneidad de *Confieso que he vivido* se multiplica si se considera estratégicamente su estatuto genérico proclamado en el paratexto. La obra se presenta como "memorias", lo que no carece de interés. Las memorias son una modalidad didáctico-ensayística que se afirma en Europa a partir del siglo XVIII como medio destinado a la recuperación de la Historia mediante la forma de testimonios o crónicas (García Berrio y Huerta Calvo 227; Lecarme, 49-50; Pascal 5-6). La frontera que las separa de la autobiografía carece de nitidez pero se puede decir que ésta asume como tema la totalidad de un individuo mientras que las memorias se concentran en el relato de una época antes que de una vida, enfocándose, para ello, en un área del individuo en que lo determinante son circunstancias sociales que lo involucran a la vez que lo exceden. Es productivo recordar la distinción entre narrador homodiegético (aquel narrador que forma parte de la diégesis) y narrador autodiegético (el que participa en la diégesis en calidad de protagonista o eje dramático) que propone Gérard Genette (*Figures III* 251-9). Así, el primero sería característico de las memorias y el segundo de las autobiografías (Lecarme y Lecarme-Tabone 47). *Confieso que he vivido* manifiesta una tensión entre ambas modalidades: el texto reclama la condición de "memorias", y en ello hay una indicación del carácter atestativo de dinámicas cuya importancia va más allá del individuo que escribe; pero, a la vez, se concentra en el proceso de desarrollo personal del autor. No obstante, la opción por "memoria" antes que "autobiografía" apuntaría a subrayar ese carácter "intermitente", lleno de vacíos y sombras que, conforme nos advierte el poeta, obstruye una recapitulación orgánica: "Estas memorias o recuerdos son intermitentes y a ratos olvidadizos porque así precisamente es la vida" (9). Neruda indica que sus memorias difieren de las del memorialista, quien "fotografió" más y fijó detalles; el caso del poeta es distinto, él entregará una "galería de fantasmas sacudidos por el fuego y la sombra de su época" (9). Esta aserción evoca el dictamen de Charles Baudelaire sobre la fotografía: su realismo la relega del arte, cuyo dominio es lo impalpable y lo imaginario (Baudelaire, *Salon de 1859* 9-13); pero lo fundamental es el propósito de excusar de antemano inexactitudes, lo que no lo retira, sin embargo, de la esfera de la Historia, tanto porque su texto convocará eventos e individuos con obvio correlato en el mundo real efectivo como porque mediante él, el poeta interviene en la realidad, como ocurre, por ejemplo, en el ya mencionado final de *Confieso que he vivido*.[6] La advertencia preliminar ofrece, además, un par de observaciones importantes: "Tal vez no viví

[6] Esto explica mi discrepancia con el siguiente parecer de Emir Rodríguez Monegal, quien, por lo demás, no distingue con precisión los límites entre "realismo", "verdad" y "verosimilitud": "By opposing the Memoirs of the memorialists to the Memoirs of the poet, Neruda establishes a basic difference in genres. The key word in that text is 'photographs.' Professional memorialists are photographers: reality is their business, the neatness of details their aim and glory. For the poet, reality is different. He is after ghosts, the fire and shadow of an epoch. He is not historian. The consequences of this decision are incalculable. It places Neruda's text outside the realm of recorded reality. The question of 'truth' or of 'verisimilitude' becomes irrelevant" ("Review..." 219). No queda claro cómo reconcilia Rodríguez Monegal esta afirmación con el relato de la guerra civil española o el recuento del golpe de estado en que perece Allende al final del texto, por mencionar sólo un evento. Del mismo autor, véase también "Pablo Neruda: las memorias y las vidas del poeta".

en mí mismo; tal vez viví la vida de los otros"; "Mi vida es una vida hecha de todas las vidas; las vidas del poeta" (9). Antes que el descentramiento de la subjetividad, estas afirmaciones niegan la diferencia de "los otros", cuyas vidas el poeta subsume (Labanyi 217) así como remarcan la dimensión tropológica de la *persona literaria* cuya vida se relatará. Es decir que la vida se ajusta a la configuración de un sujeto, el poeta, que es el punto de encuentro de diversos discursos que lo producen en tanto que tipo humano en un contexto concreto, de ahí que no sea tan relevante para Neruda la acuciosidad del dato empírico cuanto la producción de la vida de un autor ya para entonces plenamente consagrado en la literatura de su tiempo. Por esta razón, nada más irónico que el título *Confieso que he vivido*, la afirmación vitalista, tan propia a Neruda, contrasta con la premeditada vinculación a los clásicos del relato de la propia vida: *Confessionum* (397-398), de san Agustín y *Les confessions* (1782-1789), de Jean-Jacques Rousseau. La noción de confesión, de inevitable resonancia religiosa, remite a la operación de autoexamen y hermenéutica del yo, al ritual de discurso que desde la Edad Media ha adquirido un rol preeminente para los poderes civil y religioso desplazando a otras técnicas de producción de verdad (juramento, duelo, juicio de Dios) para acabar por diseminarse y adquirir una compulsoria posición capital a partir de la modernidad. La confesión implica un destinatario ubicado en una posición de poder; en condiciones, por ello, de exigirla para efecto de juzgar, perdonar, castigar, consolar o reconciliar (Foucault, *The History of Sexuality* 58-62). Por otra parte, es difícil no pensar, en el caso de Neruda, héroe cultural del comunismo, ganador del Premio Stalin de la Paz en 1953, en la confesión como documento de autoinculpación que había de ser extraído de cualquier manera durante las terribles purgas del estalinismo.[7] Ahora bien, ¿hay algo en *Confieso que he vivido* que se parezca a una verdadera confesión? Este capítulo intenta, entre otras cosas, responder a esa pregunta.

La infancia de Neruda transcurre en la Araucanía, en el sur de Chile, un territorio que describe como perennemente anegado por la lluvia.[8] Neruda nació en Parral pero su familia se trasladó a Temuco, ciudad fundada en 1881durante el proceso conocido con el nombre eufemístico de "Pacificación de la Araucanía" que desarrolló el Estado chileno para apoderarse de territorios mapuches. "Gue-

[7] *Cf.* F. Beck y W. Godin, *Russian Purge and the Extraction of Confession*; Oleg Khlevnyuk, "The Objectives of the Great Terror, 1937-1938".

[8] Es muy productivo leer estas páginas de *Confieso que he vivido* a la luz del excelente análisis de "Infancia y poesía" que efectúa Jaime Concha en *Neruda (1904-1936)*. Neruda también abordó el tema de la vivencia infantil de los poetas en una texto titulado precisamente "La infancia de los poetas" publicado en *Zig-Zag* el 20 de octubre de 1923. En él, indica que la constante en la infancia de los poetas es la soledad (Concha, *Neruda (1904-1936)* 22-3).

rra a sangre y fuego, para desposeer a nuestros compatriotas de sus tierras" (16). Esta empresa, construida sobre la antinomia civilización/barbarie, culminó la Guerra de Arauco que había venido enfrentando a españoles y criollos contra el pueblo Mapuche y otros grupos étnicos desde el siglo XVI. La lucha secular, además, conecta con un hito en la economía simbólica del país, pues es el tema de su épica fundacional: *La Araucana* (1569-1589), de Alonso de Ercilla. El niño que todavía no se llamaba Pablo Neruda habitó un espacio fronterizo. Temuco era una "zona de contacto", un espacio social en el que "disparate cultures meet, clash, and grapple with each other, often in highly asymetrical relations of dominance and subordination" (Pratt 4). Una "ciudad pionera", espacio de racismo, destierro y delincuencia que acompañaba al proceso de expansión del capitalismo agrícola del sur de Chile (Concha, *Neruda (1904-1936)* 42-3). Un *Far West* carente aún de historia donde confluían individuos de origen criollo, español, alemán, irlandés, sefardí, polaco y araucano (22), donde el padre de Neruda conducía un tren, emblema de la expansión capitalista cuya materialidad metonímicamente retrotrae al hierro de los conquistadores españoles (Concha, *Neruda (1904-1936)* 45-7).

La niñez de Pablo Neruda interesa por dos motivos: a. la noción de escritura que surge en ese lapso y que se consolidará a lo largo de la vida del poeta en diálogo con la Historia y b. la relación del autor con la naturaleza. En la infancia se encuentra el origen de una concepción de la escritura que responde a una lógica de intercambio y representatividad, la cual se opone a la idea de la escritura inútil como acción despojada de propósito. Es 1910. Neruda ya está en el liceo y un condiscípulo le pide que escriba por él cartas de amor dirigidas a una niña llamada Blanca Wilson. Ésta se enterará de la autoría y desplazará su atención hacia el poeta, a quien premia con un membrillo. Neruda no recuerda cómo eran esas cartas pero deja abierta la posibilidad de que ellas fuesen, tal vez, sus primeras "obras literarias" (21).[9] Así, el futuro poeta da voz a lo que otro no puede expresar y establece un vínculo de reciprocidad con su lector(a). Es indispensable aproximarse con cautela a esta evocación. En primer lugar, porque todo relato en primera persona se halla fracturado en dos sujetos, el que ha vivido la historia (*experiencing self*) y el que la narra (*narrating self*) (Stanzel 61). En segundo lugar, porque el pasado remoto es difícil de recordar y muchas veces pervive en reviviscencias intensas pero fragmentarias, lo que explica la propensión al lirismo cuando se cuentan episodios de la niñez (Coe 3; Lejeune *Brouillons* 36).[10]

[9] El amor se presenta a Neruda como escritura pero también como lectura: poco antes había descubierto un grupo de tarjetas amorosas almacenado en un baúl (20).

[10] Richard N. Coe define la infancia como género literario: "an extended piece of writing, a conscious, deliberately executed literary artifact, usually in prose (and thus intimately related to

Disueltos en el flujo del presente, los recuerdos de infancia poseen una discontinuidad que se suele subsanar *a posteriori* mediante un *telos* para conjurar la incoherencia de la vida, su ambigüedad y vacíos, elementos todos éstos consubstanciales a la experiencia humana pero que no hallan cabida siempre en el arte. Por eso quizá convenga verlos como recreaciones comparables a la tarea que las naciones llevan a cabo al inventar su propia Historia.[11] Neruda deja constancia de la dificultad para rememorar: "En estos recuerdos no veo bien la precisión periódica del tiempo" (22).

La primera producción literaria recompensada prefigura la exitosa carrera de Neruda a la vez que resalta de modo implícito la hiriente duda de su padre sobre la autoría de su primer poema, más hiriente aun porque es distraída, pero suficientemente dura como para que el poeta la evoque tanto tiempo después (33). Esta sospecha parece una constante en la trayectoria de Pablo Neruda.[12] Ya se vio el caso de las páginas finales de *Confieso que he vivido* y ahora se constata la incredulidad paterna. Un tercer caso que Neruda prefiere no mencionar es el poema 30 de *The Gardener* de Rabidranath Tagore (1861-1941) en traducción al español de Zenobia Camprubí de Jiménez que inspiró el poema 16 de *Veinte poemas de amor y una canción desesperada* y por el que se le acusó de plagio (Wilson 72-4). En todo caso, ese primer desencuentro con el padre en relación a la poesía se exacerbará, lo que empuja al autor a rebautizarse literariamente como Pablo Neruda –nombre que no remite al escritor checo Jan Neruda (1834-1891), sino que fue encontrado por azar en una revista– para ocultarse de su padre y afirmar su individualidad (223). El poeta no profundiza la explicación ni indica qué fue lo que le atrajo de ese nombre pero es bastante obvio que el exótico nombre

the novel) but not excluding occasional experiments in verse, in which the most substantial portion of the material is directly autobiographical, and whose structure reflects step by step the development of the writer's self; beginning often, but not invariably, with the first light of consciousness, and concluding, quite specifically, with the attainment of a precise degree of maturity" (8-9).

[11] Tomo esta analogía entre mito personal y mito nacional de "Notas sobre un caso de neurosis obsesiva" (1909), el famoso estudio que Sigmund Freud dedicó al "Hombre de las ratas" (*Der Rattenmann*). Igualmente, conviene traer a colación el concepto de "recuerdo encubridor", introducido por Sigmund Freud en 1899: un recuerdo de la infancia claro y banal pero tolerable que sirve para "encubrir" de modo inconsciente otro recuerdo que podría resultar perturbador para el individuo. Véase Sigmund Freud, "Screen Memories" CW III 299-322, así como "Childhood and Screen Memories" en *Psychopathology of Everyday Life* CW VI.

[12] Por cierto, esta duda se halla contenida en todo texto, pues solo una intervención jurídica puede sancionar su identidad y cohesión. Como indica Robert Smith: "Copyright institutes legally the attempt to secure the self-identity of a written text, through the univocal figure of its author and his/her ownership of it. It is only because there is some doubt, some likelihood of an infringement of than self-identity, of a contingent adulteration of its essential cohesion, that the law of copyright has come into being" (32).

"Pablo Neruda" posee mayor atractivo que Neftalí Ricardo Reyes Basoalto, que se le dio al nacer.[13] La fascinación que poseen los nombres para Neruda, por otra parte, es de sobra conocida y en el texto basta recordar su regocijo en la onomástica de los cerros de Valparaíso para disipar cualquier duda (91-2). Pero lo fundamental es que el poeta negaba el *nombre del padre*, ese significante que, de acuerdo al pensamiento lacaniano, otorga identidad a la vez que significa la prohibición del incesto (Evans 119) y al re-nombrarse daba el paso decisivo en la construcción de su *renombre*, ligado a su persona literaria, la cual transitará por más de una fase pero ninguna más creativa que la de su estancia consular en diversos países asiáticos.

El viaje a Asia abrió para Neruda el camino a una compleja introspección que nutrirá algunos de los mejores poemas de su libro mayor, *Residencia en la tierra*. Además, se consolidará su antiimperialismo al conocer de manera directa el colonialismo británico y holandés.[14] Se ha indicado cuán poco precisas son las evocaciones asiáticas de Neruda y cómo éstas aplanan la experiencia mediante la indistinción de los países donde permaneció.[15] Asia se le presentó como un mundo "violento y extraño", de profundas desigualdades y jerarquías bajo la todavía vigente dominación colonial impuesta sobre una heterogénea población. Pablo Neruda llegó en 1927 como Cónsul *Ad Honorem* y pasó por cuatro residencias consulares: Rangún, Colombo, Singapur y Batavia (Schidlowsky 121). El círculo de diplomáticos occidentales lo acoge pero él no proviene de un

[13] Según Hernán Loyola, el poeta habría elaborado su nombre a partir de la primera página de una partitura musical de 1879 que el compositor español Pablo de Saraste dedica a la violinista austriaca Norman-Neruda. Neruda habría visto la partitura en Temuco en 1920 (*Neruda. La biografía literaria* 78-86). A Jason Wilson no le resulta convincente la argumentación de Loyola y retoma la hipótesis de Juan Larrea (*Del surrealismo a Machupicchu*): "Neruda" provendría de Nerval y "Pablo", como lo sugirió Emir Rodríguez Monegal, es un homenaje a Paul Verlaine. Además, agrega Wilson, Pablo remite a dos amantes desdichados: Paolo, quien aparece en el canto V de la *Comedia* del Dante y Paul, de *Paul et Virginie*, de Jacques-Henri Bernardin de Saint-Pierre (15-22). Como quiera que sea, el poeta legalizó "Pablo Neruda" como su nombre en 1946 (Reyes *El enigma* 172).

[14] Para conocer mejor la experiencia de Neruda en Asia tal como consta en su prosa, véase el cuaderno titulado "Imagen viajera" en *Para nacer he nacido* que recopila los doce artículos que envió al diario *La Nación* de Santiago de Chile en 1927 (29-62). Así mismo, la correspondencia con Héctor Eandi compilada en *Itinerario de una amistad: Pablo Neruda-Héctor Eandi. Epistolario 1927-1943*.

[15] "Unlike Octavio Paz who, as ambassador to India in 1960s, took an interest in Indian literature and philosophy, Neruda's residence during the prewar years as consul in Rangoon and Ceylon and Singapore left few cultural traces. He remembered them primarily for his loneliness and for the perhaps self-imposed isolation from these cultures. The memoirs hardly make much of a distinction between Asian countries so that it is sometimes difficult to tell whether he is referring to his time in Rangoon, Singapore, or Batavia" (Franco, *The Decline* 82).

país colonizador sino de un país periférico en el concierto de las naciones contemporáneas. Esto lo coloca en una zona ambigua desde la que observa fenómenos en los que no tiene participación alguna. Atraído por el irrefrenable tráfago de la calle, el poeta propende a mezclarse con los nativos (123), para desconcierto y escándalo de sus colegas occidentales, quienes terminan por darle la espalda, lo que acentuará su soledad. Neruda vive con "tranquilidad desesperada" (150) un mundo que intenta aprehender más allá de los estereotipos y esoterismos (115-6), subproductos de la experiencia colonial que se traducen en mistificaciones, como las que guían pseudofilosofías alternativas a la racionalidad de Occidente (120) o refinamientos supuestamente exóticos, como el opio, paliativo para clases desposeídas (126-7). Lo fundamental de la experiencia colonial, concluye, es la rapiña. La India, por ejemplo, se le presenta como una zona arrasada: "No hay casas, ni pan, ni medicinas. En tales condiciones ha dejado su imperio colonial la civilizada, orgullosa Inglaterra" (113).

Neruda presenta su experiencia asiática como un hito que coadyuvó a la toma de conciencia que cristalizará durante su período en España, adonde el poeta desembarcó en 1934. Bien recibido, el poeta participó plenamente de la vida cultural y bohemia y trabó honda amistad con varios de los más notables jóvenes poetas españoles del momento, como Rafael Alberti y Federico García Lorca y otros jóvenes escritores vinculados al grupo poético del 27.[16] Sin embargo, el poeta siente la necesidad de testimoniar por primera vez la envidia que lo perseguiría de por vida:

> Juan Ramón Jiménez, poeta de gran esplendor, fue el encargado de hacerme conocer la legendaria envidia española. Este poeta que no necesitaba envidiar a nadie puesto que su poesía es un gran resplandor que comienza con la oscuridad del siglo, vivía como un falso ermitaño, zahiriendo desde su escondite a cuanto creía que le daba sombra (167).

Neruda cumplió un rol dinamizador. Asumió el cargo de editor de la revista *Caballo verde para la poesía*, a petición de Manuel Altolaguirre, y cuando se produjo el alzamiento de julio de 1936 Neruda apoyó a la república con decisión, a tal punto que uno no puede menos de preguntarse por qué nunca empuñó las armas para defender la causa en que creía, siendo en aquel entonces un hombre joven. Como quiera que fuese, identificarse con la causa republicana motivó

[16] Buena muestra de ello fue el *Homenaje a Pablo Neruda de los poetas españoles* en 1935. La lista de quienes se adhirieron es impresionante: Rafael Alberti, Vicente Aleixandre, Manuel Altolaguirre, Luis Cernuda, Gerardo Diego, León Felipe, Federico García Lorca, Jorge Guillén, Pedro Salinas, Miguel Hernández, José A. Muñoz Rojas, Luis Rosales, entre otros.

que se le separara de la función diplomática (175) y dio origen a su notable *España en el corazón* (1937), punto de inflexión en su poesía, que a partir de entonces se dirige a una audiencia internacional (Schopf, *Del vanguardismo a la antipoesía* 91). Como muchos otros intelectuales, se comprometió en tareas de solidaridad con la república y participó en el célebre Congreso Mundial de Escritores Antifascistas (Valencia, 1937). Ante la inminencia del triunfo franquista, se ocupó, por encargo del presidente de Chile Pedro Aguirre Cerda, de ofrecer asilo a refugiados españoles (198). Así, asumió en solitario la tarea de "organizar, examinar, seleccionar la inmigración" que llevaría a Chile en el navío Winnipeg (205), para lo cual debió enfrentar contramarchas políticas y el boicot de la diplomacia chilena en París, donde el gobierno del Frente Popular había reubicado al poeta, tras un paso diplomático por Barcelona (204-8). La guerra civil española decidió también su orientación ideológica: el comunismo se le presentaba como la única fuerza capaz de frenar la insurgencia (192). Constituiría un error, sin embargo, pensar que la elección de Neruda solo estuvo guiada por el pragmatismo político; el poeta concede a los comunistas una *superioridad moral* sobre los anarquistas, a quienes caracteriza como un grupo perdido en un inconformismo vago y estético, una farándula sumida en un "carnaval agónico" que, a veces, degeneraba en mera criminalidad (191). Sin duda, la militancia del poeta explica por qué su escueto repaso del conflicto entre las fuerzas antifascistas peca de esquematismo y soslaya el rol que jugó la voluntad de hegemonía del Partido Comunista, alineado con el estalinismo, en las divergencias entre comunistas, anarquistas e integrantes del POUM (Partido Obrero de Unificación Marxista) (Furet 245-65; Hermann 84-127).

Ahora bien, no deja de ser curioso que el vínculo de afecto y gratitud que une a Neruda con España se exprese en una visión indivisible de ese país y en una mistificación de la empresa colonial. De lo primero da cuenta el hecho de que Neruda reconozca en España solo una lengua, la castellana; de lo segundo, la distorsión del proceso de expansión del castellano en América:

> Qué buen idioma el mío, qué buena lengua heredamos de los conquistadores torvos... Éstos andaban a zancadas por las tremendas cordilleras, por las Américas encrespadas, buscando patatas, butifarras, frijolitos, tabaco negro, oro, maíz, huevos fritos, con aquel apetito voraz que nunca más se ha visto en el mundo... Todo se lo tragaban, con religiones, pirámides, tribus, idolatrías iguales a las que ellos traían en sus grandes bolsas... Por donde pasaban quedaba arrasada la tierra... Pero a los bárbaros se les caían de las botas, de las barbas, de los yelmos, de las herraduras, como piedrecitas, las palabras luminosas que se quedaron aquí resplandecientes... el idioma. Salimos perdiendo... Salimos ganando... Se llevaron el oro y nos dejaron el oro... Se lo llevaron todo y nos dejaron todo... Nos dejaron las palabras (77-8).

La propagación de la lengua castellana en tierras americanas se logró mediante un agresivo proceso que poco tuvo que ver con la fortuita circunstancia inventada por Neruda; ésta disipa retóricamente la política imperial de monismo lingüístico castellano que subalternizó las lenguas de los indígenas –como antes había subalternizado otros idiomas que se hablaban en la metrópoli– dando origen, además, a la derrota de la voz ante la letra, conflicto cuyo eco resuena todavía en amplias zonas de Hispanoamérica.[17] El sentido de este pasaje queda más claro con la inesperada presentación de Cristóbal Colón[18] como representante de la España luminosa herida por la España tenebrosa y par de fray Luis de León, Francisco de Quevedo y Federico García Lorca (173). Sorprende que un marxista termine exaltando supuestos de base del Hispanismo: celebración de la empresa de expansión colonial y de la unidad del mundo hispánico cifrada en la lengua como mínimo común denominador.[19]

Neruda no fue solamente un "compañero de ruta" del comunismo; se afilió al Partido Comunista de Chile en 1945 (otros poetas y amigos suyos como Louis Aragon y Paul Éluard eran militantes comunistas desde hacía décadas).[20] La militancia le costaría persecución y ataques que evoca en el texto. En 1948, el Partido Comunista de Chile fue declarado ilegal y el poeta debió huir a la Argentina (252-4). En 1952, se halla en Italia y se decreta su expulsión del territorio a petición del gobierno de Chile. Una muchedumbre de casi mil personas en la que reconoce a Renato Guttuso, Carlo Levi, Elsa Morante y Alberto Moravia, lo rescata de manos de la policía en Roma (298-9). En 1957, de viaje hacia Ceilán, se le detiene en la Argentina lo que motiva, una vez más, la solidaridad de escritores e intelectuales solidarios (315-7). Neruda contrapesa el trato excepcional que recibe mediante la autopresentación como comunista sufrido y disciplinado, expuesto al peligro, pero soslaya los beneficios que su militancia comunista le procuró: viajes, premios, adulación, un rol político en Chile como senador, audiencia para su poesía y amistades connotadas (Wilson 216). Siempre en plena sintonía con la Unión Soviética, Neruda condenará el culto a la personalidad y los crímenes de Stalin en el momento oficial:

[17] *Cf.* Antonio Cornejo Polar, "El comienzo de la heterogeneidad en las literaturas andinas: Voz y letra en el 'diálogo de Cajamarca'".

[18] Para una evaluación de conjunto de la figura y el rol de Cristóbal Colón, véase Tzvetan Todorov, *La conquista de América. La cuestión del otro* (13-58).

[19] *Cf.* Joan Ramon Resina, "Whose Hispanism? Cultural Trauma, Disciplined Memory, and Symbolic Dominance".

[20] Jorge Edwards atribuye un peso decisivo a la segunda esposa de Neruda, Delia del Carril en la conversión de Neruda al comunismo (*Adios, poeta* 65). Para una idea de las actividades del poeta como congresista, revísese Pablo Neruda, *Discursos parlamentarios de Pablo Neruda (1945-1948)*.

> El informe del XX congreso fue una marejada que nos empujó, a todos los revolucionarios, hacia situaciones y conclusiones nuevas. Algunos sentimos nacer, de la angustia engendrada por aquellas duras revelaciones, el sentimiento de que nacíamos de nuevo. Renacíamos limpios de tinieblas y del terror, dispuestos a continuar el camino con la verdad en la mano (328).

Pero la relación de Neruda con el estalinismo es problemática. *Confieso que he vivido* presenta una realidad de armoniosa convivencia en el estado socialista durante el régimen de Stalin cuando refiere la anécdota del soldado ebrio a quien un hercúleo policía corrige con la benevolente "ternura" de un "hermano mayor" (289-90) e indica que el dogmatismo en cuestiones estéticas, que en efecto existió, fue siempre visto como un defecto y resistido (275). Vale la pena comparar la representación de la Unión soviética bajo Stalin que presenta *Confieso que he vivido* con la que aparece en otro libro suyo, no muy leído en la actualidad e imbuido de un espíritu militante más duro: *Viajes* (1955). En ese texto Neruda establece dos bandos: el de los escritores que se vendieron y arribaron al *Reader's Digest* (André Malraux, Ezra Pound y Arthur Koestler) y el de los que han llegado al pueblo, "los Aragon, los Ehrenburg, los Éluard, los Machado, los Alberti, los Guillén, los Marinello" (*Viajes* 174). No queda claro a cuál Guillén se refiere. Así mismo, reviste particular interés la blanda admonición en que convierte la censura oficial a Boris Pasternak y Dimitri Shostakóvich (*Viajes* 186-8). En *Confieso que he vivido*, Neruda explica su adhesión a Stalin, a cuyo culto admite haber contribuido,[21] por la ignorancia de la naturaleza genocida de su régimen así como a su rol de "salvador del *humanismo mundial* al derrotar a Hitler" (331) [énfasis añadido]. No obstante, la dimensión represiva del régimen de Stalin era bien conocida, por lo menos, desde los años treinta del siglo pasado. En 1929, Panäit Istrati había publicado su denuncia, *Vers l'autre flamme. Après seize mois dans l'U.R.S.S.: confession pour vaincus*, y de 1936 data *Retour de l'U.R.S.S.*, de André Gide, texto muy conocido y combatido en su tiempo, en que se comparaba el régimen soviético con el Tercer Reich. El texto fue fuertemente condenado en los congresos de Valencia y Madrid, en el marco de violencia organizada por el Partido Comunista Español contra los críticos de Stalin (Paz, *Itinerario* 58-67). Al año siguiente, Gide amplió ese texto en su *Retouches à mon "Retour de l'U.R.S.S"*. Las denuncias del autor francés siguen provocando la animadversión de Neruda mucho después del XX Congreso del Partido Comunista de la Unión

[21] Neruda ensalzó la figura de Stalin en *Canto a Stalingrado*, *Nuevo canto de amor a Stalingrado*, *Canto general*, *Las uvas y el viento* y redactó un artículo laudatorio cuando Stalin falleció, "En su muerte", que apareció en *El Siglo* el 10 de marzo de 1953 (Feinstein 292). La desmitificación del ídolo también halló espacio en su poesía. ¿Los textos claves? *Memorial de la isla negra* y *Fin del mundo*.

Soviética en 1956, ya que de otra manera no se explican estas acres palabras en el apartado titulado "Los comunistas"; "viva André Gide con su corydoncito, viva cualquier misticismo... Todo está bien... Todos son heroicos... Todos los periódicos deben salir...Todos pueden publicarse, menos los comunistas..." (456).[22] Además, Neruda apoyó la invasión de la Unión Soviética a Finlandia (1939-1940) y justificó la intervención en Hungría (1956) como una defensa del pueblo húngaro contra la contrarrevolución fascista apoyada por el capitalismo (Schidlowsky 847-8). En *Confieso que he vivido* se constata un innegable voluntad de marcar distancia con el estalinismo. Neruda viaja de la Unión Soviética a China acompañado por Ilya Ehrenburg en 1951. Cada vez que llegan a un pueblo ambos bajan del tren para desentumecerse:

> Apenas nos alcanzaba el tiempo para dar algunos pasos por estos pueblos. Todos eran iguales y todos tenían una estatua de Stalin, de cemento. A veces estaba pintada de plata, otras veces era dorada. De las docenas que vimos, matemáticamente iguales, no sé cuáles eran más feas, si las plateadas o las áureas (287).

No deja de haber ironía en que esta crítica al culto de la personalidad aparezca en el marco de un texto autobiográfico, pues toda autobiografía construye un monumento para su propio autor, quien intenta erigir un recuerdo de sí mismo de cara al público (Gilmore, "Limit cases..." 136), ni que este repudio de la estatua vaya de la mano con la importancia que tiene para Neruda que el poeta sea reconocido con un monumento público, reiterada hasta en dos oportunidades en su texto. La primera ocurre durante el famoso banquete que el PEN Club de Argentina ofreciera a Federico García Lorca y a Neruda en el Hotel Plaza en 1933. El discurso al alimón con que respondieron ambos poetas celebraba a Rubén Darío y reclamaba una estatua, plaza o parque para honrarlo (159). Más adelante, en la evocación final de su paisano y rival, Vicente Huidobro, Neruda declara haber pedido un monumento para el autor de *Altazor* e insiste en el de Darío: "pero nuestros gobiernos son parcos en erigir estatuas a los creadores, como son pródigos en monumentos sin sentido" (396). El poeta afirma, además, que fue el "maoestalinismo, la repetición del culto a una deidad socialista" (330) lo que causó que se distanciara del proceso chino. *Confieso que he vivido* no oculta su disgusto hacia la revolución cultural, condensada en el destino de dos amigos suyos, Tien Ling y Emi Siao. La primera pasó de presidente de la Unión de Escritores a mesera en el restaurante de esa misma Unión y luego a cocinera en una

[22] Publicado en 1920, *Corydon* es uno de los libros más conocidos y polémicos dentro de la vasta obra de Gide por su defensa de la homosexualidad. ¿Resuena un acento homofóbico en las palabras de Neruda?

aldea remota. El segundo solo podía publicar su poesía siempre y cuando no firmara con su nombre. No se requiere imaginación para entender lo mucho que a Neruda, quien se dio a sí mismo su nombre de poeta y se esforzó en hacerlo célebre, mortificaría esa condena al "suicidio literario" (334).

El siguiente momento estelar en la marcha hacia el socialismo ocurre más cerca a la región de donde es oriundo Neruda pero, paradójicamente, resultará más problemático. La revolución cubana fue el inicio de un período de lucha armada en América Latina, elaborado sobre un modelo criollo-mestizo de la identidad cultural y un nacionalismo radical, que no se cerrará sino hasta 1990, cuando se produzca la derrota electoral del sandinismo, pero, entre tanto, el costo social ha sido altísimo: juntas militares, tortura, asesinato, represión y diáspora (Beverley, "Rethinking the Armed Struggle in Latin America" 51-6). Neruda no vivirá para ver todo el proceso, pero en 1959, en la plaza de El Silencio, en Caracas, rodeado de unas veinte mil personas junto a las cuales escucha un discurso de Fidel Castro entiende, o declara haber entendido, que "una época nueva había comenzado para América Latina" (438).[23] Sin embargo su percepción de los líderes del proceso cubano es ambivalente. De Fidel Castro recuerda, sobre todo, la reacción fulminante contra un reportero que intentaba fotografiarlo junto al poeta (440). En las antípodas del dinamismo de Castro se encuentra el pausado reconcentramiento del Che Guevara, en quien late una suerte de pulsión autodestructiva (439-42). Neruda se apresura a loar la naciente revolución en *Canción de Gesta* (1960). Por ello mismo, la "Carta abierta a Pablo Neruda" que suscribieron los intelectuales cubanos en 1966 supuso un duro golpe que el poeta no supo muy bien cómo encarar, pues provenía de aquellos a quienes consideraba camaradas. La misiva se había publicado en *Granma,* órgano oficial del comité central del Partido Comunista de Cuba, el 31 de julio de 1966, y fue redactada, de acuerdo con la información que Neruda indica haber obtenido, por Roberto Fernández Retamar, Edmundo Desnoes y Lisandro Otero (446).

Se criticó a Neruda por dos motivos: su viaje a los Estados Unidos, donde asistió al XXXIV Congreso Internacional del PEN Club en la ciudad de Nueva York y su viaje al Perú para recibir la condecoración de la Orden del Sol de manos del presidente Fernando Belaúnde Terry. En Nueva York, Neruda participó en una mesa redonda denominada "The Writer in the Electronic Age", ofreció una lectura de su poesía e integró un panel para discutir sobre literatura latinoamericana contemporánea.[24] Los escritores cubanos reprochaban a Neruda

[23] Curiosamente, Neruda había redactado un "Saludo a Batista" con el que recibió a Fulgencio Batista. Este texto se publicó en *El Siglo* el 27 de noviembre de 1944 (Schidlowsky 534).

[24] En el panel participaron Manuel Balbontín, Haroldo de Campos, Carlos Fuentes, Juan Liscano, Carlos Martínez Moreno, Marco Antonio Montes de Oca, Victoria Ocampo, Nicanor Parra,

que permitiera ser utilizado por los Estados Unidos para crear la apariencia de distensión política en un momento de creciente agresión imperialista contra pueblos del Tercer Mundo, la más notoria de las cuales era Viet Nam. En el caso de la condecoración peruana, se objetaba a Neruda que la hubiese aceptado de manos de un presidente que servía a los intereses del imperialismo y contra el cual insurgía su propio pueblo. Las objeciones planteadas a Neruda no dejan de tener cierto grado de validez en el segundo caso, pues si constituía de gruesa rigidez objetar que Neruda aceptara un visado que le franqueaba la entrada a los Estados Unidos para participar en una conferencia de escritores de una institución que no controlaba el gobierno y distaba de ser políticamente reaccionaria, lo cierto es que Belaúnde Terry –"mi amigo y mi lector" (443)–, con quien Neruda aceptó almorzar, aparece bajo una luz excesivamente benévola –"Belaúnde fue un hombre de intachable honestidad, empeñado en tareas algo quiméricas que al final lo apartaron de la realidad terrible, lo separaron de su pueblo que tan profundamente amó" (443)– que soslaya la política represiva de su gobierno contra el ELN (Ejército de Liberación Nacional) y el MIR (Movimiento de la Izquierda Revolucionaria), ambos inspirados en las propuestas guevaristas del *foco* guerrillero.[25] Esta política costó la vida a líderes guerrilleros como Luis de la Puente Uceda y Guillermo Lobatón (así como al joven poeta Javier Heraud), mencionados todos ellos en la carta abierta de los cubanos, pero también a 8.000 campesinos atrapados en el medio de la lucha (Klarén 330-1). Neruda trae a colación la Guerra del Pacífico (1879-1883), cuyas heridas él contribuiría a restañar al recibir la Orden del Sol, como explicación de su viaje, pero al hacerlo, pretiere la coyuntura política inmediata en aras de conjurar fantasmas del siglo XIX. De otro lado, Neruda, que tantos premios y reconocimientos acumuló, no suena sincero cuando declara que las condecoraciones siempre le han parecido "ridículas" (443). El poeta descalifica a sus objetores, quienes "con arrogancia, insolencia y halago pretendían enmendar mi actividad poética, social y revolucionaria" (445), apelando a "la falsedad política, las debilidades ideológicas, los resentimientos y envidias literarias" (446) a la vez que descalificaba a Fernández Retamar, "uno más entre los arribistas políticos y literarios de nuestra época" (447).[26]

Como ya se ha visto, no es éste el único pasaje de *Confieso que he vivido* en que Neruda acude a la envidia para explicar ataques y malquerencias, y quizá no

Mario Vargas Llosa y, en calidad de Presidente del PEN Club, Arthur Miller. Fue reproducido en *Mundo Nuevo* 5 (1966).

[25] Para un recuento de la represión a la guerrilla peruana durante el gobierno de Belaúnde, véase Héctor Béjar, *Las guerrillas de 1965: balance y perspectiva*.

[26] Se encontrará la carta reproducida en *Casa de las Américas* 38 (1966): 131-5.

le falte cierto grado de razón; pero resultaba poco menos que afortunada la decisión de prestarse al homenaje oficial peruano. Como quiera que sea, y esto es lo decisivo, el cuestionamiento a Neruda expresaba rechazo a una manera de entender el izquierdismo. En efecto, la alternativa cubana no solo representó en su momento una esperanza de autonomía y liberación para el resto de América Latina sino que constituyó, de facto, la mayor impugnación al viejo comunismo latinoamericano burocratizado y dogmático, intelectualmente dependiente de los designios de la Unión soviética; un comunismo de dirigencias conciliadoras dispuestas a alianzas que terminaban apuntalando regímenes que en el mejor de los casos eran meramente reformistas. Esta izquierda, que relegaba indefinidamente la revolución al futuro en que la coyuntura internacional o alguna crisis del capitalismo la hiciera factible –abandonando la perspectiva leninista de crear un poder propio–, se vio impugnada por el éxito de una insurrección que alcanzaba el poder y echaba las bases para construir un estado socialista (Ribeiro, *El dilema de América Latina* 235-80). Es en este contexto que se aprecia mejor el ataque al poeta, viejo y disciplinado militante comunista quien, por lo demás, percibió claramente la razón de fondo, porque no es casual que en *Confieso que he vivido* recuerde la explicación que propone el comité central de su partido –a través de Neruda se ataca, en realidad, al Partido Comunista de Chile (447)– ni que se cuide de puntualizar que las cualidades guerreras no acreditan capacidad de gobierno a la vez que alerta contra la "fogosidad romántica" subyacente a la "descabellada teorización" de los grupos guerrilleros que tributaban culto al riesgo y cuya espontaneidad los hacía muy vulnerables a la infiltración (452-3). En todo caso, el incidente deja en Neruda un fuerte sentimiento de agravio (448) (Edwards, *Adiós, poeta* 144-51).

La prominencia de Neruda en la sociedad chilena le otorgaba una visibilidad que el comunismo de su país no deseaba desperdiciar y esto explica que se le nominara, simbólicamente, como candidato a la presidencia para las elecciones de 1970. El poeta acepta disciplinadamente y porque entiende que a la postre deberá declinar, como en efecto ocurrió; pero Neruda afirma que hubo un momento en que su candidatura empezó a despegar y él a entusiasmarse (460-1), quizá porque pensaba en escritores que habían alcanzado altos rangos de poder político como Mao Tsé-tung, Ho Chi Min, Leópold Senghor, Aimé Césaire y Rómulo Gallegos (Guibert 8). Lo cierto es que el triunfo de Unidad Popular, que llevaba como candidato al médico Salvador Allende, dará oportunidad a que Neruda, nombrado embajador en París, se desquite simbólicamente de los maltratos padecidos en los tiempos del Winnipeg (463). Los últimos años de Neruda presentan intensos contrastes que el texto registra. De un lado, la satisfacción por el triunfo de la Unidad Popular, la recuperación de la "dignidad" e independencia del país cuando se nacionaliza el cobre (467-8); de otro, los claros signos de la amenaza que pendía sobre la experiencia chilena de socialismo evolutivo. El poeta habla sin ambages del "odio" de la clase dominante, del fascismo latente y del terrorismo de extrema derecha (468-70). No queda claro en qué momento exacto Neruda redactó el siguiente pasaje "profético" en que se refiere a las clases dominantes que buscaban escapar de la experiencia socialista: "Corrieron con sus acciones, sus joyas, sus billetes, sus monedas de oro, a refugiarse en alguna parte. Se fueron a la Argentina, a España, incluso llegaron a Australia. El terror del pueblo los habría hecho llegar fácilmente al Polo Norte. Después regresarían" (470). En cambio, un comentario sobre Eduardo Frei –"De nada le valdrá el golpe de estado que ha propiciado. El fascismo no tolera componendas sino acatamiento" (471)– parece redactado después del golpe de estado.

En el ámbito literario el poeta alcanza el momento de máxima notoriedad cuando el Premio Nobel de Literatura en 1971 termine de otorgar a su persona y a su poesía la sanción de internacionalidad en la república mundial de las letras.[27] Neruda deseaba el premio: "La verdad es que todo escritor de este planeta llamado Tierra quiere alcanzar alguna vez el Premio Nobel, incluso los que no lo dicen y también los que lo niegan" (414). Intentando presentar cierto nivel de distanciamiento emocional convoca al fantasma de su antecesora chilena entre los galardonados, Gabriela Mistral, como antimodelo. Ésta promovió su propia candidatura; Neruda, en cambio, opta por conducirse con discreción (416). Otras fuentes indican, sin embargo, que el poeta se hallaba obsesionado con el premio y batalló diez años con el apoyo del escritor, traductor y miembro de la Academia Sueca Arthur Lundkvist para conseguirlo (Specter, "The Nobel Syndrome" 47-52). De hecho, su público rechazo al estalinismo, cuyo lado criminal declaró no haber conocido nunca antes de 1956, fue lo que lo hizo aceptable para el premio (Espmark 114).[28]

El discurso de aceptación del premio se tituló "La poesía no habrá cantado en vano" (Neruda, *Para nacer he nacido* 425-35). Esta bella pieza debe ser leída en concordancia con el capítulo undécimo de *Confieso que he vivido*, "La poesía es un oficio" (351-448), donde Neruda desvela los pareceres sobre el ejercicio poético a que ha llegado tras un dilatado camino. Neruda parte de rechazar el este-

[27] Sobre el Premio Nobel de literatura, véase Burton Feldman, *The Nobel Prize* (55-113) y Kjell Espmark, *The Nobel Prize in Literature: a Study of the Criteria behind the Choices*.

[28] El sentir de Neruda en relación al Premio Nobel se modificó con el tiempo. En 1952, en un reportaje a la revista *Pro Arte* 160 (28 de noviembre de 1952), Neruda atacó a William Faulkner, "lleno de perversidad"; T.S. Eliot, "falso místico reaccionario" y tildó a Jean Paul Sartre de "destructivo". En el caso de los dos primeros, de acuerdo al poeta, el Nobel de Literatura constituía la "coronación y premio que da una sociedad agonizante a sus propios enterradores" (Schidlowsky 762).

reotipo del poeta como sufridor, del poeta "crucificado" y, en especial, del poeta como desamparado, "condenado al tugurio, a los zapatos rotos, al hospital y la morgue" (Friedrich Hölderlin, Gerard de Nerval, Arthur Rimbaud, Dylan Thomas) (365), noción que tilda de "burguesa":

> Yo siempre he sostenido que la tarea del escritor no es misteriosa ni trágica, sino que, por lo menos la del poeta, es una tarea personal, de beneficio público. Lo más parecido a la poesía es un pan o un plato de cerámica, o una madera tiernamente labrada, aunque sea por torpes manos (72).

Neruda reivindica para sí el mérito de una profesionalización cumplida en el ámbito chileno e hispanoamericano. Señala que en el pasado el poeta oscilaba entre la marginalidad social ("gigantes de cantina, locos fascinadores, atormentados sonámbulos"), la opulencia ("grandes señores que se hacían respetar por su dinero, que les ayudaba en su legítima o ilegítima importancia") y la burocracia, donde otros vieron ahogada su vocación (367-8). Neruda, en cambio, ha hecho respetar "el oficio del poeta, la profesión de la poesía" (367) brindando así un "servicio a la ciudadanía" (367-8). La profesionalización de que se jacta Neruda cumple el viejo anhelo de los modernistas hispanoamericanos, con Darío a la cabeza, de superar el abandono a que el poeta fue condenado cuando la burguesía se desinteresó de él debido a que no había lugar en el mundo utilitario vigente para los artefactos que él creaba.[29] Además, premia a Neruda con el "decoro material" (407). Éste es un dato que debe recalcarse por su excepcionalidad, pues si no es frecuente que los poetas se beneficien económicamente de su producción, ello resulta aun más atípico en Hispanoamérica, donde Neruda tiene el extraordinario logro de haber escrito el único *best seller* poético que existe –y uno de los contados a nivel mundial–: *Veinte poemas de amor y una canción desesperada* (1924). Este libro ha llegado a vender casi ocho millones de ejemplares en lengua española sin considerar ediciones piratas ni descargas de Internet. Ya en vida del poeta, hacia 1972, el texto contaba con dos millones de ejemplares ven-

[29] Ángel Rama caracteriza el caso hispanoamericano del siguiente modo: "En las últimas décadas del XIX y comienzos del XX, en ese período propiamente modernista que se cierra en 1910, no sólo es evidente que no hay sitio para el poeta en la sociedad utilitaria que se ha instaurado, sino que ésta, al regirse por el criterio de economía y el uso racional de todos sus elementos para los fines productivos que se traza, debe destruir la antigua dignidad que le otorgara el patriciado al poeta y vilipendiarlo como una excrecencia social peligrosa. Ser poeta pasó a constituir una vergüenza. La imagen que de él se construyó en el uso público fue la del vagabundo, la del insocial, la del hombre entregado a borracheras y orgías, la del neurasténico y desequilibrado, la del droguista, la del esteta delicado e incapaz, en una palabra –y es la más fea del momento– la del improductivo" (*Rubén Darío y el modernismo* 57).

didos (Wilson 45). No es aventurado sugerir que esto explica, en parte, la unánime admiración que los narradores del *boom* manifestaron por Neruda: hay una coincidencia en el proyecto profesional.[30]

Neruda se complace en recordar su casa de Isla Negra y su automóvil, así como la difusión de su obra en los idiomas "más sorprendentes" y los varios premios literarios que ha recibido, pero lamenta que el bienestar material –que ha contribuido a hacerlo feliz– provoque celos en muchos. Los constantes ataques que recibe, en su opinión, no siempre tienen origen en discrepancias políticas sino, quién lo diría, en la envidia: "no pasa un día sin que reciba algún golpecito o golpeteo de la envidia circundante" (407). Neruda ha conocido bien esta animadversión y la ha aquilatado: "Dudaba de hablar de mis experiencias personales en ese extremo de la envidia. No deseaba aparecer como egocéntrico, como excesivamente preocupado de mí mismo. Pero me han tocado en suerte tan persistentes y pintorescos envidiosos que vale la pena emprender el relato" (398).[31] La inquina más extrema fue la que le dispensó el poeta Pablo de Rokha, cuyo nombre se escamotea detrás de un ridículo Perico de Palothes (398-401).[32] Matón y rufián, Palothes/de Rokha, representa el más encarnizado de sus enemigos literarios, entre los que figuran el uruguayo Ricardo Paseyro (1925-2009), cuyo apellido Neruda finge no recordar bien –"cierto ambiguo uruguayo de apellido gallego, algo así como Ribeiro" (401)– y el extraordinario Vicente Huidobro, de quien Neruda ofrece un retrato disfrazado de benevolencia pero en realidad destinado a presentarlo como fatuo, egocéntrico e intrigante (182-4, 394-7). Pero a Neruda lo seduce la envidia tanto como le repele, pues ella posee dos ejes, uno competitivo y otro temeroso. El primero tiene que ver con la satisfacción que le causa a uno la envidia que otros puedan sentir hacia él, pues este sentimiento confirma la valía de lo que se es o se posee; el segundo eje, en cambio, se refiere al miedo que provoca la potencial amenaza implícita en la envidia (Parrott y Rodríguez Mosquera 117-20). Neruda no puede ocultar cierta com-

[30] Testimonios de ello: la "Carta abierta a Pablo Neruda", de Julio Cortázar; Gabriel García Márquez, en *El olor de la guayaba*, elogia a Neruda y el símil que propone remite a la producción de riqueza: "Neruda, lo he dicho otras veces, era una especie de Rey Midas, todo lo que tocaba lo convertía en poesía" (52); Mario Vargas Llosa declara que la poesía de Neruda es "la más rica y liberadora que se ha escrito en castellano en este siglo" ("Entre tocayos" 409); Carlos Fuentes, en *Myself with Others* deja constancia de su reconocimiento (9, 27) y también acude a la imagen del Rey Midas para hablar de Neruda (9); así mismo dedica a la memoria del poeta su cuento "El hijo de Andrés Aparicio", recogido en *Agua quemada* (1983).

[31] En *Odas elementales* figura una "Oda a la envidia" así como en *Memorial de isla negra* hay un largo poema dedicado a este sentimiento: "Para la envidia" (231-7).

[32] Para una discusión extensa remito a Faride Zeran, *La guerrilla literaria: Pablo de Rokha, Vicente Huidobro, Pablo Neruda*.

prensible satisfacción en la envidia ajena que provocan sus mascarones y la bandera que izaba en su casa de Isla Negra (375) o su dinero, que quisiera incrementar para incomodar todavía más a quienes lo hostilizan (368). Con todo, prima el eje del miedo, pues la enorme animadversión literaria en los países de habla española –"una gran cordillera de odio" (401) – empuja a los narradores al exilio (397-8). ¿Fue también éste el caso de Neruda?, ¿fue ésta la razón de tantos viajes? El poeta no lo plantea así pero atina al denunciar el error de juzgar la obra a la luz de la vida del escritor; sería mejor celebrar que los libros se editen, se vendan y que los autores vivan de sus derechos de autor (366). Coherentemente, la adecuación al mercado lo lleva a rechazar la idea burguesa de la poesía "aislada de la realidad" (406) y a preocuparse por el hecho de que la oferta excede la demanda: "Salen tantos poetas noveles e incipientes poetisas, que pronto pareceremos todos poetas, desapareciendo los lectores. A los lectores tendremos que ir a buscarlos en expediciones que atravesarían los arenales en camellos o circularán por el cielo en astrobuques" (369).[33] Neruda desdeña la "originalidad delirante". Cree en el control de las emociones (al escribir se recuerda la conciencia de las emociones más que la emoción misma) y la espontaneidad dirigida. El poeta debe hacerse diestro en el manejo de estilos y modelos pretéritos, de ahí el valor que otorga a la antigua práctica de escribir imitaciones:

> En buena parte de mi obra he querido probar que el poeta puede escribir sobre lo que se le indique, sobre aquello que sea necesario para una colectividad humana. Casi todas las grandes obras de la antigüedad fueron hechas sobre la base de estrictas peticiones. Las *Geórgicas* son la propaganda de los cultivos del agro romano. Un poeta puede escribir para una universidad o un sindicato, para los gremios y los oficios. Nunca se perdió la libertad con eso (370).

Neruda se refiere a Virgilio como propagandista y esto se debe leer como una vindicación de su propio quehacer poético, sujeto a satisfacer las demandas de su colectivo, pues colocó su vocación literaria al servicio de la liberación universal de su pueblo –"He llegado a través de una dura lección de estética y de búsqueda, a través de los laberintos de la palabra escrita, a ser poeta de mi pueblo" (242)– o, si se le quiere ver bajo un ángulo más modesto, supeditó su poesía a las mudanzas del Partido Comunista de Chile.[34] No sorprende, por lo mismo,

[33] Neruda aborda este asunto hasta en dos oportunidades. La más divertida es la inverosímil anécdota de Pierre Reverdy preocupado al enterarse de que su único lector, Eliot, va a escribir poesía (361).

[34] De acuerdo a David Schidlowsky, Neruda escribe en elogio o censura de Tito conforme los vaivenes de la coyuntura política (853); también la coyuntura explica su cambio de opinión sobre Boris Pasternak (875-6).

que el poeta vea su propia búsqueda existencial dentro del movimiento hacia una emancipación colectiva:

> [M]e queda sin embargo una fe absoluta en el destino humano, una convicción cada vez más consciente de que nos acercamos a una gran ternura. Escribo conociendo que sobre nuestras cabezas, sobre todas las cabezas, existe el peligro de la bomba, de la catástrofe nuclear que no dejará nadie ni nada sobre la tierra. Pues bien, esto no altera mi esperanza. En este minuto crítico, en este parpadeo de agonía, sabemos que entrará la luz definitiva por los ojos entreabiertos. Nos entenderemos todos. Progresaremos juntos. Y esta esperanza es irrevocable (319).

Aflora aquí una idea muy difundida en el horizonte cultural de Neruda: la convergencia de comunismo y humanismo, el proceso de conquista y reelaboración de la herencia cultural del humanismo burgués que deberá llevar a cabo el proletariado.[35] El humanismo proletario se distinguirá por su posición de clase –el humanismo tradicional siempre sirvió a la gran burguesía y contribuyó a la explotación de los trabajadores (Ponce 24-6)– y porque reemplazará el desorden del mundo burgués con la "organización proletaria sometida a un plan", inaugurando, de este modo, un humanismo pleno, puesto que el proletariado es la única clase social que puede invocar derechos absolutos (Ponce 121-3).

Las declaraciones del poeta concuerdan, hasta cierto punto, con el ideario del realismo socialista, estética definida en la Unión Soviética en el Primer Congreso de Escritores Soviéticos en agosto de 1934. Éste promovía una representación de la lucha contra el capitalismo en obras optimistas de fácil comprensión para las mayorías elaboradas en consonancia con la ideología marxista-leninista y los dictámenes del Partido Comunista (Murfin y Ray 479-80).[36] Neruda nunca adhirió a esa estética del todo pero modificó su estética vanguardista y llegó a rechazar el momento más alto de su producción, *Residencia en la tierra,* como un libro de "clima duramente pesimista" pero "sombrío y esencial" dentro de su producción (405).[37] Sin embargo, con mayor ecuanimidad, en *Confieso que he*

[35] Al referirse a Paul Éluard, Neruda observa que para el poeta francés "ser un comunista era confirmar con su poesía y su vida los valores de la humanidad y del humanismo" (384).

[36] Para la fundamentación del realismo socialista, véase Zhdanov *et al.*, *Problems of Soviet Literature. Reports and Speeches at the First Soviet Writers'Congress.* Así mismo son de utilidad el libro de Irina Gutkin, *The Cultural Origins of the Socialist Realist Aesthetic, 1890-1934* y el de Régine Robin, *Socialist Realism: An Impossible Aesthetic.*

[37] En declaraciones para Alfredo Cardona Peña, Neruda juzgaba de este modo *Residencia en la tierra*: "Contemplándolos ahora, considero dañinos los poemas de *Residencia en la tierra*. Estos poemas no deben ser leídos por la juventud de nuestros países. Son poemas que están empapados de un pesimismo y angustia atroces. No ayudan a vivir, ayudan a morir" (*Pablo Neruda y otros ensayos* 32).

vivido rescata a ese poemario y lo ubica al lado de *Las uvas y el viento* (1954), canto al mundo socialista por el que guarda especial afecto entre lo más relevante de su producción (405). El panteón de Neruda acoge al "héroe enlutado de Lautrémont, el caballero suspirante de Laforgue, el soldado negativo de Charles Baudelaire" (404). Así, pues, Neruda, quien confiesa que las discusiones estéticas le aburren (459), concibe la poesía como práctica cuya complejidad excede las sobresimplificaciones a que la ideología, la necesidad de conseguir lectores y la literatura entendida como didascalia lo llevaron en demasiadas oportunidades.[38] Es claro que la honda materialidad de Neruda, su arraigo en la naturaleza y su capacidad para acceder a zonas oscuras del ser lo desviaban del rol de "ingeniero de almas" que Stalin reclamó en su famoso discurso de octubre de 1932 a los escritores soviéticos (Gutkin 51). Por ello, la poética explícita de Neruda no resuelve dialécticamente sus tensiones: "el poeta que no sea realista va muerto. Pero el poeta que sea solo realista va muerto también" (368). El realismo en poesía le parece detestable y "la poesía no tiene por qué ser sobrerrealista o subrrealista, pero puede ser antirrealista. Esto último con toda la razón, con toda la sinrazón, es decir, con toda la poesía" (403).

A pesar de lo dicho, se constata en Neruda una voluntad de edificar e inspirar al lector que lo lleva a regocijarse en el efecto inmediato de su obra. Los versos de "Tina Modotti ha muerto" ponen fin a una campaña de desprestigio contra la fotógrafa y activista italiana (355-7); un trabajador del mercado de la Vega Central en Chile rompe en llanto durante una lectura de Neruda para el sindicato de cargadores (353-5); un rufián de poca monta, encandilado con el recuerdo de "Farewell", se abstiene de atacar al poeta en un pasaje que se desliza hacia lo cómico (358-60). Desde luego, hay cierta dosis de vanidad a lo largo de *Confieso que he vivido* que explica ésta y otras anécdotas, pero lo que interesa resaltar, más bien, consiste en el triunfo de la Ciudad Letrada. Neruda escribe en un momento en que ésta todavía conserva prestigio –ya veremos de qué manera esa adscripción juega posteriormente en contra del escritor cuando abordemos *El pez en el agua*, de Mario Vargas Llosa– y la literatura confiere todavía cierto grado de legitimidad social: la voz del poeta es una voz autorizada y su decir esclarecedor. En la trama cultural de Hispanoamérica todavía existía espacio para la performatividad del poeta civil *à la Victor Hugo*, el modelo de Neruda (Schopf, "Confieso que he vivido de Neruda: identidad y máscara" 213). Acaso también esto explique la predilección del autor por el recital poético. Neruda leyó sus versos ante auditorios pequeños (cincuenta hombres del ya mencionado sindicato de

[38] Remito al estudio de Greg Dawes, *Verses against the Darkness. Pablo Neruda's Poetry and Politics*, en particular al capítulo segundo (65-103).

cargadores del mercado de la Vega Central), medianos (los mineros de la plaza de Lota a quienes lee "Nuevo canto de amor a Stalingrado") y grandes, como las ciento treinta mil personas que llenan el estadio de Pacaembú, en São Paulo, cuando Neruda participa en un homenaje al secretario general del Partido Comunista Brasilero, Luis Carlos Prestes. La ovación que Neruda gana con su lectura lo transforma: "Un poeta que lee sus versos ante ciento treinta mil personas no sigue siendo el mismo, ni puede escribir de la misma manera después de esa experiencia" (429), aunque el poeta no precisa de qué manera él y su poesía cambian, ni tampoco reconoce la relevancia de la organización sindical y la publicidad internacional de su partido en el éxito de esas performances (Buesa 158). Ya antes Neruda había escrito un poema en homenaje a la madre de Prestes, a cuyo sepelio el político brasileño, entonces desterrado, no fue autorizado a asistir. Como se ve, compromisos de diversa índole –política, militante, amical– impelieron a Neruda hacia una poesía circunstancial con resultados disímiles, pues no todo lo que produjo en esa línea tiene el nivel de *España en el corazón*. Pero una poesía apta para conmocionar con mensajes "elevados" (sobre todo de naturaleza política) a grupos amplios al ser leída en voz alta no puede conservar una compleja elaboración sintáctica, rítmica ni semántica. Cabe preguntarse ante buena parte de la obra nerudiana si la idea artesanal de su poesía no acabó por conducirlo a una producción semánticamente previsible, sin mayores sorpresas o hallazgos de estilo, cuyos recursos expresivos se fueron debilitando de la misma manera como se desgasta un instrumento constantemente usado.

No deja de haber ironía en que a Neruda le llegase la consagración del Nobel cuando el modelo de poesía y de poeta que su obra y él encarnaban resultaba ya obsoleto en la poesía chilena e hispanoamericana. En Chile, desde los años 40s la influyente antipoesía de Nicanor Parra había venido diseñando con humor e ironía un sujeto distinto al "poeta elevado y misionero", ubicado a la altura que el lector, al cual no tenía certezas para ofrecer (Schopf, *Del vanguardismo a la antipoesía* 98, 104). Enrique Lihn decretaba, por su parte, en "Momentos esenciales de la poesía chilena", charla de 1969, que la "identificación romántico-panteísta y materialista con la naturaleza" de *Residencia en la tierra* ya no era un camino viable para los poetas chilenos de su generación (*El circo en llamas* 62-4).[39] Autores tan variados como Lihn, Jorge Tellier, Efraín Barquero, Miguel Arteche, por nombrar a algunos, transitaban ya por sendas muy diversas a las

[39] "Neruda siguió siendo, a pesar suyo, después de su adhesión al racionalismo marxista, un neorromántico íntimamente más ligado a la magia que a la lógica, al mito que a la realidad, al subjetivismo fragmentario y caótico, que al yo colectivo, ordenador y totalizador al que aspira a identificarse como poeta político y épico" (*El circo en llamas* 63-4).

del himno nerudiano, el cual también era visto con rechazo en Hispanoamérica, como hacía notar Saúl Yurkievich en su antología del Premio Casa de las Américas en Poesía al observar, examinando los poemarios ganadores de 1960 a 1970, que la influencia de Neruda había sido reemplazada por la de Vallejo en los novísimos modos de poetizar ("Premio Casa de las Américas: diez años de poesía" 7-39).[40]

Páginas atrás se mencionaba que uno de los intereses de este capítulo consistía en examinar el tratamiento de la naturaleza en *Confieso que he vivido*. En efecto, éste es uno de los aspectos en que el texto muestra sorprendente actualidad no solo por la importancia contemporánea de la ecología sino por la reemergencia de la dimensión espacial, preterida por la moderna separación cartesiana entre *res cogitans* y *res extensa* que consagraba la preeminencia de lo temporal sobre lo espacial al ubicar a la mente humana por encima del cuerpo (Gumbrecht 206). Comencemos por la espacialización del texto. La lectura de *Confieso que he vivido* provoca, en más de una oportunidad, la sensación de lento avance y hasta de tiempo estancado. Ocurre que la materia narrativa se organiza de una manera que desenfatiza por momentos el eje cronológico (privando al lector de los usuales puntos de apoyo para recrear la linealidad narrativa) en beneficio de exploraciones temáticas. La espacialización del discurso se obtiene mediante dos estrategias que separaré para efecto de análisis.[41] En primer lugar, a través de la donación de un valor lírico al discurso. Existen nueve segmentos que funcionan como otras tantas fugas a nivel de macroestructura semántica: "El bosque chileno" (13-4), "La palabra" (77-8), "Álvaro" (107-8), "Los dioses recostados" (118-9), "El opio" (126-7), "Las máscaras y la guerra" (186-7), "La poesía" (361-2), "Los comunistas" (456-7). Además, el libro sexto se cierra con un fragmento que carece de título (209-10). Todas estas secciones, auténticas prosas poéticas, aparecen en cursiva y tienden a acumular imágenes e impresiones que rehúyen armonizarse en una totalidad, de ahí que en la mayoría de ellas se emplee la parataxis y los puntos suspensivos para acentuar lo trunco:

> ...Mi casa quedó entre los dos sectores... De un lado avanzaban moros e italianos... De acá avanzaban, retrocedían o se paraban los defensores de Madrid... Por

[40] Elocuentes son las declaraciones del poeta salvadoreño Roque Dalton: "Partí del mundo nerudiano, o sea un tipo de poesía que se dedicaba a cantar, a hacer la loa, a construir el himno, con respecto a las cosas, el hombre, las sociedades"; "yo quisiera ser uno de los nietos de Vallejo. Con la familia Neruda no tengo nada que ver" (Benedetti, *Cuaderno Cubano* 113, 127). Así mismo, Mario Benedetti, en "Vallejo y Neruda: dos modos de influir" (1967), consideraba "paralizante" el influjo de Neruda (*Letras del continente mestizo* 65-9).

[41] *Cf.* Joseph Frank, *The Idea of Spatial Form* (3-66).

las paredes había entrado la artillería... Las ventanas se partieron en pedacitos... Restos de plomo encontré en el suelo, entre mis libros... Pero mis máscaras se habían ido... (186).

Estas secciones mantienen cierto grado de autonomía respecto al resto del relato. Entendemos que Neruda fumó opio mientras se encontraba en Asia, pero no exactamente cuándo ni específicamente dónde ni qué ocurrió antes ni después de ese evento. Parece, entonces, válido decir que *Confieso que he vivido* pone en escena estrategias líricas, si se acepta que la función lírica consiste en fracturar el ordenamiento lógico-causal del discurso y provocar su deriva hacia una indeterminada cantidad de contextos posibles, evocando referentes múltiples mediante una máxima condensación verbal, de modo que la obra gana a nivel connotativo lo que pierde en transparencia semántica, pues la lírica antes que discurso es antidiscurso que enfatiza su propia materialidad productiva e implica enunciados que se retiran de la esfera del objeto.[42]

Pero la espacialización del texto también se produce a través de la descripción, paradójica técnica cuya aspiración a congelar el flujo discursivo para hacer aparecer ante el lector una imagen mental de algo, contradice la naturaleza temporal del lenguaje. Más allá de su tradicional empleo ornamental y de su utilidad para crear el metonímico "efecto de realidad", la descripción contiene un potencial disruptivo porque subvierte la separación entre primer plano y fondo al situar todos los existentes –seres humanos, naturaleza, animales, objetos– en un solo y mismo nivel. Esto tiene importantes consecuencias para el texto. Un rasgo fundamental de *Confieso que he vivido* reside en la importancia (y extensión) que concede a la cuidadosa representación de la naturaleza en sus múltiples formas, ciclos y procesos. En este nivel, el texto de Neruda carece de parangón en la literatura autobiográfica de Hispanoamérica, en la que tal vez solo *El país bajo mi piel* (2001), de Gioconda Belli, con su interrelación de destino individual, agencia política y geografía nacional, ofrezca cierto equivalente.

Confieso que he vivido se inicia con una impresionante obertura, "El bosque chileno", que hace falta citar en su integridad:

[42] Karlheinz Stierle ofrece esta descripción: "La transgression lyrique du schéma narratif peut être décrite, dans la terminologie de la théorie du récit, comme prédominance du discours sur l'histoire. Tandis que le discours narratif se définit para la prédominance de l'histoire sur le discours, le renversement de cette relation signifie la possibilité d'une transgression lyrique. Dans les formes de la narrativité lyrique se trouvent d'abord ces procédés de problématisation de la narration qui depuis la seconde moitié du XX siècle sont passés de la poésie lyrique dans les formes fictionnelles de la narrative experimentale"("Identité du discours et transgression lyrique" 431-2).

> Bajo los volcanes, junto a los ventisqueros, entre los grandes lagos, el fragante, el silencioso, el enmarañado bosque chileno... Se hunden los pies en el follaje muerto, crepitó una rama quebradiza, los gigantescos raulíes levantan su encrespada estatura, un pájaro de la selva fría cruza, aletea, se detiene entre los sombríos ramajes. Y luego desde su escondite suena como un oboe... Me entra por las narices hasta el alma el aroma salvaje del laurel, el aroma oscuro del boldo... El ciprés de las guaitecas intercepta mi paso... Es un mundo vertical: una nación de pájaros, una muchedumbre de hojas... Tropiezo en una piedra, escarbo la cavidad descubierta, una inmensa araña de cabellera roja me mira con ojos fijos, inmóvil, grande como un cangrejo... Un cárabo dorado me lanza su emanación mefítica, mientras desaparece como un relámpago su radiante arco iris... Al pasar cruzo un bosque de helechos mucho más alto que mi persona: se me dejan caer en la cara sesenta lágrimas desde sus verdes ojos fríos, y detrás de mí quedan por mucho tiempo temblando sus abanicos... Un tronco podrido: ¡qué tesoro!... Hongos negros y azules le han dado orejas, rojas plantas parásitas lo han colmado de rubíes, otras plantas perezosas le han prestado sus barbas y brota, veloz, una culebra desde sus entrañas podridas, como una emanación, como que al tronco muerto se le escapara el alma...
>
> Más lejos cada árbol se separó de sus semejantes... Se yerguen sobre la alfombra de la selva secreta, y cada uno de los follajes, lineal encrespado, ramoso, lanceolado, tiene un estilo diferente, como cortado por una tijera de movimientos infinitos... Una barranca; abajo el agua transparente se desliza sobre el granito y el jaspe... Vuela una mariposa pura como un limón, danzando entre el agua y la luz... A mi lado me saludan con sus cabecitas amarillas las infinitas calceolarias... En la altura, como gotas arteriales de la selva mágica se cimbran los copihues rojos (Lapageria Rosea)... El copihue rojo es la flor de la sangre, el copihue blanco es la flor de la nieve... En un temblor de hojas atravesó el silencio la velocidad de un zorro, pero el silencio es la ley de estos follajes... Apenas el grito lejano de un animal confuso... La intersección penetrante de un pájaro escondido... El universo vegetal susurra apenas hasta que una tempestad ponga en acción toda la música terrestre.
>
> Quien no conoce el bosque chileno, no conoce este planeta.
>
> De aquellas tierras, de aquel barro, de aquel silencio, he salido yo a andar, a cantar por el mundo (13-14).

La relevancia de este "momento" se construye retrospectivamente. Esta suerte de escena adánica se verbaliza gracias a recursos lingüísticos y literarios ajenos al protagonista cuando experimentaba su sensual ligazón a la naturaleza.[43] Hay que precisarlo: no una naturaleza abstracta sino concreta. Una naturaleza que se reivindica como nacional en una operación coherente con la orientación política de Neruda, pues el imperialismo constituye, antes que nada, un

[43] Para una reflexión sobre el carácter "adánico" de los poetas del Nuevo Mundo, véase Derek Walcott, *What the Twilight Says* 36-64.

acto de "violencia geográfica" por el cual el espacio es explorado, cartografiado y, finalmente, puesto bajo control (Said, *Culture and Imperialism* 77). Por ello, la descolonización demanda un proceso de recuperación y afirmación de soberanía territorial.

El pasaje transita desde la descripción a la autopresentación oblicua, de lo impersonal ("se hunden los pies en el follaje muerto") a la clara autodesignación ("Me entra por las narices hasta el alma el aroma salvaje del laurel, el aroma oscuro del boldo...") y al recuento de sensaciones en desmedro de lo racional. Que esta primera automención del narrador tenga que ver con lo olfativo es un detalle que no se ha de pasar por alto. En Occidente, la dimensión olfativa ha sido preterida al último puesto entre los sentidos humanos en un proceso que integraba la empresa de colonización moderna, la purificación del discurso y el control de la higiene por el Estado. Desde la Ilustración, el olfato es considerado como el menos esclarecedor de los sentidos, el que aporta menos a la epistemología y a la estética, pues resiste a la simbolización al anclarse a la materialidad de su insoslayable referente (Laporte 96). La acumulación de existentes –ciprés, pájaros, hojas, araña–, cada uno de los cuales cede presto su lugar a otro en la atención del poeta, conforma un espacio que impone su voluptuosa cerrazón en torno al individuo a la vez que lo registra ("una inmensa araña de cabellera roja me mira con ojos fijos, inmóvil, grande como un cangrejo", "se me dejan caer en la cara sesenta lágrimas desde sus verdes ojos fríos", "a mi lado me saludan con sus cabecitas amarillas las infinitas calceolarias"), pero ese ámbito capaz de doblegar al protagonista no se entrega por completo ("El ciprés de las guaitecas intercepta mi paso...", "tropiezo en una piedra", "un cárabo dorado me lanza su emanación mefítica, mientras desaparece como un relámpago su radiante arco iris..."). De pronto, Neruda estalla de gozo ante el espectáculo de la putrefacción ("Un tronco podrido: ¡qué tesoro!... Hongos negros y azules le han dado orejas, rojas plantas parásitas lo han colmado de rubíes, otras plantas perezosas le han prestado sus barbas y brota, veloz, una culebra desde sus entrañas podridas, como una emanación, como que al tronco muerto se le escapara el alma..."). ¿Cómo explicar esta fascinación? ¿Acaso porque la descomposición misma "libera" una pluralidad de procesos naturales de especial intensidad? ¿O, tal vez, porque añade formas a la naturaleza mediante la modificación de las entidades que se descomponen? Ambas razones son una: la exacerbada productividad que impone el estado de descomposición, su henchida plenitud. Esta percepción se agudiza en la lectura a través de la diégesis estática de la descripción que se va animando paulatinamente, lo que indica que el movimiento narrativo, junto con la recapitulación de la vida, ha comenzado su rotación. Dicho esto, parece claro por qué el narrador de *Confieso que he vivido* requiere desmenuzar el bosque chileno en algunos de sus habitantes y en sus poderosos procesos, y por qué la obertura concluye con la separación del estrato natural, escisión perturbadora y ambivalente, como lo es la misma naturaleza, origen y fuente de vitalidad y a la vez que espacio donde se pierde la individualidad en el torbellino de las formas. El vínculo de Neruda con la naturaleza no es de cuño romántico ni espiritual sino que transita por los caminos de la materia; su reacción ante el bosque chileno puede ser pensada, hasta cierto punto, acudiendo a la noción de sublime, si se recuerda que este término expresa la mezcla de sobrecogimiento y emoción que produce algo cuya magnitud y poderío excede la posibilidad de que se le contenga en un único concepto; lo sublime, además, provoca un efecto dual, pues abruma la imaginación del ser humano y hace que éste comprenda su impotencia física pero le permite escindirse de la naturaleza al elaborar una perspectiva diferente que contrabalancea ese sobrecogimiento.[44] Son distintos los modos y momentos en *Confieso que he vivido* en los cuales el sujeto parece ser recapturado por la esfera de lo natural, a veces de manera particularmente punzante, tal como ocurre durante la estadía del poeta en Asia, como pronto se verá.

El poeta no sólo emerge de la naturaleza austral de su país que lo subyuga: "La naturaleza allí me daba una especie de embriaguez" (17). La naturaleza moldea a los individuos, ya sean trabajadores manuales, como esos mineros pampeanos cuyos rostros quemados y expresión de soledad y abandono provienen del áspero y seco desierto donde habitan (238), o artistas, como Miguel Hernández, cuyo rostro era el "rostro de España" (165) y los poetas Attila József, Ady Endre y Gyula Illés, productos naturales de la geografía húngara (388). No sorprenderá recordar, por ello, que en su discurso de incorporación a la Facultad de Letras y Educación de la Universidad de Chile en 1962, Neruda se definiera así: "Yo soy un patriota poético, un nacionalista de las gredas de Chile" (*Para nacer he nacido* 404). En consonancia, Neruda propone un isomorfismo entre configuración geográfica y formas poéticas. A un continente como América, amplio, "de piedra polvorienta, de lava triturada, de arcilla con sangre" (364) corresponde una poesía abundante, torrencial. Ni la opulencia de Góngora ni el preciosismo –"no sabemos tallar el cristal" (364)– sino el canto expansivo de Whitman. Eso explica la dimensión totalizadora del proyecto poético nerudiano que Alain Sicard ha denominado "general" (*El pensamiento poético de Pablo Neruda* 137-67). El poeta se declara un "irredento americano y poeta semibárbaro", su arte proviene de la naturaleza: "Se comenzó por infinitas playas o montes enmarañados una comu-

[44] Inmanuel Kant elabora el concepto de sublime en el libro segundo, "Analítica de lo Sublime", de su *Crítica del juicio* (1987). Para una discusión del concepto, véanse *Kant's Aesthetic Theory: An Introduction* (1992), de Salim Kemal y *An Introduction to Kant's Aesthtics. Core Concepts and Problems* (2005), de Christian Helmut Wenzel.

nicación entre mi alma, es decir, entre mi poesía y la tierra más solitaria del mundo. De esto hace muchos años, pero esa comunicación, esa revelación, ese pacto con el espacio han continuado existiendo en mi vida" (29-30). Jaime Concha ha observado el dinamismo de la naturaleza como dato primordial en la cognición nerudiana y señala que no hay oposición entre naturaleza y sociedad porque no existía en Chile, durante el período de la niñez del autor, un polo urbano al cual pudiera contraponerse la naturaleza, la cual es "el en sí no desplegado de la otra" (*Neruda (1904-1936)* 36-7). El mundo natural es múltiple: "Me complace la diversidad terrenal, la fruta terrestre diferenciada en todas las latitudes" (214). En su arraigo a la fecunda naturaleza es donde ha de buscarse el germen de su fertilidad como escritor: "Yo adonde llego asumo un sueño vegetal, me fijo un sitio y trato de echar una raíz, para pensar, para existir..." (107). La naturaleza no se le presenta a Neruda como un bloque ni se solaza en ella de manera uniforme. Lo que le interesa del mar, por ejemplo, es el plancton, "esa agua nutricia, molecular y electrizada que tiñe los mares de un color de relámpago violeta" (303). Y es del mar, metáfora recurrente en el texto para representar un presente eterno (Labanyi 213), del monótono ir y venir de sus olas, de donde Neruda toma el modelo para su recolección memoriosa (111).[45] Pero es, sobre todo, la dimensión y el poderío descomunal de la naturaleza lo que no abandona jamás a Neruda, ya sea que evoque "la gran lluvia austral que cae como una catarata del Polo, desde el cielo del Cabo de Hornos hasta la frontera" (15), los árboles de Singapur cuyos troncos se elevan cien metros (149), sus fascinados recorridos por México, "florido y espinudo, seco y huracanado", país antípoda de Chile, "oceánico y cereal" (213-6), o el incomprensible silencio del desierto (238). La naturaleza enseña a Neruda a *relativizar* la magnitud de lo humano, como aclara la siguiente evocación de un verano en Cautín:

> La selva está siempre húmeda, me resbalo; de repente grita un pájaro, es el grito fantasmal del chucao. Crece desde mis pies una advertencia aterradora. Apenas se distinguen como gotas de sangre los copihues. Soy sólo un ser minúsculo bajo los helechos gigantes. Junto a mi boca vuela una torcaza con un ruido seco de alas. Más arriba otros pájaros se ríen de mí con risa ronca. Encuentro difícilmente el camino. Ya es tarde (31).

Este saber explica el notable pasaje en que Neruda refiere esa espera de 1963 cuando parecía factible que le concedieran el Premio Nobel de Literatura. Mientras Matilde Urrutia y él aguardan la noticia, parapetados en su casa de Isla

[45] Para el examen de la naturaleza como permanencia en movimiento, véase Alain Sicard, *El pensamiento poético de Pablo Neruda* (237).

Negra para ocultarse del periodismo, la evocación nerudiana se desvía de modo imprevisto hacia una concienzuda descripción del ciclo primaveral. Las minúsculas flores amarillas, la floración violeta, los cactus de la costa, el *Agave Americana*, el Chachual o *Puya Chilensis*, que los araucanos adoraban y las docas o *aizoaceae* llegan a hacer olvidar la expectativa del premio e inducen la siguiente reflexión: "Creo que el pasado de la tierra florece contra lo que somos, contra lo que somos ahora. Solo la tierra continúa siendo, preservando la esencia" (412). En *Confieso que he vivido* coexisten una concepción antropocéntrica, teleológica y finalista (que suministraba el marxismo) y una concepción biocéntrica, atenta a los ecosistemas con los cuales la especie humana tiene lazos inextricables que son más duraderos que las formaciones sociales (Handley 219).[46] Así, el culto araucano a la *Puya Chilensis* se ha perdido pero la planta perdura. El interés de Neruda por el mundo natural se dirige también hacia los animales, con los que logra establecer una fraternidad ajena por completo a los textos que se analizan en este libro. Neruda evoca al cisne moribundo que cuidó en Puerto Saavedra (31-2), al orangután Rango con que paseaba de la mano en Sumatra (113), a su mangosta Kiria, que llevó consigo a Batavia (129-30; 142; 151-2), a los elefantes que merecen su compasión (133-4), al cordero que salvó del asador (311), a los monos de Sujumi (336-7), al tapir del zoológico de Erevan (338-9).[47]

[46] De acuerdo a George B. Handley la concepción biocéntrica predomina en la poesía de Pablo Neruda desde la década del 50 del siglo pasado hasta el final de su obra (186).

[47] La atención a los procesos naturales explica la inclinación de *Confieso que he vivido* a detenerse en la dimensión corpórea, pues ahí se cifra el temperamento del individuo: la "voz estentórea" de Ramón Gómez de la Serna (167), los "capotudos ojos indios de Diego Rivera" (217), la "interminable barba blanca" de un muy delgado Valle-Inclán (166-7). De Miguel Ángel Asturias recuerda el parecido que hay entre ambos, "largos de nariz, opulentos de cara y cuerpo" (261). Gabriela Mistral es una señora "buenamoza" de "rostro tostado en que la sangre india predominaba como en un bello cántaro araucano, sus dientes blanquísimos se mostraban en una sonrisa plena y generosa que iluminaba la habitación" (33); Éluard un "normando azul y rosa, de contextura recia y delicada" (383); a Jerzy Borezjha, "quijote flaco y dinámico", la falta de garbo y lleva barba crecida (386-8); Somlyo Georgy es húngaro hasta los huesos (389); del campesino Miguel Hernández, se evoca su "cara de terrón o de papa que se saca de entre las raíces y que conserva frescura subterránea" (164) y de Gandhi, su rostro de sagacísimo zorro (116). El dictador Napoleón Ubico era "corpulento, de mirada fría, consecuentemente cruel" (220). Particular interés reviste la demorada descripción de César Vallejo: "Vallejo era más bajo de estatura que yo, más delgado, más huesudo. Era también más indio que yo, con unos ojos muy oscuros y una frente muy alta y abovedada. Tenía un hermoso rostro incaico entristecido por cierta indudable majestad (…). Vallejo era sombrío tan sólo externamente, como un hombre que hubiera estado en la penumbra, arrinconado durante mucho tiempo. Era solemne por naturaleza y su cara parecía una máscara inflexible, cuasi hierática." (98). No podría ser mayor el contraste con Vicente Huidobro, quien, con un mechón de pelo sobre la frente, posa como Napoleón (98).

La cultura material de Neruda no ignora el rico tema de la gastronomía, alta forma del placer y culminación del gregarismo pues, como declara en un delicioso libro de gastronomía húngara que escribió con Miguel Ángel Asturias, "convivir es concomer" (22).[48] La conexión entre alimento y palabra data de muy antiguo en Occidente; recuérdese, si no, el pasaje del *Apocalipsis* o Libro de las Revelaciones en que Juan come un libro que le da el ángel que proclama el fin de los tiempos (10:9) o a Jesús cuando proclama ante el demonio en el desierto que no solo de pan vive el hombre sino de "toda palabra que sale de la boca de Dios" (Mateo 4:4). Algo similar ocurre en la mitología griega, la cual atribuye a Cadmo tanto el origen de la escritura como la función de ocuparse de la cocina del rey de Sidon (Tobin 624). En todo caso, se come a través de la boca y es a través de la boca que se emite la palabra. Más aún, comer es también el origen de la subjetividad. Cuando el individuo ingiere algo, establece que su cuerpo es una entidad propia y distinta de lo que se ubica afuera. Karl Marx ha indicado: "Hunger is a natural need; it thus requires *nature* and an object outside itself to be satisfied and quieted. Hunger is the objective need of a body for an object existing outside itself, indispensable to its integration and the expression of its nature" ("Critique of Hegel's Dialectic and Philosophy in General" 325-6). La modernidad erradica la sacralidad de las comidas comunitarias y da paso al comer como asunto familiar y privado, tanto en las prácticas alimenticias (platos y cubiertos individuales) como en las preferencias gastronómicas, que se asocian a estilos de vida y al hedonismo (Falk 29, 144). Las primeras comidas que Neruda recuerda fueron las del estadounidense Carlos Mason, quien decoraba la pared del comedor de su casa con una bandera de Chile y una banderita de los Estados Unidos. En sus banquetes se devoraban pavos con apio, corderos asados al palo y, como postre, leche nevada (19). Neruda expandirá y refinará su experiencia de gastrónomo con sus viajes, pero es en el propio Chile donde tiene la revelación de la cocina europea y, más concretamente, francesa, en un bello episodio que parece un cuento antiguo.

Habiendo sido invitado a una trilla por la zona del lago Budi, en la región de Araucanía, Neruda se pierde. Gracias al consejo de un huaso, llega hasta la morada de tres ancianas francesas que lo acogen en su casa. Las tres hospitalarias hermanas, que habían amparado a veintisiete viajeros a lo largo de treinta solitarios años, llevaban una ficha muy precisa de cada menú servido a fin de no

[48] Se trata de *Comiendo en Hungría* (1969), libro que, a decir de los autores, "escribieron comiendo" (23), soslayado mayormente por la crítica hasta el día de hoy. Neruda se afilia a la raza de los poetas gruesos, como Alberti, Guillevic, Nerval, o bien amantes del buen comer (Éluard), antípodas de los "pálidos y delgados portaliras" cuyo tiempo fue el siglo XIX (22). Para la relación entre comida y sociabilidad, véase Georg Simmel, "Sociology of the Meal".

repetirlo nunca. El joven Neruda queda deslumbrado no solo ante el brillo de la plata y el cristal de la mesa:

> Me invadió una timidez extrema, como si me hubiera invitado la reina Victoria a comer en su palacio. Llegaba desgreñado, fatigado y polvoriento, y aquella era una mesa que parecía haber estado esperando a un príncipe. Yo estaba muy lejos de serlo. Más bien debía parecerles un sudoroso arriero que había dejado a la puerta su tropilla de ganado.
>
> Pocas veces he comido tan bien. Mis anfitrionas eran maestras de cocina y habían heredado de sus abuelos las recetas de la dulce Francia. Cada guiso era inesperado, sabroso y oloroso. De sus bodegas trajeron vinos viejos, conservados por ellas según las leyes del vino de Francia (38).

La voluntad nerudiana de acentuar el contraste entre magnificencia y pobreza, entre primitivismo y refinamiento, lo lleva a una inconsecuencia porque la suposición "debía parecerles un sudoroso arriero que había dejado a la puerta su tropilla de ganado" no es consistente con lo que Neruda ha contado poco antes: el impacto que causó en las hermanas cuando mencionó el nombre de Baudelaire y les confió que había empezado a traducir sus versos (37-8). Este primer encuentro significativo que establece Neruda con europeos cultos conlleva el maridaje entre alimentos y palabras así como la conciencia de la oposición entre el centro y la periferia de la empresa capitalista (las señoras son empresarias madereras); pero el segmento recuerda también los esfuerzos del humanista proletario por apropiarse de los bienes de la burguesía (340). En ese mismo propósito debe entenderse el interés de Neruda por los derroteros del vino nacional, el cual nace de "los pies del pueblo" pero termina convertido en un producto inasequible para éste, tal como lo eran los vinos chilenos de mayor calidad para el poeta durante su juventud (340). El socialismo, anuncia Neruda, corregirá esa desigualdad. Por ejemplo, la cava de Goebbels expropiada por el ejército rojo –"Los Romané, los Beaune, los Chateauneuf du Pape, se codeaban con los rubios Pouilly, los ambarescentes Vouvray, los aterciopelados Chambertin"– se distribuye a precios equitativos con los vinos rusos en las botillerías de la Unión Soviética (342-3). Esta doble adquisición revela que para Neruda la primera cultura digna de adquirir es la occidental, de ningún modo la de las etnias aborígenes (las señoras francesas tienen una empleada indígena) ni ciertamente la del huaso, a cuyo parsimonioso consejo debió la velada:

> Honor a esas tres mujeres melancólicas que en su salvaje soledad lucharon sin utilidad ninguna para mantener un antiguo decoro. Defendían lo que supieron hacer las manos de sus antepasados, es decir, las últimas gotas de una cultura deliciosa, allá lejos, en el último límite de las montañas más impenetrables y más solitarias del mundo (39-40).

Sendas visitas a China familiarizaron a Neruda con una cocina antigua, variada y distinta de las que había degustado hasta entonces. En 1957, acompañado por Matilde Urrutia, Jorge Amado y su pareja Zelia, ante una mesa imponente (lluvia de flores de cerezo, arcoíris con ensalada de bambú, huevos de 100 años, labios de joven tiburona), recibe instrucción básica del poeta Ai Ching: la comida debe tener sabor exquisito, olor delicioso y color estimulante y armonioso (332). Pero la fidelidad a la comida del terruño expresa también el vínculo con la comunidad imaginaria que es la nación, como le ocurre durante esa misma visita. Cada noche la mesa se llenaba de exóticos manjares (legumbres doradas y verdes, pescados agridulces, patos y pollos guisados) que acabaron por empalagarlo, por lo que decidió celebrar su cumpleaños con un pollo asado a la chilena, acompañado de ensalada de tomates y cebolla picada. La inepcia burocrática casi frustró el agasajo (328-9) así como en su primera visita estuvo a punto de impedir que Neruda, harto de la mediocre comida inglesa, herencia el imperialismo británico, comiera pato a la laca (294-5).

El materialismo nerudiano no puede circunscribir la representación del ciclo alimenticio a la ingesta. Acaso porque sabe bien que el excremento, como dice otro poeta, "es un desecho que es también un abono natural: muerte que da vida" (Paz, *Conjunciones y disyunciones* 29). El momento en que esto adquiere la mayor complejidad simbólica ocurre en la juventud del poeta, en Asia. Es preciso detenerse en este recuerdo. Pablo Neruda se halla en Wellawatta, un distrito de Colombo en lo que en aquel entonces se llamaba Ceylon y actualmente Sri Lanka:

> Mi solitario y aislado bungalow estaba lejos de toda urbanización. Cuando yo lo alquilé traté de saber en dónde se hallaba el excusado que no se veía por ninguna parte. En efecto, quedaba muy lejos de la ducha; hacia el fondo de la casa.
>
> Lo examiné con curiosidad. Era una caja de madera con un agujero al centro, muy similar al artefacto que conocí en mi infancia campesina, en mi país. Pero los nuestros se situaban sobre un pozo profundo o sobre una corriente de agua. Aquí el depósito era un simple cubo de metal bajo el agujero redondo.
>
> El cubo amanecía limpio cada día sin que yo me diera cuenta de cómo desaparecía su contenido. Una mañana me había levantado más temprano que de costumbre. Me quedé asombrado mirando lo que pasaba.
>
> Entró por el fondo de la casa, como una estatua oscura que caminara, la mujer más bella que había visto hasta entonces en Ceilán, de la raza tamil, de la casta de los parias. Iba vestida con un sari rojo y dorado, de la tela más burda. En los pies descalzos llevaba pesadas ajorcas. A cada lado de la nariz le brillaban dos puntitos rojos. Serían vidrios ordinarios, pero en ella parecían rubíes.
>
> Se dirigió con paso solemne hacia el retrete, sin mirarme siquiera, sin darse por aludida de mi existencia, y desapareció con el sórdido receptáculo sobre la cabeza, alejándose con su paso de diosa.

> Era tan bella que a pesar de su humilde oficio me dejó preocupado. Como si se tratara de un animal huraño, llegado de la jungla, pertenecía a otra existencia, a un mundo separado. La llamé sin resultado. Después alguna vez le dejé en su camino algún regalo, seda o fruta. Ella pasaba sin oír ni mirar. Aquel trayecto miserable había sido convertido por su oscura belleza en la obligatoria ceremonia de una reina indiferente.
>
> Una mañana, decidido a todo, la tomé fuertemente de la muñeca y la miré cara a cara. No había idioma alguno en que pudiera hablarle. Se dejó conducir por mí sin una sonrisa y pronto estuvo desnuda sobre mi cama. Su delgadísima cintura, sus plenas caderas, las desbordantes copas de sus senos, la hacían igual a las milenarias esculturas del sur de la India. El encuentro fue el de un hombre con una estatua. Permaneció todo el tiempo con sus ojos abiertos, impasible. Hacía bien en despreciarme. No se repitió la escena (140-1).

Que yo sepa, este extraordinario episodio no ha merecido detallado análisis por parte de quienes han analizado *Confieso que he vivido*,[49] lo que no sorprende, habida cuenta lo chocante que resulta tanto la violación de una mujer en sí misma como que haya sido perpetrada por el amador de las mujeres, hábil artífice de poemas eróticos y amorosos Pablo Neruda.[50]

¿Por qué Pablo Neruda, que a lo largo de su texto procura dar una imagen positiva de sí mismo y apenas reconoce leves imperfecciones –timidez, cierto mínimo rencor contra los escritores cubanos que firmaron la carta abierta contra él– decide contar una violación? Responder que el poeta procede así porque ello ocurrió y él debe decir la verdad carece de validez: En *Confieso que he vivido* no hay mención de Albertina Azócar, su amor de juventud; tampoco dice Neruda mayor cosa sobre su primera esposa, Maryka Antonieta Hagenaar Vogelzang, a la que llamaba Maruca –se limita a unas pocas líneas tomadas de un

[49] Me refiero a estudiosos como Margarita Aguirre, Mario Boero, José Ángel Buesa, Helcias Martín Góngora, Maria Gowland de Gallo, John C. Murchison, Emir Rodríguez Monegal, David Schidlowsky y Volodia Teitelboim. Uno pensaría que Gioconda Belli podría ser más receptiva a este incidente, pero lo ignora en su entusiasta y acrítica reseña ("Reseña a *Confieso que he vivido*"). Hay excepciones. Adam Feinstein transcribe el pasaje sin comentario (68-9); Hernán Loyola aporta decisivas precisiones, como que Neruda habitaba en la calle 42 de Wellawatta (*Neruda: la biografía literaria* 395-6). Edmundo Olivares Briones, por su parte, caracteriza el episodio como "patético a la vez que poético" y no deja percibir que es "complejo" (*Pablo Neruda: los caminos de Oriente* 202). Federico Shopf apenas menciona, en una nota, la "relación" de Neruda con "una bella sirviente tamil" ("Confieso que he vivido de Neruda: identidad y máscaras" 223). Jo Labanyi, en cambio, indica que Neruda "virtually rapes" a la mujer (217).

[50] Estaba ya escrito este libro cuando me enteré del pasaje que Slavoj Žižek dedica a este mismo episodio en su reciente *Living in the End Times* y del cual rescato la siguiente afirmación: "Elevating the exotic Other into an indifferent divinity is strictly equal to treating it like shit" (25).

texto escrito por su biógrafa Margarita Aguirre (152) – y evita hablar de Malva Marina, fruto de esa unión y la única hija que tuvo.[51] De hecho, Neruda dedica más espacio al recuerdo de su mangosta Kiria que a su primera mujer. Quizá el poeta pretende "equilibrar" la imagen tan positiva que da de sí confesando este hecho, el único verdaderamente indigno que revela y justifica por una sola vez la interpretación literal, no irónica, de un título que apunta no tanto a la admisión de errores sino a la ausencia de arrepentimiento (Labanyi 212). O tal vez el peso de la despreciable acción lo obligue a huir de ella mediante su exteriorización. Como indica María Zambrano, en líneas que poseen resonancias nerudianas: "La confesión tiene también un comienzo desesperado. Se confiesa cansado de ser hombre, de sí mismo. Es una huida que al mismo tiempo quiere perpetuar lo que fue, aquello de lo que se huye" (35). Cabe una lectura más: Neruda revela esta acción porque, de conformidad con una mentalidad falocentrista y machista,[52] no le resulta en realidad tan grave y hasta quizá vea en ella algún "valor" estético –por lo menos a un estudioso del poeta, Edmundo Olivares Briones, el episodio le parece "poético"–, con un regusto a esa literatura en que la mujer de Oriente se revela como una figura enigmática y sensual (Said, *Orientalism* 166-91).

Examinemos la secuencia. En primer lugar se presenta la preocupación nerudiana por el destino de sus propias heces y la incógnita ante el receptáculo limpio expresaría, tal vez, la culminación de un cierto narcisismo (¿una búsqueda de la propia identidad?). La pesquisa lo lleva al descubrimiento de la "beldad tamil", cuya pobreza de condición no impide que sus humildes adminículos parezcan suntuosos ("A cada lado de la nariz le brillaban dos puntitos rojos. Se-

[51] Maryka Antonieta Hagenaar Vogelzang nació en 1900 en Yogyakarta, de ascendencia holandesa. Neruda se casó con ella en diciembre de 1930. Tuvieron una hija, Malva Marina, quien nació el 18 de agosto de 1934 aquejada de hidrocefalia en Madrid y falleció el 2 de marzo de 1943 en Holanda, de acuerdo a David Schidlowsky (168-9, 479), quien revela, además, que Neruda se negó a que evacuaran a su esposa desde Holanda durante la guerra (502-4). Bernardo Reyes en *El enigma de Malva Marina. La hija de Pablo Neruda* proporciona abundante información sobre estas dos mujeres y matiza la idea de abandono (203-6). La escritora holandesa Pauline Slot ha publicado una novelización de los hechos titulada *En het vergeten zo lang* ("Es tan largo el olvido") (2010). Neruda se divorció de su primera esposa en México, en 1943, pues la ley de Chile no admitía la figura del divorcio (Feinstein 164-5); sin embargo, cuando se divorciaba de su segunda esposa, Delia del Carril, Neruda alegó que su matrimonio con ella era nulo porque no se había divorciado de su primera esposa (Feinstein 342). Maryka Antonieta Hagenaar Vogelzang falleció en Holanda en 1965 (Feisntein 287).

[52] Para el machismo en Neruda, véase Cynthia Duncan, "Reading Against the Grain of Pablo Neruda's Love Poetry: A Feminist Perspective"; John Felstiner, "A Feminist Reading of Pablo Neruda"; Kristine Ibsen, "Entre la espada y la piedra; función exegética de la figura femenina en Neruda"; Christopher Perriam, "Metaphorical Machismo: Neruda's Love Poetry".

rían vidrios ordinarios, pero en ella parecían rubíes") y cuya indiferencia ("Se dirigió con paso solemne hacia el retrete, sin mirarme siquiera, sin darse por aludida de mi existencia") provoca ansiedad en el poeta ("me dejó preocupado") debido a la inescrutabilidad de la mujer. Como reacción, Neruda niega a esa mujer humanidad plena o, cuando menos, paralela y análoga a la que él posee ("como si se tratara de un animal huraño, llegado de la jungla, pertenecía a otra existencia, a un mundo separado"); intenta, luego, interpelarla ("la llamé sin resultado") y, más tarde, seducirla ("después alguna vez le dejé en su camino algún regalo, seda o fruta. Ella pasaba sin oír ni mirar"). Neruda pronto desarrolla el placer de contemplar a la mujer, acechando su paso y tratando de captar su atención, pero la inutilidad de todos los esfuerzos lleva a que el poeta, no sin antes escudarse en la barrera lingüística ("no había idioma alguno en que pudiera hablarle"), opte por forzarla ("Se dejó conducir por mí sin una sonrisa y pronto estuvo desnuda sobre mi cama"). La ausencia de reacción de la mujer lleva a que Neruda la reifique ("El encuentro fue el de un hombre con una estatua"). El pasaje concluye en un último esfuerzo de racionalización de la otredad en el "desprecio" que la muchacha dirige al poeta.

Coexisten tres dimensiones. En primer lugar, tópicos propios de ese cuerpo de representaciones y saberes que la cultura occidental ha elaborado sobre Oriente a fin de legitimar su empresa imperialista y de autodefinirse dicotómicamente por la vía de negar a su "otro". Asia se carga de misterio e incitante sensualidad que empuja a los colonizadores a satisfacer anhelos eróticos que no se podían permitir en las metrópolis,[53] lo que aparece complementado con lugares comunes sobre la mujer oriental: enigmática fuente de placer inenarrable, de belleza exótica y suntuosa presentación, de sumisión al colonizador. Lo cierto es que los contactos sexuales en un contexto colonial son recorridos por las mismas líneas de fuerza y exclusiones (basadas en raza, etnia, género) que permiten construir al sujeto colonial al inscribirlo en la economía del discurso y el poder, así como en la economía del placer y el deseo (Bhabha, *The Location of Culture* 67), realidad que Neruda capta bien cuando recuerda a aquellas muchachas de Singapur que daban por sentada la obligación de aplacar sexualmente a los ingleses (140).

El acto que comete Neruda, y éste es la segunda dimensión, conlleva una mimetización con sus colegas que procedían de países colonizadores. Así, reduce la distancia entre quien proviene de un país central y quien viene de un país periférico. La posición crítica al colonialismo, presente en *Confieso que he vivido*, esta vez

[53] Para las colonias inglesas como espacio de la permisividad sexual remito a Ronald Hyam, *Empire and Sexuality. The British Experience*, especialmente en los capítulos cuarto ("Empire and Sexual Opportunity") y quinto ("The Sexual Life of the Raj").

será contradicha por el comportamiento del poeta hacia la mujer tamil, quien encarna la más cabal representación del subalterno y, por tanto, no puede hablar, pero también se ajusta al patrón de representación de las amantes de Neruda, pues todas ellas carecen de voz (Labanyi 217). Cuando la mujer tamil se niega a devolver la mirada al cónsul sudamericano, desencadena en éste también un deseo de reconocimiento colonial que se expresa en la agresiva pulsión de contemplar/controlar al nativo en su propio hábitat: la dimensión escópica establece vasos comunicantes entre el voyeurismo y la vigilancia (Bhabha, *The Location of Culture* 76-7).

Tercera cala: hay que detenerse a examinar la particular fascinación que experimenta Neruda ante la hermosa paria. Ésta porta sobre la cabeza el "sórdido receptáculo" que, metonímicamente hablando, funciona como una suerte de corona excremental, pues ella se asemeja a una reina. El excremento posee, ya se indicó, una dimensión ambigua; pertenece al cuerpo que lo ha producido, pero se ha autonomizado de éste, articulando así lo interno y lo externo (Žižek, *On Belief* 56-105), pero, sobre todo, es una de las más notorias manifestaciones de lo abyecto (del latín *ab-jicere*). La abyección no se refiere al envilecimiento, tampoco a la suciedad o lo enfermizo; lo abyecto se produce cuando colapsa el sentido y aflora todo aquello que no respeta posiciones ni reglas, todo aquello que perturba el orden, la identidad o el sistema: lo liminal, lo compuesto, lo ambiguo. Lo abyecto atemoriza y repele porque amenaza las fronteras (imaginarias) de nuestro ser y nuestro universo, confundiendo sus límites, subvirtiéndolos; por ello, debe confinársele más allá de un límite imaginario entre el ser y lo que lo pone en riesgo.[54] Cabe conjeturar que el detonante de la pasión Nerudiana por la mujer tamil consiste en lo fecal, elemento descartable al que se asimilan simbólicamente la paria (detritus humano) y el poeta (excrecencia dentro del sistema capitalista). Resulta verosímil en el relato que se trate de una paria o intocable, pues el sistema de castas en la cultura tamil se articula en torno al concepto de pureza –el cual no se circunscribe al plano físico sino que se hace extensivo a lo espiritual– y el miedo a la polución, de ahí que a ciertos individuos se asigne, debido a su "impureza", la tarea de recolectar las heces.[55]

[54] Julia Kristeva vincula lo abyecto a la función materna, pues la abyección lleva implícita el arcaísmo de una relación pre-objetual reminiscente de la violencia con que un cuerpo se separa de otro, proceso ambivalente, si los hay, ya que uno debe disociarse de la madre, quien le da la existencia, para constituirse como sujeto al ingresar en el orden de lo simbólico, que es el del lenguaje y la cultura. Cada vez que el individuo encara la abyección, ésta lo retrotrae al estado previo a la significación, cuando las fronteras de su propio ser se encontraban amenazadas por la dependencia al cuerpo materno (*Powers of the Horror* 4-10).

[55] Para mayores detalles sobre las castas y la cultura tamil, remito a Bryan Pfaffenberger, *Caste in Tamil Culture: The Religious Foundations of Sudra Domination in Tamil Sri Lanka*.

El excremento es la substancia en que se convierte el residuo de todo tipo de alimento, lo que lo emparenta con otras abstracciones que subsumen cualidades diferentes en un único componente, como ocurre con el oro y el dinero, que carecen de valor porque son los que dan valor a las mercancías (Pollán 38-9). La inutilidad de las heces, ya se aludió a esto, recuerda a la poesía, actividad inútil dentro del mundo burgués. Así, la preocupación de Neruda por el destino de sus residuos entraña un deseo tenaz de controlar su "producción" y de conjurar el temor a la pérdida de parte de sí mismo, lo que permite explicar la atención con que este texto muchas veces parco sobre tantos eventos que hubiesen ameritado mayor desarrollo o atención se detenga a rememorar o re/crear el lugar donde el autor defecaba y, más curioso aún, el recipiente adonde iba a parar la materia fecal, en un segmento que no deja de ofrecer interesante paralelo con un pasaje del clásico *Elogio de la sombra* (1933-1934), de Tanizaki Junichiro. Explica también el deseo de unión vía la cópula con la mujer tamil –quien detenta la posesión de las heces de Neruda– como un anhelo de recuperar la plenitud propia. De otro lado, es conocida la conexión entre lo fecal y la castración, reactualizada en el atractivo que la mujer posee para el hombre que la observa, pues de conformidad a una lógica falocéntrica a la que no parece ajeno Neruda, la mujer es aquella que ha sido privada del pene.[56] Dos son las estrategias a que acude entonces el inconsciente masculino para conjurar la ansiedad de la castración: a. desmitificar y degradar a la mujer; b. repudiar la castración mediante su substitución por un objeto fetiche, o fetichizar a la mujer misma (Mulvey 22).[57] La fijación nerudiana con lo descompuesto supone un proceso fetichista, el cual, a su vez, guarda estrechas analogías con dos tropos fundamentales: la metáfora y la sinécdoque (y su "pariente cercana" la metonimia). En el primer caso, la contigüidad de tipo existencial entre palabra y objeto (o propiedad) que se busca designar reenvía a la sustitución fetichista de una parte del cuerpo por otra, o

[56] Indica Sigmund Freud: "Since the column of faeces stimulates the erotogenic mucous membrane of the bowel, it plays the part of an active organ in regard to it; it behaves just as the penis does to the vaginal mucous membrane, and acts as it were as its forerunner during the cloacal epoch. The handing over of faeces for the sake of (out of love for) someone else becomes a prototype of castration; it is the first occasion upon which an individual parts with a piece of his own body in order to gain the favour of some other person whom he loves" ("From the History" 84).

[57] El vocablo "Fetiche" proviene del portugués *Feitiço* (encanto, brujería) el cual deriva del latin *facticius* (artificial, hábilmente tramado). En el primer caso se trata de un objeto poseedor de algún tipo de poder espiritual en sí. Para Sigmund Freud, el fetiche es un substituto del pene del que la madre ha sido privada, de acuerdo al niño, a través del cual se conjura la ansiedad que provoca la castración posible ("Fetishism"); Karl Marx, por su parte emplea el término para referirse al proceso de mistificación por el cual un objeto adquiere una cualidad que oculta su función económica (Ellen 216-8).

bien de un adminículo adosado al cuerpo. La paradoja del fetiche consiste en que éste es un objeto concreto y tangible que remite siempre a algo que se encuentra más allá de sí mismo y que jamás es aprehendido, por lo que el fetichista tiende a la multiplicación de sus fetiches y al coleccionismo (Agamben, *Estancias* 72-5).

La violación que Neruda lleva a cabo denota una agresiva reacción a la inseguridad que la mujer tamil provoca en él, pues desencadena su deseo y simboliza la amenaza de la castración de dos maneras: por ser mujer y por detentar la posesión de sus heces. Es importante conectar este episodio con la ambivalente actitud hacia las mujeres fuertes o autosuficientes en *Confieso que he vivido* pues Neruda es afecto a detenerse en su degradación. Recordemos a Jossie Bliss, la legendaria amante birmana de Neruda que se vestía como inglesa.[58] Posesiva, propensa a estallidos de celos en que amenaza la integridad del poeta, parece el reverso de la beldad tamil. La "terrorista amorosa" persigue a Neruda desde la India hasta Ceilán, adonde éste había viajado para escapar de ella. La conducta antisocial de Bliss lleva a que las autoridades decreten su expulsión del país salvo que Neruda la acoja, a lo que el poeta se rehúsa. He aquí cómo relata Neruda el último encuentro:

> Por fin un día se decidió a partir. Me rogó que la acompañara hasta el barco. Cuando éste estaba por salir y yo debía abandonarlo, se desprendió de sus acompañantes y, besándome en un arrebato de dolor y amor, me llenó la cara de lágrimas. Como en un rito me besaba los brazos, el traje y, de pronto, bajó hasta mis zapatos, sin que yo pudiera evitarlo. Cuando se alzó de nuevo, su rostro estaba enharinado con la tiza de mis zapatos blancos. No podía pedirle que desistiera del viaje, que abandonara conmigo el barco que se la llevaba para siempre. La razón me lo impedía, pero mi corazón adquirió allí una cicatriz que no se ha borrado. Aquel dolor turbulento, aquellas lágrimas terribles rodando sobre el rostro enharinado, continúan en mi memoria (136-7).

La distancia entre la pasiva beldad tamil y la agresiva Jossie Bliss no es tan grande puesto que ambas se rinden ante Neruda.[59] Otro ejemplo: Nancy

[58] Hernán Loyola es lapidario: "No sabemos quién fue Jossie Bliss, ni una imagen o foto se conserva de ella. Sólo la prosa 'El joven monarca' nos deja algunos indicios sobre su aspecto y sobre la convivencia de los amantes" (*Neruda: la biografía literaria* 362).

[59] La separación de Bliss expresa mejor que ningún otro pasaje uno de los tópicos de *Confieso que he vivido*, el de las mujeres abandonadas. La bella viuda de cabello rubio cuya pasión parece excesiva al autor (51-2), la chica francesa que Álvaro Hinojosa y el poeta dejan en un barrio indefinido de París (100-1) o la esposa mestiza del estadounidense Powers, con quien el poeta comparte comilonas. La "pobre abandonada" se suicida debido a que su marido decide casarse nuevamente (122).

Cunard, la aristócrata y luchadora social inglesa, quien bajó semidesnuda por el ascensor en su agonía y "pesaba treinta y cinco kilos cuando murió. Sólo era un esqueleto." (179).[60] Uno más: de Gabriela Mistral, que descubrió para el autor el mundo de los grandes autores rusos (33) y cuya poesía reverencia (394), se recuerdan las patéticas cartas con que ésta impulsó su propia campaña para obtener el Premio Nobel de Literatura (416) y se deslizan insinuaciones al evocar su resentimiento ante un "comentario burdo que hería su condición de soltera" (392).

El impulso que lleva a Neruda a violentar a la mujer tamil entraña no solo convencional lascivia sino una pulsión de apropiación de ésta en tanto que sujeto cosificado y por ello pasible de ser incorporado a la colección de mujeres con que el poeta se relacionó romántica o eróticamente. Dicho de otro modo, si entendemos que en la operación de coleccionar[61] se expresa un proceso análogo al de la fetichización, no ha de sorprendernos que Neruda, para quien lo descompuesto es motivo de gozo, como sabemos desde la lectura de "El bosque chileno", descubra un comienzo de avidez fetichista respecto a su propia materia fecal. La valoración nerudiana del detritus se corrobora en unos versos del famoso "Tango del viudo", huella de la experiencia asiática del poeta y de la relación con Jossie Bliss: "Daría este viento del mar gigante por tu brusca respiración / oída en largas noches sin mezcla de olvido, / uniéndose a la atmósfera como el látigo a la piel del caballo. / Y por oírte orinar, en la oscuridad, en el fondo de la casa, / como vertiendo una miel delgada, trémula, argentina, obstinada" (*Residencia en la tierra* 64). Del mismo modo, conviene citar una carta que el poeta remitió al escritor argentino Héctor Eandi el 27 de febrero, desde Wellawatta (Ceylán). Atosigado por el calor, leyendo incansablemente en inglés, bebiendo whisky y soda, alienado de las cosas, acompañado por su sirviente Dom Brampy y su mangosta, Neruda confía lo siguiente:

> Mis vecinos más próximos son tamiles o cingaleses o burgher (criollos holandeses), y se han puesto muy mezquinos y desagradables este último tiempo, atribuyéndome grandes perversidades, y haciéndome enemistad, todo porque vienen algunas

[60] Sobre la relación entre Nancy Cunard y Neruda, véase el volumen de homenaje editado por Hugh Ford, *Nancy Cunard: Brave Poet, Indomable Rebel, 1896-1965*, donde aparece un texto de Delia del Carril celebrando a Cunard (198). Así mismo, Lois G. Gordon, *Nancy Cunard: Heiress, Muse, Political Idealist* (264-8) y Rafael Osuna, *Pablo Neruda y Nancy Cunard*.

[61] El coleccionismo es una forma de arte que reemplaza la temporalidad por la espacialidad y la clasificación por el origen (Stewart *On Longing* 153). Conocido coleccionista, el poeta deja constancia de su amor por las máscaras (186-7), los barquitos embotellados (373-4), los mascarones de proa (374-6), los caracoles y libros, entre los que destacan la edición Foppens de Góngora, infolios de Dante, un Molière para el delfín de Francia y manuscritos de Rimbaud (376-9).

> muchachas a verme, ellas mismas muy asustadas, porque esta gente ha aprendido todos los cristianos *escrúpulos de mierda*, y hacen tabú de todo acto sexual. *Los infelices vivieron en la más deliciosa putrefacción antes de la llegada de los portugueses*, eran homosexuales (todavía), incestuosos, en fin carecían de moral; los portugueses trajeron el veneno contra la heregia (sic) ambiente, los holandeses ayudaron cristianamente, y los actuales gringos les han terminado de matar el gusano. Ahora son hipócritas y enfermos sexuales, cristianos fatales, y perseguidores asiduos de la vida. Al diablo con ellos! (Neruda, *Itinerario de una amistad* 81) [énfasis añadido]

Ambivalencia de lo descompuesto, pues si los tamiles o cingaleses o burgher fueron enmierdados por la colonización occidental que los enemista con sus fuentes primordiales de goce, hubo un tiempo en que se deleitaron en su propia putrefacción. Si es correcta esta isotopía en que se entrecruzan excremento y poesía, ella debería verificarse en algún otro pasaje de *Confieso que he vivido*. Ese pasaje existe. En el libro noveno, "Principio y fin de un destierro", se relata la tortura del poeta turco Nazim Hikmet (1901-1963), amigo de Neruda:

> A Nazim, acusado de querer sublevar la marina turca, lo condenaron a todas las penas del infierno. El juicio tuvo lugar en un barco de guerra. Me contaba cómo lo hicieron andar hasta la extenuación por el puente del barco, y luego lo metieron en el sitio de las letrinas, donde los excrementos se levantaban medio metro sobre el piso. Mi hermano el poeta se sintió desfallecer. La pestilencia lo hacía tambalear. Entonces pensó: los verdugos me están observando desde algún punto, quieren verme caer, quieren contemplarme desdichado. Con altivez sus fuerzas resurgieron. Comenzó a cantar, primero en voz baja, luego en voz más alta, con toda su garganta al final. Cantó todas las canciones, todos los versos de amor que recordaba, sus propios poemas, las romanzas de los campesinos, los himnos de lucha de su pueblo. Cantó todo lo que sabía. Así triunfó de la inmundicia y del martirio. Cuando me contaba estas cosas yo le dije: "Hermano mío, cantaste por todos nosotros. Ya no necesitamos dudar, pensar en lo que haremos. Ya todos sabemos cuándo debemos empezar a cantar" (276).

Resulta llamativo el emplazamiento del poeta en medio de materias fecales como condición *sine qua non* para que articule su canto más auténtico. Las palabras de Neruda a Hikmet, "Hermano mío, cantaste por todos nosotros. Ya no necesitamos dudar, pensar en lo que haremos. Ya todos sabemos cuándo debemos empezar a cantar", confirman este pasaje como paradigmático de la acción del poeta. Aquí se arriba a uno de los momentos mayores del texto en la invención del poeta como héroe cultural. Al trascender su degradación material y aferrarse a su arte, el poeta se eleva a una posición que solo es accesible a quien, como él, domine el poder expresivo de la lengua. Este tipo de sujeto es el que Pablo Neruda ha inventado a lo largo de diversas instancias de autopresentación e intervención (los poemas mismos, recitales, declaraciones, entrevistas), una de las cuales, la final, es *Confieso que he vivido*. El poeta como vate, el poeta como una suerte de hombre superior, de "desmedida autoridad moral" (Borinsky 161), halla su efigie extrema en este texto póstumo.[62] Su apoteosis coincide con el momento de su rebasamiento por una época en la que si bien todavía mantenía validez en la izquierda el modelo de representación vertical, cuya variante poética Neruda encarnó mejor que nadie, no menos cierto es que la urgencia de la hora encontraría su figura en el revolucionario, presagio del mítico hombre nuevo.

Si comparamos la manera como lo fecal es presentado en el pasaje de la beldad tamil y en el de la humillación a Hikmet, lo primero que concita la atención es que en el primero falte una de las características dominantes del excremento: el olor. Éste simplemente no parece existir en el primer caso, mientras que en él reside para Hikmet lo más penoso del suplicio. Entonces, es justo indicar que *Confieso que he vivido* representa lo fecal de dos maneras, olfativa y no olfativa. La primera es más primitiva que la segunda. La delectación de Neruda en el bosque chileno se apoya en una concepción del goce anterior a la regulación cultural de los placeres, pero lo cierto es que tanto el relato de la relación entre Neruda y la beldad tamil así como en el canto de Hikmet desde la letrina ponen en escena una transmutación en que lo abyecto es dominado mediante el ejercicio soberano de la *poiesis*.

[62] El texto que mejor expresa ese rol es, sin duda, Alturas de Macchu Picchu: "Yo vengo a hablar por vuestra boca muerta./ A través de la tierra juntad todos/ los silenciosos labios derramados / y desde el fondo habladme toda esta larga noche/ como si yo estuviera con vosotros anclado" (*Antología esencial* 100).

CAPÍTULO II

Ruina, repetición y sinécdoque en *Las genealogías*, de Margo Glantz

La généalogie ne peut commencer par le père
JACQUES DERRIDA, *Glas*

Las estrategias configuradoras del "yo" en un texto como *Las genealogías*, de Margo Glantz, inevitablemente diferirán de las que hemos visto en el caso de Pablo Neruda. Ante todo, por el género que, como se verá, inscribe en el discurso un protagonismo pensado menos en términos individuales que colectivos, así como por una dicción menos aseverativa que indagadora. Del mismo modo, la forma en que Glantz se ubica con respecto a la nación difiere por completo de la de Neruda. Éste es la figura central de la literatura de su país, de cuya naturaleza emana como voz y vate; aquélla, escritora y académica, hija de migrantes, ocupa una posición en que se enredan nacionalidades y territorios, adhesiones y memorias; un *entre lugar* donde la compleja sociedad mexicana se disloca y enriquece con la tradición cultural judía.[1] En ese sentido, *Las genealogías* es un libro clave en la trayectoria literaria de Margo Glantz, tanto a nivel del reconocimiento que le dio como por el logrado equilibrio de dicciones, climas emocionales y contenidos recurrentes en su obra, como en la producción de su persona literaria.[2]

Las genealogías concluye de una manera tan peculiar como significativa. Margo Glantz se encuentra en una playa de Acapulco (década de los 80), lugar particularmente ambivalente: espacio de la burguesía nacional a la vez que polo de atracción al turismo internacional, famoso por sus bellezas naturales aunque saturado de no-lugares, pero, sobre todo, zona representativa de *lo mexicano* de

[1] Margo Glantz debe ser considerada como una de las más notables de la interesante lista de escritoras judío-mexicanas contemporáneas, grupo en que debe mencionarse a Neyda G. de Anhalt (1934), Sabina Berman (1955), Gloria Gervitz (1943), Ethel Krauze (1954), Sara Levi-Calderón (1942), Myriam Moscona (1955), Angelina Muñiz-Huberman (1937), Rosa Nissán (1939), Perla Schwartz (1956), Sara Sefchovich (1949), Esther Seligson (1941). Para la presencia femenina en la narrativa judío-mexicana, véase Magdalena Maíz-Peña, "Mapping the Jewish Female Voice in contemporary Mexican Narrative".

[2] *Las genealogías* se publicó por entregas en el periódico *Unomásuno* y, luego, fue editado por Martín Casillas Editores, en 1981. Ésta será la edición que emplearé a lo largo de mi análisis, aun cuando haré referencias a la edición de 1997 (Alfaguara).

cara al público internacional. [3] La autora lamenta el deterioro de su cuerpo, se tranquiliza con el mar al anochecer y pasa revista a sus memorias, sus "genealogías", no para acabarlas sino para dejarlas en suspenso. Entonces, acude a una comparación sorprendente:

> Ante mí contemplo mi medio siglo con el mismo asombro preciso y reposado y con el mismo entusiasmo estremecido y arqueológico con que Napoleón contemplara las pirámides cuando estuvo de paso por Egipto... (246).

Es eficaz la irónica asimetría entre la grandeza del referente histórico convocado y la sencillez, casi recato, que ha empleado la autora para narrar algo que excede a su destino individual. En efecto, *Las genealogías* relata, en buena medida, una expatriación exitosa: la de la familia Glantz, desde su natal Ucrania hasta México. La imagen de las pirámides de Egipto ratifica naturalmente la experiencia del Éxodo, acontecimiento decisivo en la constitución de la piedad judía e israelita (Neusner 216). Una segunda resonancia de la pirámide reside en su doble arquitectura –una exterior y otra subterránea– que indica la preservación de algo envuelto en una forma que lo oculta de la vista (Hegel *Aesthetics* I 354-61), analogía que sugiere pensar lo autobiográfico como *negatividad,* como el negativo fotográfico, por así decirlo, de lo que se relata; en suma, como el reverso de una vida oculta bajo la *vida escrita* que se instala en el ámbito de lo público. Pero la negatividad es también la ausencia del pasado, su pérdida irrevocable y, por ello, la única condición para su conocimiento.

La pirámide,[4] y ello es explícito en el fragmento mencionado, remite también a la arqueología, disciplina cuyas operaciones implícitamente informan la tarea del biógrafo y del autobiógrafo (Glantz desempeña ambos roles en el texto, como se verá). Puede asumirse, con Walter Benjamin, que la memoria no consiste tanto en una herramienta para la exploración del pasado como el escenario (*Schaulplatz*) donde éste se hace presente, territorio que se debe "excavar" una y otra vez para extraer restos. La tarea tendrá éxito únicamente si la guía

[3] Sobre la historia y el significado de Acapulco como polo turístico de México, véase Andrew Sackett, "The Two Faces of Acapulco during the Golden Age".

[4] *Primero sueño*, el gran poema de Sor Juana Inés de la Cruz se abre con la figura de una pirámide y su sombra mientras que *Las genealogías*, de Margo Glantz, sorjuanista de antigua data, se cierra con la evocación de la pirámide. Algunos estudios que iluminan el funcionamiento de la pirámide en el texto de Sor Juana: Paul B. Dixon, "Balances, Pyramids, Crowns, and the Geometry of Sor Juana Inés de la Cruz"; Rocío Olivares Zorrilla, "El *Sueño* y la emblemática"; Octavio Paz, *Sor Juana Inés de la Cruz o las trampas de la fe* (484-96); Ludwig Pfandl, *Sor Juana Inés de la Cruz, la décima musa de México: su vida, su poesía, su psique* (339-40); Carlos Vossler, "La «décima musa de México»: Sor Juana Inés de la Cruz".

un plan de trabajo que preste atención no solo a lo que se recolecta sino al proceso mismo de recolección, el cual posee una estructura épica y rapsódica, expresada en su ir y venir sobre lo mismo ("Excavation and Memory" 576). La memoria, entonces, no es tanto un instrumento hermenéutico que permitirá acceder a acontecimientos del pasado sino el recinto mismo donde desenterramos los diversos estratos del recuerdo: "Las capas de la memoria se montan sobre la escritura como se montaba el techo de dos aguas sobre la casa de mi padre" (26), observa Glantz. Puesto que recordar se asimila a excavar, el trabajo de la memoria convierte a la autora en arqueóloga de sí misma: hace falta encontrar fragmentos y acopiarlos. Quien recuerda termina por transformarse en curador de su propio museo imaginario. La conexión entre autobiografía y museificación (implícita en el símil entre contemplación de la propia vida *escrita* y la contemplación de las pirámides) declara el ánimo monumental del texto autobiográfico, el cual ya se vio en la inclinación de Neruda por las estatuas.[5] Pero el museo que a Glantz le interesa elaborar trasciende a su propia persona, lo que la lleva a relatar la propia vida enmarcándola en la trama familiar, opción nada infrecuente en textos autobiográficos o memoriosos producidos por mujeres. El "yo autobiográfico" femenino defiere del masculino porque la ideología de género en la cultura patriarcal impone sobre la mujer un relegamiento en el ámbito de lo público, confinándola a la esfera de lo doméstico, de lo no histórico y contingente, de ahí que cuando las mujeres asumen la tarea de relatar su propia vida, suelen postergar su desempeño laboral, éxito profesional y vínculos con la historia política e intelectual de su tiempo para enfatizar la dimensión de lo privado y familiar (Jelinek, *Women's Autobiography* 10; Smith, *A Poetics* 50). Esta dislocación les permite sortear con éxito la trampa retórica que se tiende a la mujer que refiere su propia historia: cuando se la anima a escribir, se espera que lo haga de sí misma porque no se supone que tenga mayor conocimiento mundano; pero en cuanto así lo hace, se la descalifica tachándola de narcisista e inmodesta (Lanser, *Fictions of Autorithy* 19). Hay una dosis de modestia pero también de orgullo al asumir la circunstancia personal como una mera parte de la historia de un grupo mayor, el de un linaje o genealogía que, como declara Glantz casi al inicio mismo de su texto, se remonta hasta el Génesis: "Yo desciendo del Génesis no por soberbia sino por necesidad"(15). Más allá de la natural curiosidad por delinear el desplazamiento de su estirpe —y la genealogía es

[5] Alöis Riegl, en sus afamadas consideraciones de 1903, *Der moderne Denkmalkultus. Sein Wesen und seine 'Entstehung*, define al monumento de la siguiente manera: "Por monumento, en el sentido más antiguo y primigenio, se entiende una obra realizada por la mano humana y creada con el fin específico de mantener hazañas o destinos individuales (o un conjunto de éstos) siempre vivos y presentes en la conciencia de las generaciones venideras" (23).

uno de los comienzos "necesarios" de lo biográfico (Molloy 109)– es en la cultura de ésta que se fundará la operación que Glantz ejecuta, porque su texto no puede entenderse al margen del imperativo a recordar propio de la cultura judía –el *zakhor* que una y otra vez resuena en la Biblia– cuyo sentido del pasado se expresa en una memoria para la cual la escritura sagrada, el ritual y la transmisión oral han tenido mayor peso que la crónica (Elman y Gershoni 1-26; Yerushalmi, *Zakhor* 5-26).

Contrariando el proceso de defamiliarización, que el formalismo ruso identificaba como la clave de lo literario, la confesión femenina busca provocar que el lector se involucre con el autor (Felski *On Confession* 97-8). *Las genealogías* adopta la intimidad de la conversación y, de alguna manera, la vampirización de las reviviscencias de los padres, que registra con una grabadora:

> Prendo la grabadora (con todos los agravantes, asegura mi padre) e inicio una grabación histórica, o al menos me lo parece y a algunos amigos. Quizá fije el recuerdo. Mi madre me ofrece *blintzes* (crepas) con crema (el queso lo hace sobre todo ahora que ya no tiene un restorán que atender (y mi padre hace poesía "muy interesante") (sic). Le pregunto acerca de su infancia y Jacob Glantz contesta:
>
> –Jugaba, comía y les buscaba el pupik (que equivale al ombligo) a las niñas. Nadie me ombligaba.
>
> –¿Qué edad tenías?
>
> –La edad media.
>
> Continúo preguntando, y hago la pregunta obligatoria:
>
> –¿A qué se dedicaba tu papá?
>
> –Se dedicaba a cuidar las vacas, los caballos, el campo y a hacer niños (21).

Los vocablos yiddish –el texto también admite palabras rusas– y la plasticidad del castellano de los padres insuflan una atractiva y lúdica impureza a la lengua del texto

(Kanzepolsky 242), a la vez que indican ese fondo inasimilable e irresoluto que le es propio al proceso de traducción (Benjamin, "The Task of the Translator" 262). No es incidental, por ello, que al momento de evocar la biblioteca paterna (con libros en español, ruso y yiddish), Margo Glantz recuerde que sus padres empleaban el bilingüismo "como mampara, como algo secreto, iniciático, del que estaba yo aparte" (192). La hibridez lingüística del texto se enriquece más aún si se acepta que en el discurso femenino se presenta una doble agencia que deriva de la postergación de la mujer en los debates filosóficos y políticos en Occidente. Cuando la mujer asume un rol en la esfera pública debe dividirse en dos agentes que se expresan con dos lenguajes: uno para manifestar lo que el Estado demanda de ella y el otro para decir su deseo (Masiello, "Women as Double Agent in History" 62).[6] Al asumir formas que actualmente se asocian al periodismo y al testimonio, el texto apela a criterios como los de honestidad y veracidad, reforzados por precisiones sobre la situación comunicativa concreta o a las limitaciones de la oralidad y la escritura: "lamento no poder grabar las miradas" (84).

Las preguntas de Margo Glantz a sus padres, Elizabeth Mijáilovna Shapiro y Jacobo Osherovich Glantz, inquieren por lo cotidiano, por aquellos elementos "menores" que no encontrarían ubicación al diseñar la Historia pero que son indispensables para recrear la complejidad psíquica de una época y del proceso mismo de trasplante y adaptación. Esta maniobra se asemeja a la investigación genealógica propugnada por Michel Foucault: un análisis menos interesado por determinar verdades fácticas que por examinar las condiciones que han hecho posible la existencia de los seres humanos, esclareciendo los regímenes que atraviesan el cuerpo, los diversos ritmos de reposo, trabajo y fiestas a que está afecto, los alimentos que lo nutren o emponzoñan. La genealogía rechaza el espejismo de que detrás de un fenómeno existe una esencia, un comienzo trascendente y un desarrollo aproblemático; desde ese punto de vista, la genealogía ofrece una perspectiva alterna a la Historia precisamente al historiar a ésta misma (Foucault, "Nietzsche, Genealogy, History" 373-9).

Glantz recupera una serie de datos, prácticas y espacios de la vida cotidiana de los judíos rusos: las colonias agrícolas cercanas a un afluente del Don, los campos de remolacha y el río que se rentaba, las minas de oro y plata en Siberia, los matrimonios concertados, los hábitos escolares y las costumbre higiénicas. Estos recuerdos poseen un cariz escueto pero a veces se remansan en bellos "cuadros", como éste que provee Jacobo:

> Había un cuarto muy grande a la entrada, una mesa con bancos, y, al lado derecho, el horno, y mamá estaba sentada en el suelo y cosía, y, después, más adelante, otro cuarto con cama alta, la de mis padres. Después dos recámaras de los muchachos con camas altas y muchos cojines de plumas y la ternerita recién nacida estaba en la casa y cuando nació brincaba, lo mismo que el potrito. El caballo era amarillo, el otro blanco (32).

Pero no todas las reminiscencias tienen la belleza tranquila de este delicado interior. La armonía de la vida dentro de la casa contrasta con la crudeza del

[6] Francine Masiello observa la recurrencia de esta "doble sintaxis" en los estudios literarios que abordan la escritura femenina: *Tretas del débil* (Josefina Ludmer), *Double Voiced Discourse* (Elaine Showalter), *Talking Back* (Debra A. Castillo), *Contact Zone* (Mary Pratt), *Struggle for Interpretive Power* (Jean Franco) ("Women as Double Agent in History" 62).

exterior: la prohibición de que los judíos se beneficien de productos de la tierra; la brutalidad de los cosacos; la revolución. Uno de los momentos más impresionantes de *Las genealogías* consiste en la evocación de un pogromo en la convulsionada Rusia de 1917, cuando las comunidades sufrían los embates de las dos fuerzas en pugna durante la guerra civil. Jacobo Glantz logra salvarse dentro de un pozo seco donde se oculta por varios días mientras escucha los gritos de los niños y las muchachas. Luego, se refugia en una troje en casa de un *mujik* amigo de la familia, quien cuidaba de alimentarlo y de avisarle en qué momento podía salir del escondite al que volvía nuevamente en cuanto recomenzaba la violencia. El costo de tanta violencia fue que apenas un treinta por ciento de la población judía en las aldeas campesinas concedidas por el zar sobrevivió (57-64). Poco después, se produce una hambruna que reduce la población de 350.000 a 35.000 habitantes en Krivory Rog entre 1921 y 1922 (66).

Las entrevistas privilegian al padre. Una figura paterna no autoritaria, por lo demás (Franco, *Plotting Women* 183). Quizá sea por esto, pero también por sus dichos, actos, gestos y excentricidades, que Jacobo Glantz se convierte en la presencia más vívida y entrañable de *Las genealogías* y emerge como el gran personaje cómico en el corpus de los textos a que este libro se dedica. Basta con intentar imaginarse el tono que tendrían recuerdos tan dolorosos como los pogromos o la difícil y pobre emigración a México de haber sido relatados por alguien de temperamento muy distinto al del padre de la autora, para comprender cuán poderosa e importante es la corriente de humor que distingue a *Las genealogías* en la producción autobiográfica hispanoamericana, dada a presentar la vida desde la seriedad y el patetismo. Por lo dicho, es necesario detenerse un tanto en el discurso de Jacobo Glantz. Uno de sus rasgos más obvios consiste en el empleo de la paronomasia, figura retórica que puede definirse como "la vecindad, por la presencia o por el reenvío implícito, de palabras que tienen cierta semejanza fónica, independientemente del parentesco etimológico, pero que son diferentes en cuanto a significado" (Mortara Garavelli 237). La paronomasia tiene una larga historia en Occidente y Oriente, pero quizá sea de su propia tradición cultural de donde bebe Jacobo Glantz, puesto que él es poeta y en la poesía hebrea se emplea mucho este recurso para dotar de ritmo y armonía al verso (Nordheimer 317-8). Algunos ejemplos:

> Prendo la grabadora (con todos los agravantes, asegura mi padre) e inicio una grabación histórica (21).

> –¿Desde dónde venían las cosas?
> –De Italia, de Chipre los cacahuates, de Singapur, ¿de qué país es Singapur?
> –Chingapur –interviene mi padre (22).

–Les daban lo que querían para que estuvieran contentos. Sobre todo y después de una revuelta como la del 5. ¿Qué podía haber en las aldeas judías, además de un candelabro del sábado?
–No eran judíos –dice de repente mi padre–, estaban jodidos (30).

De manera que yo estaba casi perdido, imagínate, siendo un judío con verso. Y después cuando me arrestaron (67).

Trotski dijo –dice mi padre–, que Stalin sería el enterrador de la Revolución, su *cábron*, palabra que en hebreo quiere decir exactamente eso, su enterrador (85).

Yo fui atracción de los pintores, fui muy fotohigiénico (sic) (128).

Fui el primer crítico teatral en México, hacía crítica porque la situación era crítica (sin comentarios) (131).

En el segundo caso (Singapur/Chingapur) es clara la deformación hacia una voz típicamente mexicana; esa malsonancia se expande al tercer caso (judíos/jodidos) y al quinto (cabrón/cábron), aunque en este último coexisten dos lenguas. Como se ve, esta figura permite ejercer la agresividad. En el primer caso (grabadora/agravante) y en el sexto (fotogénico/fotohigiénico), en cambio, nos hallamos ante la creatividad lúdica de un menos provocador juego de palabras. En el séptimo caso, más bien, se trata de un poliptoton –repetición de una palabra en una misma oración con funciones sintácticas diferentes–, figura próxima a la paronomasia, tanto que se le adscribe a ella (Mortara Garavelli 239).

La comicidad de Jacobo Glantz –y de *Las genealogías*– no se limita a estos desvíos lingüísticos sino que se nutre del espíritu propio del humor judío. No es sencillo precisar en qué consiste este humor pero podría describírsele por: a. propensión a distorsionar una realidad trágica a fin de tornarla risible; b. el deseo de preservar los rasgos identitarios de la comunidad judía al contrastarlos con los de los grupos dominantes junto a los que convive; c. el automenosprecio, signo de madurez, que permite la autocrítica (Ziv 52-7). Este humor se forjó en el siglo XIXen Europa Oriental, y más precisamente en Polonia y Rusia, como una estrategia compensatoria y defensiva de una colectividad débil y acosada. Ya Sigmund Freud había entendido el humor judío como una reacción al sufrimiento de esa comunidad (*Jokes and Their Relation to the Unconscious* 114). El siguiente pasaje será esclarecedor. Jacobo Glantz se dedica a la venta de pan:

Un día fui a cobrar un dinero que me debían en la calle de Álvaro Obregón, esquina con Jalapa (?), una casa antigua, adentro un jardín y allí vivía un hojalatero, y yo me metí, no sabía que aquí no era costumbre meterse a las casas ajenas y el hom-

> bre, muy alto y fuerte, me dio de cachetadas. Di tres vueltas y me levanté bañado en sangre y llorando. Fui como tonto a la policía y traje a dos policías y lo que él habló con ellos no entendí nada. No me pagó nunca, sólo con las cachetadas (110).

Los eventos relatados *en sí mismos* no son gratos en absoluto, como tampoco deben de ser gratos los bofetones y las caídas que abundan en el tipo de comedia que en inglés se denomina *Slapstick*. ¿De dónde puede provenir el efecto de comicidad del episodio citado? Proviene del tono fácil que se emplea para narrar lo que pasó, del exagerado efecto físico ("di tres vueltas") y de la velocidad con que se relatan los acontecimientos. Las bofetadas y puntapiés que propina (o recibe) Jacobo, así como la intensidad cinética con que se mueve, traen a la mente a *The Tramp*, el personaje de Charles Chaplin, o ciertos dibujos animados como *Adventures of the Road Runner* y *The Simpsons*, por citar un par de ejemplos.[7] Pero es en el discurso de la autora donde reaparece con mayor frecuencia este tipo de comicidad judía mencionada. Refiriéndose a las cachetadas que sufrió Jacobo, Margo Glantz declara: "Así cumplió mi padre con los preceptos bíblicos y ganó el pan con el sudor de su frente" (110). Este comentario final desliza el incidente hacia el absurdo y disuelve el patetismo, cosa que, por lo demás, ya había realizado el propio Jacobo al observar que se le pagó con cachetadas (otra paronomasia: pagó/pegó). Dos pasajes más: en uno la autora y su madre acuden al cine para ver un film de Frank Capra:

> Nos sentamos en la primera fila porque mi mamá es miope y no quería usar anteojos y yo era la encargada de leer en voz alta los titulares, a pesar de que yo también necesitaba anteojos y mi mamá no me los compraba porque temía que yo, con los antecedentes masoquistas del pueblo elegido, no quisiera verme fea. Pues bien, contra todas las expectativas de mis padres, los vecinos de cine se alebrestaron ante tanta lectura en voz alta y decidieron no dejarnos ver el *happy ending* (211-2).

Un momento singularizado por el alegre encanto de la figura que componen madre e hija invirtiendo roles, pues aquí es la niña la que debe descifrar los subtítulos para la adulta. Margo Glantz también emplea el ya mencionado automenosprecio judío:

> Los judíos son llorones y las judías aún más. En las épocas en que yo lloraba mucho siempre estaba perpleja porque no acertaba a descubrir el origen de tanta humedad. Una vez, en época de crisis, en París, más o menos exiliada de mí misma, me puse a leer de nuevo a Dostoievski, en una edición que me prestó una muchacha

[7] Un relato similar se produce cuando vuelca el coche en que viajaban los padres (111-2).

yugoeslava con la que compartía una pieza (con otras dos muchachas más) en la Casa Internacional de la Ciudad Universitaria. Y al leer *El príncipe idiota* descubrí que tenía algo de las dos cosas, es decir, de idiota y de rusa (213).

Así, la autora menciona con humor aspectos insatisfactorios de su persona: su nombre (176), su falta de éxito social cuando muchacha (194-5), su cuerpo y su perfil (245-6), o su cabello (222), aspectos sobre los que se volverá más adelante. Bien indica la autora que la queja es una propensión judía que ya tiene "cinco mil setecientos y pico de años" (85).

Volvamos a Jacobo Glantz. Su centralidad en la diégesis se marca en la afición a posar para fotógrafos y pintores. De acuerdo con la autora, en su casa hay "cerca de ciento treinta cuadros de mi padre, excluyendo los miles de autorretratos que se hace" (128). La fijación del padre con su propia imagen denota un alejamiento del rígido código del judaísmo tradicional, el cual otorga primacía a la palabra sobre la imagen debido a que Dios optó por revelar su divinidad a los seres humanos a través de la primera. La producción de imágenes, condenada en el Éxodo (20: 4-5), comporta además una amenaza al monoteísmo judío, lo que explica la condena de la idolatría –uno de los tres pecados cardinales– y la iconolatría.[8] Además del anhelo transgresor (170), hay en Jacobo la apropiación de ciertas marcas de lo femenino, pues si bien es la mujer quien es objeto de la pulsión escópica, en el caso que nos ocupa es en el varón donde se acomoda la incitación a la mirada –"todos querían pintarme, yo fui atracción de los pintores" (128). Tal vez esto explique la seca respuesta de Jacobo a su hija cuando ésta indaga por la reacción de la madre a la predilección del padre por hacerse retratar:

–¿Y qué decía mamá cuando sólo te dedicabas a mirar cómo pintaban los pintores?

–¿Qué tenía que decir?, yo siempre anduve en el ambiente artístico (128).

Jacobo contempla su propia mutación a lo largo del tiempo, esa "genealogía pictórica" que gusta exhibir (170). La acción del padre duplica, hasta cierto punto, dentro de la diégesis, la praxis misma de Margo Glantz, quien relata la vida de sus antecesores y parte de su propia vida a la par que lee lo que escribe sobre los suyos y sobre sí misma. Se trata de la ya mencionada alineación de dos sujetos en el momento autobiográfico.

[8] Sobre el tema, véase Alan Avery-Peck, "Idolatry in Judaism." Igualmente es interesante revisar Sigmund Freud, *Moses and Monotheism* (144-8) así como el comentario de Jean-François Lyotard, "Figure Foreclosed".

Mi padre sonríe, sentado a una mesa, junto a una docena de jacobitos que se miran entre sí, como Narcisos.

Regreso, como de costumbre, el próximo sábado. Papá mira complacido y absorto uno de sus retratos:

–Qué interesante, dice, se ve que es poeta (129).

Jacobo anticipa la vocación de su hija Margo. Él no es solamente pintor sino también poeta y proporciona a su hija la conexión con el mundo de las humanidades y la alta cultura a través del conjunto de intelectuales, artistas y escritores con que alternó y sobre los que se halla en condiciones de aportar un juicio derivado de la vivencia directa. Conoció a figuras de la izquierda europea de primera línea como Rádek, Lunacharski, Zinoviev, Kalinin y Kamenev (53); a Alexandra Kollontai (118); a los mismos Lenin y Trotski (71). Pero los artistas son quienes dejan huella más profunda. Vladimir Nabokov, "mal poeta", a quien de pronto se le salía la lengua como un perro cuando hablaba (71-2), Boris Pilniák (100) y Andréi Bieli (101). Isaac Bashevis Singer posee una personalidad más compleja, "reservado, callado, hostil" (142). Mejor impresión le queda de Isaac Bábel, con quien bebía vodka en la *Soyúz Odeski Pizateley* (Unión de Escritores de Odesa) (69-70). Congenia con Vladimir Maiakovski y Sergei Eisenstein cuando ambos visitan México. Con el primero pasa una noche hablando de poesía y recitando poemas, mientras que el segundo, al que apenas consiguió saludar, le parece un hombre "interesante, individualista, que no tenía ideología propiamente, fue un hombre renovador, tenía una visión muy adelantada para su tiempo" (120-1). No faltan grandes figuras de la cultura mexicana: José Clemente Orozco, severo, parco, de ideas raras y afecto a pintar a una puta que paseaba por las calles de Tacuba (127-8); Diego Rivera, que andaba con sus pistolas, hablaba bien el ruso y usó a Jacobo como modelo cuando quiso pintar un cuadro de Trotski (127), en algún momento de *Las genealogías* entrevemos la rechoncha figura del pintor del brazo de María Félix (73). Rivera y Lupe Marín fueron vecinos de los Glantz, esto lo precisa la madre, y en alguna ocasión vieron a su vecino mientras pintaba a Frida Kahlo, en Bellas Artes (74). Y escritores como Mariano Azuela, Enrique González Martínez, Jaime Torres Bodet, Xavier Villaurrutia, Jorge Cuesta… Bien se ve que *Las genealogías* cree en la magia de los nombres propios.

Margo Glantz se inicia en la cultura letrada desde la biblioteca "heterogénea" (el adjetivo es de la autora) de su padre. Como lectora precoz, libérrima y emotiva, combina el gusto de la alta cultura con formas vinculadas a la cultura de masas; por ejemplo, Flash Gordon, al que tal vez se haya sentido inclinada debido a su su interés por el "viaje" como evento épico, pues uno de los temas centrales en Flash Gordon son las expediciones y aventuras del protagonista en distintos reinos del planeta Mongo (88).[9] Los libros suministran claves que la autora emplea para entender mejor su identidad: la lectura de Dostoievski le permite reconocer el lado ruso de su personalidad (193). Hay un punto paradójico en la narrativa que se manifiesta con mayor intensidad en el texto autobiográfico. Es el siguiente: el efecto de unidad de una vida que nos comunica un texto autobiográfico se crea mediante varios eventos que se refieren a lo largo de la trama. Ya sea que éstos se presenten de conformidad con el orden cronológico en que se supone que acontecieron, o que se les reubique en razón de intenciones expresivas, lo cierto es que la persona que aparece ante el lector es creada paulatinamente a través de la contigüidad metonímica de lo que se relata (Gilmore, *Autobiographics* 70-1). El texto aparece saturado por un conjunto tropológico que constituye, en verdad, un grupo de tópicos, lo que inevitablemente comporta, luego de haber leído varios textos de la misma índole, la sensación de encontrarse ante un juego de combinación y recombinación de series más o menos tipificada, de posibilidades performativas de los personajes y programas narrativos posibles, intercambiables entre sí. Esto no debe sorprender: toda narración es estereotipada porque narrar en términos comprensibles (legibles) consiste en proceder sobre las huellas de la experiencia.

Respecto a los libros, hay un pasaje en que la autora relata un avance masculino análogo al que vivió Lilly cuando el músico Milstein, amigo de la familia, le tocó el muslo en el cine (157):

> Cuando cumplí trece años tomé por vez primera un tren desde el zócalo hasta Tacuba. Me senté junto a la ventana y un señor me puso la mano encima del muslo, yo coloqué mis libros encima de su mano y así viajamos hasta que yo me paré y pedí la esquina, con la cara encendida como si tuviera cuarenta grados de fiebre (191).

Las hermanas reaccionan de manera distinta. Lilly aparta la mano mientras que Margo consiente la caricia del desconocido y la cautela de la vista ajena sirviéndose de los libros que porta ("yo coloqué mis libros encima de su mano"). A la transgresión social cometida por el atrevido viajante, Glantz responde con una transgresión simétrica al aceptar y custodiar la situación y es entonces cuando, metonímicamente hablando, ocurre una conexión entre la frecuentación de los libros y la apertura hacia lo erótico. Ya se ve que no es casual que Glantz dé

[9] Flash Gordon es el protagonista de una tira cómica homónima creada por Alex Raymond en 1934 en los Estados Unidos; es decir en pleno período de la Gran Depresión. El trabajo de Raymond duró de 1934 a 1944, pero la serie fue retomada posteriormente tanto en el formato de cómic como en diversas adaptaciones para la televisión y el cine. Para el innegable sesgo orientalista de este cómic, véase Sheng-mei Ma, *The Deathly Embrace. Orientalism and Asian American Identity* (7-12).

inicio con Catulo a la relación de autores que descubrió en la biblioteca de su padre (192). Con todo, *Las genealogías* elude, y es de lamentar, esa dimensión, el erotismo, que la autora explora en *Apariciones* (1996).[10]

Las genealogías privilegia la voz del padre aunque la autora no apuesta por la precisión del testimonio de Jacobo Osherovich Glantz (tampoco por la de Elizabeth Mijáilovna Shapiro). Esto se explica, en primer lugar, por la naturaleza fragmentada que asume la evocación, tan fragmentada como los documentos que podrían acreditar ese pasado: "Recojo pedazos de conversación, pero no le hace, también los documentos se han hecho trizas" (65).[11] No está de más observar, de pasada, que la sorprendente frecuencia con que lo fragmentario reaparece en la escritura de mujeres en distintos períodos y culturas tal vez exprese isomórficamente la manera como se despliegan sus vidas en mundos patriarcales: como existencias discontinuas, incompletas (Jelinek 19). El fragmentarismo deriva, por supuesto, de la natural inconsistencia de la memoria: Yánkl (uno de los sobrenombres de su padre) "confunde muchas cosas, trastueca fechas y cambia imágenes" (25). Todo testimonio conlleva siempre una dimensión fiduciaria que complementa la autodesignación atestativa implícita en el acto de testimoniar, de modo que las incoherencias de Jacobo Glantz minarían su fiabilidad.[12] Pero esas mismas imprecisiones connotan la honestidad de su discurso. Al fin y al cabo, las inexactitudes pueden aportar también una verdad, como enseña el psicoanálisis lacaniano, el cual distingue entre "exactitud" y "verdad". La primera se ajustaría al dato fáctico y su esfera es la de las ciencias objetivas; la verdad, en cambio, es materia de las ciencias del sujeto y se manifiesta solamente en el lenguaje porque éste es la única instancia donde se puede decir la verdad del deseo. Muchas verdades se expresarían más elocuentemente, por ello, a través

[10] Glantz ha explicado esta deliberada decisión: "Yo pienso que hay una deserotización consciente en el texto porque habla de los padres. Y al hablar de los padres, lo erótico se vuelve muy tabú, porque uno está vinculado a la erotización de los padres y la tiene que negar de alguna forma" (Vélez 666).

[11] En declaraciones concedidas a Mercedes Valdivieso, Glantz dice: "Estoy convencida que por un lado hay un problema cultural que hace que la mujer escriba diferente al hombre. (...) Yo pienso que la escritura pasa por el cuerpo, pienso que es difícil probar científicamente cómo pasa por el cuerpo, pero la química orgánica de la mujer es diferente a la del hombre. Creo que la mujer piensa de manera diferente y que, por lo tanto, hay estructuras literarias bien diferentes. (...) Tengo una escritura que sigue ciertas formas de organizar el mundo que no son muy tradicionales, que son fragmentarias, que son más bien hiladas por algo inconsciente" ("Conversaciones con Margo Glantz" 32-3).

[12] "La especificidad del testimonio consiste en que la aserción de realidad es inseparable de su acoplamiento con la autodesignación del sujeto que atestigua. De este acoplamiento procede la fórmula tipo del testimonio: yo estaba allí" (Ricoeur 211).

del error y de la mentira (Evans 215- 216).[13] La recolección de Jacobo Glantz, más allá de aquella serie de datos pasibles de verificación, reconstruye un entorno, siquiera de modo aproximativo, y la cualidad de la vida en un particular tiempo y lugar, las maneras en que las actividades se combinaron en una forma de pensar; en suma, la estructura de sentimientos.[14]

Existe un corte entre los eventos que los padres relatan y lo que la autora consigue imaginar a partir de lo que éstos le cuentan. Y posiblemente ésta sea la explicación del título del texto, *Las genealogías* en lugar de *La genealogía*. El plural declara que Glantz acepta la incapacidad de fijar el origen único y unívoco de su ser (Villalobos 63). Para suturar ese desgarramiento entre las experiencias culturales que no ha podido compartir con los padres, tanto por el desplazamiento migratorio como por el natural transcurrir de la vida, acude a la memoria literaria, donde halla imágenes y tipos que darán forma a lo que de otro modo no sería más que información abstracta: "Aquí entra mi recuerdo, es un recuerdo falso, es de Bábel. Muchas veces tengo que acudir a ciertos autores para imaginarme lo que mis padres recuerdan" (39). De Isaac Bashevis Singer toma rasgos que le permitirán entender la fisonomía y la psicología del abuelo paterno (30) y cuando mencione que su madre debió ir por tres semanas a un sanatorio primaveral hacia 1915 o 1916 para curarse de males pulmonares, la referencia inevitable será *Der Zauberberg* (1924), de Thomas Mann. El mundo de *Las genealogías* aparece hasta cierto punto predicado en base a un repertorio estético:

> Yo sabía que mi destino era viajero, casi como el de Telémaco, que recorrió el universo al revés en busca de la fama de su padre (199).

[13] El discurso autobiográfico y el psicoanálisis tienen más de un punto de contacto. Tanto el psicoanálisis como la autobiografía conceden importancia decisiva a la verbalización como operación no solo mediadora sino constituyente del sujeto, y vital para su explicación. El psicoanálisis como cura verbal requiere que la vida del paciente sea narrativizada para acceder a sus padecimientos y encontrar la salud. Así, pues, podríamos considerar que el pasado se hace presente en el sujeto como memoria intrusiva o disruptiva. Así mismo, el psicoanálisis asume la idea, implícita en toda rememoración autobiográfica, de que es en el pasado donde se debe buscar las explicaciones de lo que ocurre en el presente, ya que los síntomas neuróticos del adulto derivan de experiencias tempranas cuyo recuerdo, muchas veces, permanece reprimido e inconsciente para el sujeto. Remito a Laura Marcus (215-6) y John Sturrock, "The New Model Autobiographer" (54-6).

[14] Tomo el concepto de Raymond Williams, quien lo define así: "In one sense this structure of feeling is the culture of a period: it is the particular living result of all the elements in the general organization. And it is in this respect that the arts of a period, taking these to include characteristic approaches and tones in argument, are of major importance. For here, if anywhere, this characteristic is likely to be expressed; often not consciously, but by the fact that here, in the only examples we have of recorded communication that outlives its bearers, the actual living sense, the deep community that makes the communication possible, is naturally drawn upon" (*The Long Revolution* 48).

> Y al leer *El príncipe idiota* descubrí que tenía algo de las dos cosas, es decir, de idiota y de rusa (213).

> Yo me identificó más con Raskolnikov, que era un plebeyo, ladrón de monederos y luego orador público, autor de una retórica muy especial que también me pertenece (214).

> Así ha sido mi destino, usar siempre peinados que luego se ponen de moda, pero que para la época en que la moda se establece yo ya estoy fuera de circulación por lo que algunos amigos me elogian porque me parezco a un Gustav Klimt o a un *art decó* o a una fotografía de los años 20 al estilo de un señor de esos que le hacían la competencia a Cocó Chanel, antes de que ella fuera Chanel y apenas Cocó. Ahora que cuando veo fotografías de la exposición egipcia en Nueva York o cuando recuerdo mi visita a El Cairo, mucho antes de que a Tutankamón lo pasearan por el mundo, me doy cuenta de que parezco faraón, pero del Bajo Egipto (222).

La refiguración de la trayectoria personal pasa a través de un proceso de identificación, de un aprendizaje mimético en que se internalizan modelos de conducta. Sin embargo, a este respecto no cabe ser estricto pues antes que una inmersión de la autora en esos relatos, los cuales tampoco le ofrecen un entrenamiento para la acción, se detecta, más bien, una conexión simbólica no exenta de una buena dosis de humor judío.[15] Además, en la última cita, la comparación, que transita desde el arte de vanguardia hasta la tierra de los Faraones, devuelve la sugerente imagen con que se deja en suspenso el texto: Bonaparte observando las pirámides de Egipto. Por supuesto, mencionar las pirámides puede ser visto como una manifestación de ese "orientalismo hispánico", que ya se ha traído a colación al hablar de la experiencia asiática de Neruda.[16] En un primer momento la imagen de las pirámides convocó los estratos de la memoria, la ruina y la semiología hegeliana, que hace de la pirámide el emblema del signo. Pero la comparación con el invasor, que mira un entorno ajeno con una mezcla de satisfacción, ansiedad y desconfianza, evoca el extrañamiento de la autora con respecto a su propio pasado, al que debe colonizar y cuya totalidad no hay manera de res-

[15] Para la distinción entre *inmersión* y *entrenamiento* en las actividades miméticas, véase Jean-Marie Schaeffer, *Pourquoi la fiction?* (38-40).

[16] Napoleón Bonaparte invadió en Egipto en 1798. Su intención era ampliar los dominios de Francia y socavar la influencia del imperio británico en la zona a la vez que fortalecer su prestigio personal. De hecho, la campaña de Egipto fue un hito crucial en el camino de Bonaparte al poder. Un aspecto decisivo de la expedición a Egipto –y la subsecuente a Siria– consistió en la incorporación de científicos y sabios a quienes se encomendó la compilación y codificación de muy variados conocimientos. De este modo, la empresa redefinió por completo el discurso orientalista de la época (Said, *Orientalism* 87).

tituir. Ésta explica la estructura de viñetas, las cuales hacen pensar en los *maises*, esos cuentos populares en yiddish desprovistos de contextualización y hasta de estructura argumental definida (Pérez-Anzaldo 106).[17] La dimensión fragmentaria de la composición deriva, además, del tipo de escritura que practica Glantz, "fraguada poco a poco, a pedacitos" ("Mi escritura" 475) y exhibe la artificiosidad de la temporalidad narrativa mediante el constante empleo de la elipsis. Cada uno de los segmentos con que cuenta el texto representa un trozo de la vida de la autora y su familia. La "totalidad" (pero la idea misma de "relato total" es un imposible) solo se infiere retrospectivamente, de la misma manera que de las ruinas se deduce el plano de una ciudadela. Por ello, puesto a proponer una figura retórica como arquetipo del texto autobiográfico, *Las genealogías* me hace pensar que, en ciertos casos, ella podría ser la sinécdoque (del latín *synecdoche*). Tropo por conexión, metonimia de relación cuantitativa, Quinto Cornificio la describe en su *Rhetorica ad Herennium* del siguiente modo: *intellectio est, cum res tota parva de parte cognoscitur aut de toto pars* ("cuando se reconoce la cosa completa a partir de una pequeña parte o de una parte del todo").[18] El texto autobiográfico relata secuencias de una totalidad, la vida, que ya está previamente recortada en la memoria del individuo que narra su propia historia. La sinécdoque condensa un evento o un contexto en una representación y se ofrece como totalidad.

El arte de *Las genealogías* se discierne mejor en el asiduo empleo del humor como herramienta para descargar al texto de cualquier dramatismo, pues Glantz opta por una configuración inteligente y simpática para narrar. El viaje mismo, emblema de la condición de los Glantz y la autora, debe ser ironizado, como ocurre cuando la autora se identifica, hasta en dos oportunidades, con Cristóbal Colón:

> La primera, cuando viajé al Cercano Oriente con Paco López Cámara y sólo teníamos una beca para los dos y yo preferí comprarme aretes en el zoco de El Cairo

[17] Glantz relaciona la fragmentación del texto con la estructura del folletín que escogió, con las conversaciones grabadas y con la irregularidad de la memoria (Vélez 662).

[18] Cito por Mortara Garavelli, quien puntualiza: "Las definiciones más divulgadas reproducen en lo sustancial las de los rétores antiguos, para los que la sinécdoque consiste en expresar una noción mediante una palabra que, por sí misma, designa otra noción cuya relación con la primera es «cuantitativa»: como cuando se nombra la parte por el todo y viceversa, el singular por el plural, la especie por el género y el género por la especie, la materia con la que está hecho un objeto por el objeto mismo (en los últimos dos casos la relación cuantitativa se explicaría entendiendo la especie como comprendida dentro del género y, por tanto, como de menor extensión que éste, y entendiendo la materia como componente del objeto, o el objeto como parte de una materia compartida con otros objetos)." (172-3). Además, remito al tratamiento que efectúa el Grupo μ de la sinécdoque particularizante (103-4).

> y en el de Damasco y en el de Estambul y no comer y tuve un acceso de escorbuto, y la otra cuando atravesé por primera vez el Verrazano Bridge, aunque nunca he podido pronunciar con propiedad las ees y las is inglesas y nunca me entienden los vigilantes de la policía estadounidense (183).

La segunda mención cifra rasgos femeninos en la figura del descubridor:

> Todas las mujeres tenemos algo de Colón (o mucho): todas tenemos que ver con el huevo, a todas se nos ha ocurrido, antes que a Colón, resolver el famoso enigma placentario. A todas se nos ha pasado, si no por la cabeza sí por otra parte, resolver prácticamente la dicotomía y hemos conjuntado huevo y gallina hasta en la escritura. Por eso viajamos, porque antes para hacerlo teníamos que ir rodeadas de una escolta o cubierta de gorgueras (como la hija de Lope de Aguirre o la amante de Diego de Ursúa), travestidas como George Sand o Don Gil de las Calzas Verdes o como Rosaura, la verdadera heroína de *La vida es sueño* (183-4).

En otro momento, al comentar lo difícil que es viajar en la ciudad de México, Glantz dirá que llegar a la Universidad Autónoma Metropolitana le hizo sentirse Cortés quemando sus naves (185). En este punto cabe interrogarse por la recurrencia de figuras del colonialismo español (y francés) como modelos en que la autora gusta de verse prefigurada siquiera de modo cáustico. Para ello es indispensable recordar que la migración judía a América en general, y a México en particular, se inicia con los conversos y marranos que llegaron durante la Conquista (Liebman, *The Jews in New Spain*; Sadow, "Introducción" xviii). La migración de los esposos Glantz, sin embargo, se ubica en la diáspora que llevó a aproximadamente un cuarto de millón de judíos a América Latina entre 1920 y 1947 (Levine, "Adapative Strategies of Jews in Latin America" 72), buena parte de los cuales se dirigía originalmente a los Estados Unidos, y tal era el rumbo de los Glantz, quienes viajaron desde Rotterdam a Cuba en un barco llamado Spaardam que ancló en La Habana. Planeaban aguardar allí hasta obtener permiso para ingresar a los Estados Unidos, pues la meta era establecerse en Filadelfia. Sin embargo, resistieron mal el clima cálido del Caribe y la negrura de los habitantes atemorizó a Jacobo –"Hacía tanto calor, aclara papá, la noche estaba tan negra y los negros eran tan negros, con los ojos brillantes y los dientes blancos, tan blancos, que me asusté" (92)– de modo que partieron hacia Veracruz, donde desembarcaron el 14 de mayo de 1925 (92-3). En México confluyeron con variados grupos étnicos dentro de una colonia que no era de por sí muy numerosa: judíos sefardíes de Aleppo de habla árabe; judíos sefardíes de habla ladina provenientes de Italia, Turquía y los Balcanes; judíos Askhenazim germanoparlantes y también de lengua Yiddish (Lesser 40-55). Hasta la década los años 70 del siglo pasado el grupo dominante fue el Ashkenazi, pero la irrupción de judíos de Siria modificó esa preeminencia a la vez que dotó de dos lenguas a la comunidad judío-mexicana: Ladino y Yiddish (Stavans, "On Separate Ground" 9).

Es comprensible que los Glantz buscasen algún punto de referencia cultural, algún tipo de asidero identitario en el país al que habían arribado. Ciertamente, les resultaba más fácil identificarse con el lado occidental de México antes que con el indígena, el cual les parecería distante. Aproximarse a figuras del período colonial constituyó quizá un acto compensatorio mediante el cual se atenuaba el choque de un entorno nuevo donde, por desgracia, el antisemitismo tampoco estaba ausente, como lo demuestra que un grupo fascista de Camisas Doradas atacara a Jacobo en 1939. La importancia de este evento en la crónica familiar ha de ser grande, pues se le relata dos veces (122-4, 124-6).[19] No sorprenderá, por ello, que la autora afirme: "Todo emigrante que viene a América se siente Colón y si viene a México quiere ser Cortés" (144). Esta elección se torna menos insólita si se recuerda que este personaje fue abordado poéticamente por Jacobo Glantz (184), quien declara: "Con el poema Colón me gané un gran nombre de la literatura yidish mundial, entré en ella con los dos pies" (146). Jacobo, además, coloca en su escritorio, lado a lado, sendos retratos al óleo de Colón y de sí mismo, vestido como artista (172). La asimilación a la épica del descubrimiento y la colonización resitúa, siquiera en el plano del humor, la propia condición migrante, pues los judíos son "gente menor con un sentido de humor mayor" (16) y la familia Glantz, como le ocurre a la familia de Gabriel García Márquez, según se verá, "no tiene historias heroicas, apenas contiene sobresaltos" (236). El desplazamiento de los Glantz debilita la pertenencia a un territorio específico, así como salir del *shetl* y entrar en contacto con el mundo *no kosher* provoca un descentramiento del judaísmo (Sosnowski 301).[20] México posee pirámides y éstas, sin duda, fueron contempladas con "asombro preciso" y "entusiasmo estremecido" por los conquistadores españoles; sin embargo, Margo Glantz acude a las pirámides egipcias para emblematizar su vida, opción que implica la superposición de la matriz judía (el Éxodo) sobre la mexicana, inevitable si se advierte que el desplazamiento no es solamente una experiencia importante en el judaísmo sino su eje mismo.[21]

[19] Naomi Lindstrom interpreta el relato del hecho a la luz de lo que denomina "humor heterogéneo" de Margo Glantz ("The Heterogeneus Jewish Wit of Margo Glantz" 120-1). Por mi parte, debo confesar que no he sido capaz de encontrar la "comicidad" del episodio.

[20] También aquí la agencia de género opera de manera distinta, aunque para ello debamos acudir a una *addenda* titulada "La (su) nave de los inmigrantes" que Margo Glantz añadió a la edición de 1998 de *Las genealogías*. En ese agregado la autora puntualiza que la madre se había territorializado en el cuerpo del padre (234).

[21] Indica Jacques Attali: "Judaism begins with a journey. And just as the meaning of all things is often contained in that of words, so the identity of the Hebrew people lies concealed in its name,

Pero no siempre prima lo judío. La inestabilidad identitaria de los padres, remarcada por los diversos sobrenombres que poseen –él: Lucia, Yánkl, Yasha, Ben Osher. Ella: Nucia, Lúcinka, Luci, Liza (25)– se carga de un matiz de distancia con relación a la tradición cultural en la nueva generación, bautizada a partir de flores para interrumpir la tradición de emplear nombres de difuntos. La autora precisa: "Mis hermanas y yo recibimos nombres variados y elegantes. Fuimos, antes que niñas, flores: Lirio, Margarita y Azucena (sin comentarios)" (175). La tradición judía solo se reactivará con la hermana menor, Shulamit, llamada así tanto por la mujer de Salomón como porque ese nombre fusionaba los de dos ancestros fallecidos: Mijaíl (abuelo materno de la autora) y Sheindl (abuela paterna) (175). Optar por "Margo" en vez de "Margarita" apunta a la invención de la propia persona literaria:

> A mí nunca me gustó mi nombre. Abundan las Margaritas en la literatura nacional como lo demostró muy bien Gabriel Zaid: Margarita Gautier, Margarita Ledesma, Margarita está linda la mar... Margarita Glantz, Margarita... Tarareo la letra del tango: "Ya no sós mi Margarita, ahora te llamás Margó"... Además, cuando me dicen Margarita siento que sigue el regaño, también la lenta y progresiva mutilación de los pétalos, y la monótona letanía de si me quiere mucho, poquito, nada; y vuelta a empezar. Creo que no tolero este tipo de suspensos. La poesía de mi nombre y la de mis hermanas ha hecho que tengamos siempre líos con la justicia, o por lo menos con el registro civil, eso unido al hecho de que siempre nos registraran con diez años de retraso. La pobre de Azucena –no, también de Lirio– ha sufrido la implantación de un nombre tan florido y cada vez que pasa por el proceso de inscribir su nombre en la posteridad, la posteridad se lo reclama (176).

Si cupiese alguna duda al respecto basta ceder la palabra a la autora: "No creo que nadie pueda pasar a la posteridad con el inmarcesible nombre de una flor cortada en la más antigua e inocente infancia" (176).[22] La cuestión del nombre adquiere en *Las genealogías* aristas particularmente complejas al considerarlo, como es preciso que se haga, desde la perspectiva de género, puesto que el nombre femenino funciona de manera distinta al nombre masculino en una cul-

a name justly linked to the notion of travel. Its oldest ancestor was Eber, whose name can be translated as 'nomad,' 'passage,' or 'beyond.' A grandchild of Noah and forebear of Abram, this Eber would later become Ivri, 'Hebrew.' It is as though from the very beginning the destiny of this people was written in the letters of its name, the genetic code of its history: it would travel, exchange, communicate, and transmit. And therefore, trade" (*The Economic History of the Jewish People* 5).

[22] En *No pronunciarás* (1980), Margo Glantz provee las siguientes asociaciones para Margarita: "Nombre latino que la enlaza a la prehistoria, a viejos caracoles planos, rosáceos y decorados con dos o tres manchitas negras, como las que muy temprano aparecieron en su mejilla izquierda" (22).

tura patriarcal. La subalternización femenina conlleva, en muchas oportunidades, a que se inscriba la marca del varón en el nombre de la mujer a fin de indicar la "pertenencia" de ésta, de ahí la exigencia del uso del apellido del esposo, así como el agregado de la partícula "de", que indica posesión y es tan dominante en el mundo de habla hispana. Todavía más, es frecuente que el apellido de la mujer soltera sea el del padre, quien impone su linaje mientras que el de la madre acaba perdiéndose. Por ello, en Occidente han sido varias las escritoras que debieron construir un autor textual masculino para ocultar o sublimar su condición femenina en la república de las letras. El nombre otorga al varón una conexión con la tradición y, justamente, la genealogía; para la mujer, en cambio, acarrea un oscurecimiento de su propia identidad, la amenaza de su propia borradura en el futuro y la afirmación de su dependencia. Por lo dicho, el nombre de la mujer no es tanto un nombre "propio" como un nombre "impropio" (Gilmore, *Autobiographics* 81; Lecarme y Lecarme-Tabone, 110-2).

Esta inestabilidad nominativa expresa el dinamismo nomádico de la identidad que tensiona todo el texto, porque si el trabajo del recuerdo precisamente es escurridizo, el de la escritura de la vida, propia o ajena, aspira a la fijeza de la evocación, incluso en el residuo de la experiencia: tal es el sentido profundo de la imagen del monumento con que se interrumpe el texto. De la variedad de elementos que ofrece *Las genealogías*, el que expresa a cabalidad esta tensión es lo fotográfico. En efecto, existen algunas semejanzas entre escribir un texto autobiográfico y posar para una fotografía: ambas formas se pretenden conectadas con la verdad y producen la ilusión de la presencia completa de un individuo cuando lo que entregan es algo inevitablemente incompleto (la parte por el todo). Se podría objetar que en el caso de la fotografía existe la mediación de una voluntad adicional, la del fotógrafo, de quien, en última instancia, depende el producto final. Resulta más natural comparar en este caso al fotógrafo con un biógrafo; sin embargo en el caso del retrato fotográfico, que no en el de la instantánea periodística, juega un rol crucial la voluntad del propio retratado. Éste no es un objeto pasivo entregado a su retratista sino que posee una propia agenda expresiva y un imaginario,[23] lo que no ha de sorprender, pues el retrato fotográfico se emparenta con el pictórico, modalidad burguesa en que el designio del retratado suele ser determinante.[24]

[23] Roland Barthes señala: "La foto-retrato es una empalizada de fuerzas. Cuatro imaginarios se cruzan, se afrontan, se deforman. Ante el objetivo soy a la vez: aquel que creo ser, aquel que quisiera que crean, aquel que el fotógrafo cree que soy y aquel de quien se sirve para exhibir su arte" (*La cámara lúcida* 45).

[24] *Cf.* Walter Benjamin, "Review of Freund's *Photographie en France au dix-neuvième siècle*". Así mismo: "Little History of Photography" y "Letter from Paris (2). Painting and Photography".

El lapso en que transcurren los textos autobiográficos estudiados en este libro coincide con el de la emergencia de lo visual como elemento dominante, de ahí que no resulte sorprendente el relevante papel que juega lo fotográfico como substrato representacional o nocional de la actividad autobiográfica en los distintos textos analizados. Así mismo, hay que recordar que el auge de la fotografía ocurre durante el siglo XX en el período de entreguerras; es decir, en el período en que decae la religión en el imaginario de Occidente, suplantada por la democracia y la ciencia. La fotografía colabora con esta última a la vez que auxilia en el proceso de industrialización, en la vigilancia y el control. Todo esto le otorga un estatuto de "verdadera", pues se le presume como suministradora de documentos objetivos (Berger, *About Looking* 48-63). Ahora bien, lo fotográfico se incorpora de tres maneras a los textos autobiográficos: 1. la fotografía suplementa al texto; 2. la fotografía constituye un objeto dentro de la diégesis; 3. la acción de fotografiar se convierte en un análogo de la operación de escribir.[25] Las genealogías ilustra de manera óptima la primera modalidad al adosar al discurso un suplemento fotográfico a guisa de ilustración que cumple una de las tres funciones del signo fotográfico: atestiguar. Las otras dos son singularizar y designar (Dubois 72). Desde luego, esta concepción de la fotografía implica entenderla como connatural a su referente, al cual lleva siempre consigo y del que es evidencia –de ahí el noema, *Ça a été,* que la rige, según Roland Barthes (*La cámara lúcida* 32-3)–.

Si se acepta que la fotografía o lo audiovisual crean nuevas prácticas culturales y redefinen las previas, es válido considerar al álbum fotográfico como la contrapartida no "ilustrada" –valga la aparente paradoja– a la biografía y la autobiografía. Resulta apropiado que un texto donde se encapsula el devenir en una eficaz estructura de entrevista mediante la cual se articulan líneas de fuga respecto a esa forma de la rigidez temporal que se llama cronología, exhiba las imágenes que lo acompañan evitando un ordenamiento secuencial tanto en el agrupamiento (Glantz dispersa las fotografías a lo largo del texto) como en la datación (no se indica la fecha de varias de ellas). Esta disposición preserva la fuerza inherente a cada imagen, fuerza que se perdería o, cuando menos, se debilitaría de presentarse todas juntas. Se trata de diecinueve fotografías tomadas en distintas épocas. Carecen de unidad estética, como es natural: algunos de los retratos son convencionalmente elegantes, con poses afectadas en escenarios de estudio donde el juego de luces y sombras crea una suerte de atemporalidad que el ropaje, los objetos del mobiliario e, incluso, el arreglo personal de los retratados desmienten sin esfuerzo, tal es el caso del retrato de Lucia de 1925 o

[25] Véase mi estudio "Cultura visual y escritura autobiográfica en Hispanoamérica: tres usos de lo fotográfico".

el de Nucia de 1917. Se trata de aquel tipo de fotografías que demoraban más tiempo en tomarse que las contemporáneas, lo que obligaba al fotografiado a la inmovilidad, condición que no dejaba de tener ventajas pues permitía que el individuo habitara y creciera en la fotografía misma (Benjamin, "Little History of Photography" 280). Pero en otras oportunidades las imágenes parecen menos rígidas, más espontáneas, como la de los padres de la autora durante sus bodas de oro o la del matrimonio de Shulamis (1961). El obvio cambio de estilo se explica por el desarrollo tecnológico:

> Sólo Shulamis no tiene foto de estudio, sus fotos llevan la marca clara de otra moda, la de la domesticidad, la de la naturalidad, la forma de retratarse es la de la cámara a domicilio, cuando ya las familias distinguidas (suelen ir de compras a los Estados Unidos o comprarlas de fayuca en México) tiene cámaras particulares y todos los momentos de los niños pueden ser captados en su naturalidad instantánea (243).

Las fotografías capturan un momento de la historia familiar y certifican el ambivalente proceso de aculturación y preservación de la diferencia. Al mismo tiempo, contradicen el sino de un pueblo diaspórico, pues ellos suelen ser excluidos de los museos nacionales. Entre la imagen de Osher Glantz, ataviado a la manera rusa –se presenta y describe la fotografía a poco de haberse iniciado el texto– y el de Jacobo Glantz vestido como charro, lo que media es un proceso consciente de apropiación de la iconografía "oficial" mexicana. Pero como la foto nada dice, "ella no explica, no interpreta, no comenta. Es muda y desnuda, llana y opaca" (Dubois 81), Glantz decide oponer a su plenitud silenciosa dos estrategias discursivas: la nominación y la descripción. La primera consiste en agregar leyendas que complementan la imagen y guían su aprehensión. Algunos ejemplos: la ya mencionada fotografía de Jacobo ataviado como charro lleva esta previsible leyenda: "Jacobo se mexicaniza" (24). De la misma manera ocurre con el retrato de Jacobo ajustado a la retórica visual del siglo XIX que pasó de la pintura a la fotografía. La imagen de Jacobo es capturada del busto para arriba. Viste traje oscuro, orienta el cuerpo hacia un costado e inclina la cabeza ligeramente; los dedos índice y medio de la mano derecha vienen a apoyarse en la sien (120). La leyenda reza: "Jacobo, el poeta, 1936 (?)". No obstante, la postura y el aspecto de Jacobo podrían corresponder a la imagen "convencional" de un poeta tanto como de un filósofo o un político.

He aquí la segunda estrategia. Glantz describe una fotografía de 1925, "Los hermanos de barco":

> Me gusta una bella fotografía de época, color sepia, alineadas las figuras, caras dulces y confiadas, caras de fotos que ya nunca se contemplan. Son los *shif brider*, los

> hermanos de barco, porque además de hermanos de leche uno puede tener muchas otras clases de hermanos y éstos son de barco. Se han retratado en Amsterdam, todos vienen a América, todos son judíos, algunos de Polonia, otros de Rusia, hay un goi, un no judío, es polaco, nada lo diferencia de los demás, tiene una mirada tan gentil como la de los otros (91).

Distinguir al *goi* en la fotografía de los hermanos de barco (184) así como la idea misma de hermandad solo es factible para el lector por lo que declara la autora. ¿Y qué decir de la "mirada gentil", así como de la dulzura y la confianza de los rostros? Del mismo modo, cuando Glantz se refiere a la fotografía de 1932 en que aparece junto a su madre y Lilly (218), esta última no parece mirar a la cámara fascinada, como se declara (242). La suya es, más bien, la mirada sorprendida del niño cuya atención ha sido capturada por un interés tan repentino como precario. Como se ve, la interpretación de la fotografía no es unívoca y resulta hasta problemática por esa mudez del medio, ya indicada, donde reside una de sus más valiosas y originales cualidades, pues a diferencia de otras tecnologías que intentan aprehender el silencio con mucha dificultad, la fotografía elude lo discursivo mediante la inmovilización fenoménica de una apariencia que se emancipa del objeto real (Baudrillard, "The Art of Disappearance" 28-31).

La cualidad de evidencia "objetiva" dona fuerza a lo fotográfico. El álbum añade una cuota adicional de "realidad" a lo que el texto dice. Existe una conexión histórica entre fotografía y realismo literario: ambos suministraron una red de protocolos que aprehendían la experiencia visual del mundo y a partir de los cuales los individuos pudieron autopensarse (Armstrong 3-5). No obstante, como suplemento el aporte de las fotografías es productivo y paradójico. Productivo, porque la inserción de fotografías que acompañan al texto reimpulsa la escritura misma, le insufla nuevos bríos al discurso y agrega substancia a la historia. Paradójico, porque si las fotografías refuerzan la "realidad" que la escritura entrega, al mismo tiempo minan su poder aseverativo, ya que su inclusión en el libro indica, a todas luces, que la escritura no basta. La necesidad de suplementar la escritura manifiesta no solo que el texto no está cerrado, sino que el suplemento no es tan suplementario, ya que sin él no se completaría la obra. En efecto, cómo añadir algo a lo que ya está completo. Así mismo, las imágenes por sí solas parecen insuficientes: hace falta circundarlas de escritura, de palabras, de lenguaje. Cómo podría saber el lector, si no, que las tres elegantes damas cubiertas con abrigos y tocadas con sombreros de pie en un balcón, en 1928, son Lucia, Jane y Mira; cómo tendría la certeza de que los cuatro niños que rodean a Jacobo Glantz, mientras éste yace sobre el césped, son sus hijos. La imagen tampoco basta. Al tomar el álbum como unidad (incluso si se halla diseminado a lo largo de *Las genealogías*) nos damos cuenta de inmediato de su posición liminal, ya que ni está integrado al texto ni existe como algo ajeno a él.[26]

Las fotografías son capaces de generar mil historias y diferentes versiones posibles que, como puntualiza Glantz, no encontrarán lugar en las páginas de sus memorias (242). De otro lado, fotografía y autobiografía conllevan una dimensión funeraria. El texto autobiográfico (así como el biográfico), al centrarse en el relato de una vida, inevitablemente convoca la idea de la muerte del individuo cuya vida se cuenta, obvio "cierre" de la historia a la vez que episodio que la autobiografía jamás podrá incorporar más que como proyección imaginaria. La fotografía, por su parte, presenta la emanación irrepetible de quien estuvo frente al objetivo de la cámara; es decir, una huella congelada en la atemporalidad de la imagen. Así, fotografiar a alguien se asimila a la operación de vaciar su mascarilla fúnebre. La fotografía se conecta con el teatro vía la pose de la persona fotografiada –clara forma de autopresentación–, y el teatro, a su vez, deriva históricamente del culto a los muertos (Barthes, *La cámara lúcida* 71-2). El álbum de fotografías posee, por ello, una dimensión espectral: embalsama el tiempo, rescatándolo de su corrupción (Bazin, "The Ontology of the Photographic Image" 14). En ningún momento de *Las genealogías* aflora con mayor intensidad esta cualidad que en la controlada mención de la *Shoa*:[27]

> A veces se exhibían documentales en el cine Regis y varias muchachas de pelo negro y rizado entraban repetitivamente en un campo de concentración, luego, entraban, también con insistencia, en los hornos crematorios. Generalmente, se parecían a mí, y de esas visiones me ha quedado adherida a la piel una sensación de culpa cotidiana, la de haber podido escapar al número que se ostenta cerca de la muñeca derecha o a esa marca indeleble, la estrella amarilla, que se cosía al abrigo de los inviernos parisinos, por la época en que desfilaba por ellos Max Jacob, a pesar de haberse convertido al cristianismo (61).

El pasaje es tan breve como potente. El carácter repetitivo de las acciones que distintas jóvenes efectúan (entrar en el campo de concentración; ingresar, luego, en los hornos crematorios) se debe entender de varias maneras. Primera: esos grupos de mujeres que recorren, una y otra vez, la misma ruta hacia la muerte, connotan la masividad de un exterminio que parecería no acabar nunca,

[26] Para el tema del suplemento, remito a Jacques Derrida, *De la grammatologie* (203-34) y *Dissemination* (173-286).

[27] Sigo aquí las consideraciones de Giorgio Agamben al emplear el término "Shoah" en lugar de "Holocausto", pues éste último significa "sacrificio", lo que no fue el caso en los campos de exterminio (*Remnants of Auschwitz* 28-30).

precisamente porque se planteó como absoluto, "final"; esta sensación se consigue mediante el empleo del discurso iterativo y su tiempo gramatical, el imperfecto. En segundo lugar, la repetición de las etapas del recorrido trae a la mente el carácter rapsódico de la evocación memoriosa de que hablaba Benjamin, en la que jamás se produce el cierre, ya sea porque cada rememoración aporta materiales nuevos o porque ligeros desplazamientos modifican los eventos relatados. En *Las genealogías* se indica: "Dicen que la memoria 'se porta a sí misma' y quizás esto se aplique también a los olvidos. Quizás haya memorias repetidas, contadas en la mente de cinco o seis maneras, apenas con variantes, como esos relatos múltiples donde muere Miguel Páramo" (171). Una tercera idea: la tecnología aplicada a la destrucción en masa, ostensible en la ininterrumpida procesión de muchachas que, una y otra vez, ingresan a los hornos: se trata del genocidio moderno concebido como ingeniería social.[28] Pero, cuarta idea, es sobre todo la noción de *trauma* la que viene a la mente al leer el pasaje. Como es sabido, la palabra *trauma* proviene del griego *traumat*, que significa "herida", y si bien se la ha empleado por siglos, fue solo a partir del siglo XIX cuando se comenzó a utilizar para referirse a perturbaciones psíquicas. Por ello, resulta sugerente relacionar el trauma con procesos propios a la modernidad como la destrucción de las culturas tradicionales, los totalitarismos y la aplicación de las industrias a la guerra (Kaplan 24-5). No cabe aquí un resumen de la fortuna y vicisitudes del término desde los estudios de Sigmund Freud, por establecer un límite arbitrario, que empiezan vinculando el trauma a la histeria para luego pasar a interesarse por los padecimientos de los soldados que participaron en la Primera Guerra Mundial, hasta el auge de la *Trauma Theory*, producido en los años 90 del siglo pasado.[29] No obstante, hay que delinear el tema.

El trauma es una herida emocional que el sujeto no puede asimilar ni experimentar por completo de una sola vez sino tardíamente y de manera recurrente cuando, tras un período de aparente olvido, ésta reaparece como un síntoma motor o psíquico. Esta disociación de la experiencia, que Sigmund Freud denominó "latencia", constituye la estructura fundamental del trauma (Caruth, *Trau-*

[28] "Modern genocide is genocide with a purpose. Getting rid of the adversary is not an end in itself. It is a means to an end: a necessity that stems from the ultimate objective, a step that one has to take if one wants ever to reach the end of the road. The end itself is a grand vision of a better, and radically different, society. Modern genocide is an element of social engineering, meant to bring about a social order conforming to the design of the perfect society" (Bauman 85).

[29] Algunos textos clave: Shoshana Felman y Dori Laub, *Testimony: Crises of Witnessing in Literature, Psychoanalysis, and History* (1992); Cathy Caruth, *Unclaimed Experience. Trauma, Narrative, and History* (1996); Ruth Leys, *Trauma: A Genealogy* (2000); Dominick LaCapra, *History in Transit. Experience, Identity, Critical Theory* (2004).

ma 4-5)[30] y se explicaría por el hecho paradójico de que el trauma no existe previamente a su simbolización misma, ya que se construye *retrospectivamente*, de ahí la necesidad de la repetición, pues a través de ella la causa se convierte retroactivamente en lo que ya era.[31] Se objetará que Glantz no experimentó la *Shoah*. Ello es correcto, pero el trauma no se circunscribe a la vivencia personal y directa, pues existe una memoria formada por los relatos de experiencias traumáticas que gravitan sobre el grupo al que el individuo pertenece; es lo que se Marianne Hirsch denomina *postmemoria* (22). Los documentales que Glantz ve nos conducen tanto al carácter fantasmático de la fotografía del que ya se habló (las muchachas muertas *están vivas* en la película), como a la crueldad del ojo insensible e invulnerable de la cámara (Jünger 38-40) y a la dimensión pornográfica de lo visual que nos hace contemplar el mundo como si mirásemos un cuerpo desnudo (Jameson, *Signatures of the visible* 1); pero también al tópico de la supervivencia, particularmente sensible para una comunidad que ha hecho de él el motivo mayor de su expresión literaria (Sosnowski 303).[32] Para Glantz, las imágenes del exterminio asumen un cariz traumático y siniestro. Sigmund Freud denomina "lo siniestro" (*Das Unheimliche*) al sentimiento que se produce como consecuencia de que el sujeto se enfrenta con eventos que parecen confirmar creencias y temores irracionales asentados en una visión mitológica y mística del mundo, o bien como consecuencia de complejos y temores infantiles que se reactualizan en fenómenos como las coincidencias, las repeticiones o en la idea del doble ("The Uncanny"). Precisamente "lo siniestro" se manifiesta en el hecho de que Glantz, al contemplar las imágenes, encuentre que las muchachas

[30] *Cf.* Sigmund Freud *Moses and Monotheism* (84). No está de más indicar que Freud establece un isomorfismo entre la historia del pueblo judío y la estructura del trauma. Para un iluminador análisis al respecto, véase Cathy Caruth, *Unclaimed Experience. Trauma, Narrative, and History* (10-24).

[31] "The trauma is the Cause which perturbs the smooth engine of symbolization and throws it off balance; it gives rise to an indelible inconsistency in the symbolic field; but for all that, the trauma has no existence of its own prior to symbolization; it remains an anamorphic entity that gains its consistency only in retrospect, viewed from within the symbolic horizon –it acquires its consistency from the structural necessity of the inconsistency of the symbolic field. As soon as we obliterate this retrospective character of the trauma and 'substantilize' it into a positive entity, one that can be isolated as a cause preceding its symbolic effects, we regress to common linear determinism. Therefore, in order to apprehend this paradox of the traumatic object-cause (the Lacanian *objet petit a*), a topological model is needed in which *the limit that separates Inside from Outside coincides with the internal limit*" (*The Metastases of Enjoyment* 31).

[32] No hago distinción aquí entre fotografía y cine, pues un film es el resultado de la proyección de veinticuatro fotogramas por segundo. Esta constatación conduce a la idea de "falso movimiento" en el cine, para cuya elucidación remito, desde luego, a *L' évolution créatrice* de Henri Bergson (328-33). Para el tema de la "Fotografía del Holocausto", véase Marianne Hirsch: *Family Frames. Photography, Narrative, and Postmemory* (20-1).

de pelo negro y rizado "generalmente" se parecen a ella. Acontece aquí un desdoblamiento de la autora que *se proyecta a sí misma* en las imágenes. Este tanático desplazamiento constituye una línea de fuga que permite a Glantz escapar del exasperante lugar en que se coloca al contemplar la película, porque los documentales que registran el proceso de la *Shoah* fueron elaborados para demostrar los "logros" nazis en instrumentalizar el exterminio. Por tanto, existe un abismo entre el espectador implicado en ese material, cómplice de los crímenes, y Glantz, potencial víctima.[33] La autora no se explaya sobre la *Shoah* pero tampoco la evade, pues ella ha condicionado su propia subjetividad: la inscripción en el cuerpo de la culpa que reemplaza al tatuaje que no llegó a grabársele en la muñeca derecha –"me ha quedado adherida a la piel una sensación de culpa cotidiana" (61)– así lo demuestra.[34] La contrapartida de ese *no tatuaje* en la muñeca izquierda será la cinta del señor de Bon Fim que se ata a la muñeca izquierda en Brasil (88). En el mismo sentido, el que esta identidad judía derive de una asunción personal tanto como de un reconocimiento externo –esto es, de un elemento incontrolable, ya que toda identidad es negociada– aflora en la mención del poeta Max Jacob (1876-1944), cuya conversión al catolicismo no lo puso a salvo del campo de exterminio, pues no se le dejó de percibir/perseguir como judío (61). El pasaje merece destacarse, además, porque rechaza de facto y sin aspavientos aquellas posturas que dictaminan la inefabilidad de la *Shoah*.[35] Por el contrario, Margo Glantz correctamente reconoce la continuidad entre ese evento y otras experiencias de acoso padecidas por el pueblo judío, como es el caso del recuerdo que Jacobo tiene de los *pogromos* en Rusia en el mismo capítulo XIII (61-4).

Existe otro dato elocuente que va a reconducir esta exploración de *Las genealogías* hacia otros ámbitos: quienes protagonizan esa repetición son muchachas. Culturalmente se ha solido vincular a la mujer con la repetición debido a tres

[33] *Cf.* Georges Didi-Huberman, *Images malgré tout* (29-44). Elizabeth Cowie, "Seeing and hearing for ourselves: the spectacle of reality in the Holocaust documentary". Para el diseño de espectador en el film, véase Francesco Casetti, *El film y su espectador*.

[34] En otro texto, Glantz indica: "Como marca que se inscribe en el cuerpo, el significado del tatuaje no puede limitarse simplemente a una cifra numérica troquelada de manera indeleble en el cuerpo de los sobrevivientes; el tatuaje concreto, recién descrito, se inscribe en una más amplia operación simbólica, elaborada y perfeccionada desde que los nazis llegaron al poder, es decir, durante los años de 1930 a 1945, operación que aunque con varios precedentes históricos, se convirtió en algo totalmente innovador en la historia europea: la sistemática eliminación de los judíos de Europa, concebida como una operación de limpieza, cuyos procedimientos fueron cada vez más refinados y dentro de los cuales se incluye, en una de sus etapas finales, el marcado indeleble de los cuerpos, ya antes profundamente demolidos por las sucesivas humillaciones" ("Harapos y tatuajes" 272-3).

[35] *Cf.* Giorgio Agamben, *Remnants of Auschwitz* (31-9); Primo Levi, *The Drowned and the Saved* 88-104) y Jean Luc Nancy, *Au fond des images* (57-99).

razones. Primera, por su naturaleza biológica, afectada por ciclos que la ligan a lo natural (la mujer es entendida como corporeidad y como refractaria al proyecto civilizatorio); segunda, porque en las sociedades patriarcales la mujer ha tenido que asumir tareas repetitivas como cocinar, limpiar, cuidar a los niños; y tercera, por su propensión a comprar, actividad que ejerce y padece (Felski, *Doing Time* 82-3). En suma, la mujer es asociada a lo corporal, lo doméstico y el consumo. Esos son los aspectos que se examinarán a continuación.

La relación que el sujeto femenino establece con el cuerpo resulta particularmente aguda y compleja. Los ciclos menstruales reactualizan para ella, una y otra vez la materialidad de sus procesos biológicos; así mismo, la maternidad en potencia constituye un dato cuya gravedad condiciona la vivencia femenina del erotismo. Como si esto fuera poco, en las sociedades patriarcales se exige a la mujer mostrarse más atenta a su apariencia. Todo lo dicho no supone clamar por una identidad femenina esencialmente constituida desde lo biológico, desde luego. La identidad proviene de la manera en que los individuos, socialmente interpelados, "actúan" normas consensuadas, de ahí que lo que se entiende como la identidad de género exceda la dimensión biológica para ajustarse a una performatividad, al acto que permite construir la ficción social de su interioridad psíquica (Butler, "Performative Acts and Gender" 279). No obstante, la materialidad y los procesos del cuerpo interesan, aunque no en términos pre-sociales o pre-discursivos, por decirlo así. Lo relevante aquí es el entramado discursivo mismo en que se constituyen los sujetos, los objetos y los eventos tales y como se manifiestan en los textos analizados. Pensar el cuerpo desde la perspectiva de su representación en el discurso autobiográfico supondrá dotar de cohesión a una entidad no plenamente estable, así como la unicidad del autor también es dudosa. En el caso de *Las genealogías*, el primer elemento corporal que destaca por su recurrencia es el cabello. Éste, como es obvio, es una extensión de la persona, uno de los rasgos de su individualidad. En la cosmovisión mágica, el cabello constituye un signo de la totalidad del individuo ya que tiene vitalidad; además, se le relaciona con el alma porque proviene de la cabeza (Hallpike 259). En Occidente, cuando menos desde el siglo XIX en adelante, se ha considerado el cuidado más atento del cabello así como su mayor longitud como "arquetipo capilar" de femineidad (Barthes, *Mitologías* 55). Pero la pregunta es: ¿cómo funciona el cabello en *Las genealogías*? Opera como "atraedor extraño"; es decir, como elemento axial, arbitrario pero decisivo para organizar la maraña de datos que suministra a la autora la relación con su propio cuerpo en dos ámbitos, individual y comunal.[36] En el primer caso, el cabello causa y expresa un

[36] Tomo esta analogía de Jorge Urrutia, *La verdad convenida* (55-8).

sentimiento de inadecuación e inferioridad a nivel de atractivo físico, el cual no por ser evocado con humor dejó de marcar la juventud Glantz, no de otro modo se explican sus puntualizaciones: ella *no* poseía el cabello rubio o castaño de sus hermanas (ni los ojos azules de Susana); su pelo, por el contrario, era rizado, como de "negra o borrego", y su hermana la fastidiaba indicándole que ella había sido recogida de la basura (204-5). Como indica María Eugenia Mudrovcic: "A lo largo de *Las genealogías*, se vive el cuerpo femenino con malestar porque se lo percibe como mapa emblemático donde se inscriben los rasgos de lo inapropiado" ("¿Qué diferencia es entre fue y era?" 53).[37] La incomodidad que la autora siente hacia su apariencia física preludia el desinterés con que será tratada por los jóvenes judíos durante la adolescencia:

> A los dieciséis años de mi vida se casó una de mis primas hermanas, creo que Lila: entonces se usaban unos vestiditos negros que llegaban a la rodilla, con un largo exacto a la Chanel, y decorados con lentejuelas de colores, casi trajes de luces; no insisto en su brillantez porque es obvia, pero mis lentejuelas sobrepasaban cualquier mesura y su brillo (correspondiente al de mi apellido) opacaba el brillo de las de mi hermana: las mías eran rosa mexicano y las de ella azul plúmbago. Pero ni así logré que los jóvenes judíos ortodoxos pero bailarines me sacaran a bailar alguna pieza. En cambio Lilly pasaba ante mis ojos danzando como un trompo (creo que así se dice) y cuando yo, totalmente preocupada por mi apariencia (hay que advertir que mi pelo fue siempre rebelde y mis cabellos adquirían una consistencia dura y violenta, que me hacía parecerme a un famoso campeón de lucha libre llamado Blakamán que quizás era un mago) descansaba un rato para imaginar que ahora sí alguien vendría a deshacer la morosa (y altisonante) espera (194-5).

El cuerpo de Glantz, revestido de aditamentos para hacerlo más brillante, no logra opacar el esplendor de la hermana, lo que denota un escollo en la adaptación que una sociedad patriarcal demanda de la mujer: convertirse en objeto, de donde proviene la importancia otorgada a la indumentaria y el adorno femenino, pues ello son manifestaciones que incrementan su "valor" (Beauvoir 131-2). Glantz desea conformarse a la norma (pues la "espera" con que se cierra el fragmento indica "esperanza") y el pasaje, revalidando la idea sobre el atraedor extraño, culmina con una digresión en que ella recibe, vía el cabello, los atributos de una masculinidad estereotipada. Este símil no carece de interés, pues subraya la idea patriarcal del desenvolvimiento de las mujeres en la esfera pública como exhibición. En contraste, Lilly se parece "peligrosamente" a Veronica

[37] Sin embargo, por razones que se verán, no comparto plenamente el dictamen de que en el cuerpo de Glantz se triplica una exclusión: a una cultura (judía), a una familia (Glantz) y una nación (México).

Lake (162), actriz hollywoodense célebre en la década de los 40 del siglo XX por sus roles de *femme fatale* y su blonda cabellera peinada en el estilo *peek-a-boo* (Sherrow 237-8). Ninguna glamorosa comparación refiere Glantz de sí misma; su "parecido" se define por asociación a figuras masculinas como Blakamán o el propio Jacobo, a quien confunden con Leon Trotski cuando pasea por las calles de México, así que por extensión Margo Glantz es la hija de Trotski (121). En el cabello también se establece un desfase con relación a los gustos y hábitos dominantes del propio medio:

> Luego, cuando ya era mayor, me colocaba un peinado que hubiera quedado bien en la época de los prerrafaelistas, pero en la época de mi adolescencia estaba totalmente equivocado, porque aún no imperaba la moda retro; luego usé otro peinado, que hubiese sido revolucionario si me hubiera peinado así un poquito antes de la guerra de Vietnam o si hubiera yo inventado antes que cualquier gringo la ópera rock *Hair* (222).

Sin embargo, ese mismo cabello donde cristalizan frustraciones y marginalidad supera su valor negativo al transfigurarse en un nudo más de la trenza de la continuidad judía y familiar: "Yo sí me enorgullezco de mi pelo porque del lado de mi padre hubo pelirrojos y el rey David tuvo fama de serlo" (36). Glantz podría haber agregado a varias figuras bíblicas que destacan por sus cabellos largos o por su vellosidad y que se conectan con distintas cualidades, como Esaú (primogenitura, caza), Absalón (rebeldía), Sansón (fortaleza), Elías (ascetismo).[38] Sin embargo, el semblante de Glantz no se ajusta al rostro-mapa donde se inscribe la filiación judía y su "diferencia":

[38] Es interesante recordar que en otro texto autobiográfico hispanoamericano, *Conjeturas sobre la memoria de mi tribu*, de José Donoso, lo judío también se "marca" capilarmente. Donoso se encuentra en la Feria Internacional del Libro de Buenos Aires de 1988, promoviendo su novela *La desesperanza*, mientras observa a un individuo que merodea en torno al quiosco donde él firma ejemplares. Se trata de José Donoso Ergas, judío sefardita de Esmirna, quien podría echar una nueva luz sobre la identidad de la familia Donoso. La 'vieja raza de latifundistas originada en la Conquista', que llegó a Chile en 1581, quizá sea la rama americana de una más antigua familia judía conversa al cristianismo que debió huir de España en tiempos de los Reyes Católicos: "Tenía el pelo abundante y negro y bien cuidado, y la barba renegrida muy cerrada. No tuve que observarlo mucho para darme cuenta de que era 'distinto', de otra parte, de una raza que no tenía mucho que ver con nuestra raza latinoamericana, principalmente porque su barba y su melena no eran del negro fangoso, producto de generaciones de lavado con nuestra agua ciudadana de pureza discutible, sino que era de un negro azulado, mineral, como el de las rocas de carbón recién excavadas, con una luminosidad muy distinta a lo que se ha llegado a llamar 'pelo negro' en nuestro continente" (182-3).

> Me visto y me arreglo los ojos, ligeramente, como conviene en la playa cuando el mar nos da color. El espejo me triplica, mi perfil es el de un emperador romano. Me choca, como me chocara cuando me descubrí por primera vez de perfil a los dieciséis años. Afortunadamente, me digo, ese perfil es el de un emperador y no el de un esclavo que echaron a los leones (244).

Y si la nariz y el pene son los sitios donde se crea el "cuerpo judío", sobre todo la primera, al hacerlo visible en la diáspora,[39] Glantz se aleja aun más de esa corporeidad al casarse con hombres que no eran de la "especie" (37), así que ha de presumírseles incircuncisos.[40]

La tradición judía se preserva con especial cuidado en la esfera de lo doméstico, de los usos que dan forma a la vida privada, esa "interioridad" asignada a las mujeres como dominio:

> Los judíos se diferenciaban de los pueblos vecinos durante los tiempos bíblicos, entre otras cosas, por la forma cómo se bañaban y por la forma cómo se cortaban los cabellos. Las mujeres tenían que ocultarlos. Quizás el excesivo libertinaje de las costumbres actuales se deba a que los cabellos se exhiben al aire y a que los baños públicos de purificación han pasado de moda (37).

Las evocaciones gastronómicas, como pasa en el caso de Neruda, merecen atención ya que "sin cocina no hay pueblo" (147). Los alimentos, como herramienta de cohesión social, replican la nación con la imagen de un grupo de comensales que ingieren la identidad colectiva con la comida nacional. El pueblo se mancomuna en la experiencia de los sabores, los insumos y los rituales de la mesa. La familia Glantz hizo de la comida una fuente de ingresos. Jacobo vendía pan que transportaba en un baúl de mimbre mientras recorría la ciudad a caballo, luego conseguiría la ayuda de un indio oaxaqueño llamado Serafín (108-9). La madre abrió un restaurante donde ofrecía *strudls*, pasteles vieneses y cuernitos de nuez (159). Graciosamente, Glantz apunta que por sus venas corre harina (147) y recuerda que Meier Perkis le decía "eretz Israel epele" (manzanita de Israel) porque tenía los cachetes colorados (222). Lo que se manifiesta en *Las genealogías*, sobre todo, es una corriente de complacida emoción al recordar la variedad de alimentos que nutrieron su infancia y los hábitos alimenticios:

[39] *Cf.* Sandor L. Gilman, "The Jew's Body. Thoughts on Jewish Physical Difference".

[40] En Margo Glantz la adhesión al judaísmo pasa, sobre todo, por la cultura. En diálogo con Irma Vélez, declara: "En *Las Genealogías*, no en otros textos, yo diría que soy escritora judeo-mexicana. Totalmente" (663). Y, más adelante: "No soy grupalmente judía. Soy culturalmente judía, no dentro de un judaísmo muy tradicional de emigrantes sino dentro de un judaísmo de gran escritura" (666).

los *jales* y las galletitas de membrillo y rosquillas de chocolate que el tío Guidale le brindaba (18-9); las enchiladas "estilo judío" (76); la ternera fría, pecho de res, kasha, tallarines, sopa con más tallarines, puré de papa, ensalada de frutas, pasteles y *strudls* con té (82); las *golubtzes*, el *gefilte fish*, el *jolodietz*, los *vareniques*, los *gribelaj*, cuya receta la autora obtiene de su madre y comparte con el lector en el capítulo XLI. Glantz conserva esta dimensión cultural solo en parte. No sabe cocinar estos platos, a diferencia de todas sus hermanas quienes, además, conocen el hebreo y el yidish (su hermana Lilly incluso sabe ruso) (147). Este recuento preserva una dieta "impura", pues los platos tradicionales no se cocinan de forma ortodoxa, lo que disloca la memoria cultural judía sobre la comida (Kanzepolsky 6) y se abre a la siempre exaltante coexistencia y fusión de cocinas propias a un período de globalización, el reverso de la abominable comida rápida.

El tema del consumo se expresa de manera especial en la esfera de la moda. Prendas y adornos marcan la distancia de los Glantz con respecto a su nueva patria, como se grafica hasta en dos momentos que reiteran el mismo motivo: cuando la madre es invitada a una comida familiar que da el director del hospital general, asiste vestida íntegramente de blanco: sombrero, traje, medias, zapatos... Indumentaria que llevaría en Rusia una señorita decente durante el verano. Ataviada de ese modo la madre debe comer un mango verde por vez primera (56). En otro momento, cuando Jacobo es operado de apendicitis, la madre toma su lugar junto a Serafín, para asombro de los compradores al ver a una señora "vestida muy elegante" vendiendo pan de casa en casa:

> Todos me miraban muy sorprendidos en el camión. Esos camioncitos chaparritos con un cobrador que gritaba: "Roma Mérida, Roma Mérida", mientras cobraba diez centavos. Poníamos la canasta sobre el techo del camión y como yo subía temprano el cobrador me dijo: "Ay, qué madrugadora." Yo no entendí, pero se me grabó lo que dijo y pensé que era una grosería (115).

Glantz consigna las camisas de fuerza con olanes en que la madre la tenía enfundada; las doce docenas de calcetincitos suizos, número cero, que le regalaron a Lilly (106-7); los uniformes de las escuelas de Odesa (47-8); las botas (y rifles) que usaban las muchachas del partido (119); los largos guantes blancos de la leprosa a quien el padre conoció en uno de sus viajes (113); los cuellos de la madre –de piqué blanco, almidonados, con otros de *crochet*– quien se prendía una rosa cerca del escote o junto a pieles de zorro (97). La evocación de toda esta indumentaria no es asunto de poca monta: la moda deriva de la división de clases y cumple la doble función de estrechar los vínculos de un grupo social determinado a la vez que lo mantiene cerrado a otros (Simmel, "The Philosophy of Fashion" 189).[41] Además, desde el siglo XIX, la sexualidad y el placer femeninos se desplazan hacia el área del deseo por aquellas mercancías de las que procede el estatus mismo de la mujer (Felski, *The Gender of Modernity* 65). Por ello, no asombra que en la autora persista el recuerdo de ese collar de cuentas ovaladas con que jugó durante la infancia y que adquiere mayor relieve que cualquier otro objeto de los que menciona:

> Como un recuerdo fijo, inmenso, reiterado, ese collar que nunca vi en el cuello de mi madre pero que era largo, largo, un sautoir de enormes cuentas ovaladas, encarnadas, de un ámbar oloroso que mis tías habían traído de regalo de Constantinopla; con él jugábamos a veces en la vieja recámara de madera pesada, color ocre con vetas casi negras, tiradas en los cálidos colchones de plumas que mi abuela Etel le diera a mi madre como dote. En él se fueron perdiendo muchas de las cuentas.
>
> El collar me lo regaló mi madre alguna vez, ya corto, después de una larga ausencia; después de otra larga ausencia de mi hermana menor, Shulamis, me lo pidió prestado y se lo regaló a ella, cosa que a veces me produce un rencor que ya no dura (99).

No faltará quien vea en esta preocupación por la indumentaria y la moda una forma de alienación. Error. A través de la moda la persona obtiene autonomía individual, cierto que dentro del marco de una universalización de estándares modernos cuyas consecuencias no resultan del todo previsibles; al mismo tiempo, es capaz de crear y manejar su *glamour* en función de una agenda propia. La moda cumple una función liberadora de las ataduras contemporáneas a los objetos específicos, que pueden ser reemplazados por otros sin dificultad y, por ello, tienden a lo abstracto (Lipovetsky 147-8). Las prendas y los adornos adquieren aura a través del goce hedonista y los impulsos irracionales del *glamour*, lo que los libera solo hasta cierto punto de la precariedad que el mandato de la moda dicta y que se asemeja a la relación de la fotografía con el tiempo; éste torna a la moda y la foto en patéticos (o cómicos) signos del pasado, en ruinas (Kracauer 428-30). Pero la ruina convoca la totalidad de la que proviene. Un sombrero, un guante, un par de zapatos evocan un cuerpo desmembrado (a la vez que fetiches), lo que nos devuelve a la fotografía –crucial para el mundo de la moda–: a la parte que se ofrece a guisa del todo, y a su poder inmovilizador de lo vivo.

[41] Sobre el tema de la moda, remito a Michael Carter, *Fashion Classics from Carlyle to Barthes*; Joanne Entwistle, *The Fashioned Body. Fashion, Dress and Modern Social Theory*; Gilles Lipovetsky, *The Empire of Fashion. Dressing Modern Democracy*.

CAPÍTULO III

La infancia re-cobrada: mercantilismo de la piel y punición *El pez en el agua*, de Mario Vargas Llosa

Por su naturaleza heterogénea, por su multiplicidad de intenciones pero, sobre todo, por su apego a la coyuntura inmediatamente cercana al momento de su escritura, *El pez en el agua* (1993) ocupa un lugar de excepción en el cada vez más nutrido corpus autobiográfico hispanoamericano.[1] En efecto, apenas tres años antes de su publicación Mario Vargas Llosa había postulado a la presidencia de la república del Perú como candidato del FREDEMO (Frente Democrático), coalición que comprendía a agrupaciones tradicionales como Acción Popular y el Partido Popular Cristiano, así como al novísimo Movimiento Libertad, liderado por el propio escritor. Para entonces, Vargas Llosa, cuyo nombre se asocia indiscutiblemente al triunfante *boom* de la narrativa hispanoamericana, no solo ostentaba una impresionante obra literaria y amplio reconocimiento internacional, sino que se había distinguido como un prolífico y articulado ensayista. En Vargas Llosa cuaja mejor que en ningún otro de los autores examinados en este libro, la figura del escritor intelectual que cobró protagonismo en la segunda mitad del siglo XX en Hispanoamérica por la exigencia de especialización académica y tecnificación en mundos cada vez más orientados hacia el polo urbano. Ahora bien, ¿qué es un intelectual? El intelectual es alguien poseído por la vocación de distinguirse en la arena pública como un individuo inconfundible que asume la tarea de representar ante, y difundir para, una audiencia un cuerpo de ideas, opiniones, o una filosofía, asumiendo la responsabilidad y los riesgos que dimanan de ese rol libremente escogido. Para ello, es vital que el intelectual sepa no solo cuándo intervenir en el debate de ideas sino cómo hacerlo, lo que requiere un eficaz uso del lenguaje. Ni pacificador ni creador de consensos, el intelectual es, en cambio, una figura incómoda, contestataria al Poder y a la doxa del lugar común (Said, *Representations of the Intellectual*, 11-3; 20-3).

No es el propósito de estas páginas recopilar la compleja trayectoria política de Mario Vargas Llosa; no obstante, es indispensable una brevísima recapitulación. En un primer momento, Vargas Llosa se acerca a la democracia cristiana, la cual no provoca en él excesivo entusiasmo y de la que se aleja cuando ésta se

[1] La matriz de *El pez en el agua*, "A Fish out of Water", apareció en 1991 en la revista *Granta* 36. Todas las citas provienen de la edición de Alfaguara (México, 2006).

abstiene de defender la revolución cubana (331-3). En sus años universitarios, se aproximó al comunismo (265-74), período que recrea en su extraordinaria *Conversación en la catedral*, y la revolución cubana halló en él a algo más que un convencido simpatizante. Se suele pensar que el desencanto de Vargas Llosa con el socialismo comienza en 1968, cuando Fidel Castro apoyó la invasión de Checoslovaquia por la Unión Soviética, y cuaja en 1971, al apartarse de Cuba a raíz del "caso Padilla", pero lo cierto es que hasta bien entrada la década de los 70s el escritor peruano mantuvo esas convicciones ideológicas aunque ya no cifrará su realización en el régimen de Castro.[2] Luego, tras una indecisa aproximación a la socialdemocracia (dato ausente de *El pez en el agua*),[3] el novelista peruano halló refugio ideológico en el liberalismo y, más precisamente, en las ideas de Raymond Aron, Milton Friedman, Friedrich von Hayek, Karl Popper y Robert Nozick (103), de las cuales se ha convertido en un tenaz divulgador a través de artículos, ensayos e intervenciones en diversos foros internacionales. Esto le ha otorgado a Vargas Llosa una visibilidad que sobrepasa el ámbito estrictamente literario, así como una red de conexiones transnacionales con grupos políticos, fundaciones y *think tanks.*

La derrota de Vargas Llosa ante un desconocido ingeniero peruano de origen japonés, Alberto Fujimori Fujimori, en 1990, supuso una desconcertante sorpresa para muchos de los involucrados y para quienes atestiguaron a la distancia, desde la perspectiva del ciudadano común y corriente, el sorprendente giro de los hechos en las últimas semanas de esa campaña presidencial, hace ya dos décadas. Sin duda fue ese acontecimiento el detonante de la escritura de estas memorias.[4] La magnitud de la empresa fija un evento en la vida del protagonista, como queda claro en el hecho de que sea desde ahí que se decida a revisar su formación y la campaña política para explicar(se) las razones de la derrota, ofrecer un testimonio de primera mano y, sin duda, polemizar con diversos antagonistas. Son estas características, sin duda, las que inscriben el texto en la tradición de "apología y apóstrofe", un tipo de texto que surge de una "confron-

[2] Sobre la invasión a Checoslovaquia, véase su artículo de 1970 "El socialismo y los tanques" (*Contra viento y marea I*, 160-3). Respecto al "caso Padilla" es indispensable revisar tanto la "Carta a Fidel Castro", redactada por el propio Vargas Llosa y suscrita por 54 intelectuales de Europa y América Latina que se publicó el 9 de abril de 1971 en *Le Monde* (*Contra viento y marea I*, 166-8), así como la "Segunda carta a Fidel Castro", aparecida el 21 de mayo de 1971 en el diario *Madrid*, firmada por 62 intelectuales.

[3] Véase su comentario al libro de Carlos Rangel, *El tercermundismo*, "La falacia del tercermundismo" recopilado en *Contra viento y marea II*.

[4] Tal como ocurre en *Confieso que he vivido* y se repetirá en *Vivir para contarla*, *El pez en el agua* manifiesta una tensión entre autobiografía y memorias. El texto reclama la segunda condición pero una de sus dos líneas narrativas se concentra en el proceso formativo del autor.

tación con las circunstancias históricas y que dirigen una invocación a una entidad trascendente, en este caso, el juicio de la Historia" (Esparza 45). Pero *El pez en el agua* desborda ese linaje pues su hibridez acoge la *petite histoire*, el panegírico, juicios históricos, consignas políticas, así como retratos físicos y morales (Mudrovcic, "El pez en el agua. Notas en torno a una escritura de la rabia" 528). En todo caso, como recuerda Gusdorf, una autobiografía es una oportunidad para recuperar lo que se perdió ("Conditions and Limits of Autobiography" 39).

El pez en el agua consta de dos líneas narrativas que se presentan de manera alternada en el texto. La primera se inicia en 1946, con retrospecciones que informan de la infancia del novelista y sus antecedentes familiares, y concluye en 1958, cuando el joven aprendiz de escritor parte con su primera esposa a Madrid. La segunda línea va de fines de julio de 1987, cuando Vargas Llosa se entera del proyecto de estatización de la banca privada, las compañías de seguros y las financieras del Perú que propone el presidente Alan García Pérez, hasta junio de 1990, cuando el autor viaja a Europa tras la derrota electoral.[5] Como se ve, este muy consciente deseo de simetría –y la simetría ya conlleva en sí misma un deseo de organizar el relato de la vida– instaura un contrapunteo de dos realizaciones posibles, la del político y la del escritor, así como de dos distintas "educaciones", cada una de las cuales posee su propia esfera de acción, de modelos y antimodelos. El epígrafe con que se abre el texto transmite una nítida enseñanza:

> También los cristianos primitivos sabían muy exactamente que el mundo está regido por los demonios y que quien se mete en política, es decir, quien accede a utilizar como medios el poder y la violencia, ha sellado un pacto con el diablo, de tal modo que ya no es cierto que en su actividad lo bueno sólo produzca el bien y lo malo el mal, sino que frecuentemente sucede lo contrario. Quien no ve esto es un niño, políticamente hablando (9).

Esta cita proviene de *Politik als Beruf* (1919), la famosa conferencia que Weber impartió el 28 de enero de 1919 en Munich en que plantea una descripción no ética de la política y traza los rasgos constitutivos de la personalidad del político,

[5] El retrato de Alan García Pérez en *El pez en el agua* es particularmente adverso. No obstante, en el segundo gobierno de García Pérez, de orientación derechista –y hay que recordar la caracterización de la política latinoamericana como "museo viviente" que propuso Charles Anderson en los sesenta (*Politics and Economic Change in Latin America*, 104)–, se produjo un acercamiento entre el mandatario y el escritor, quien presidió la comisión del Museo de la Memoria, un proyecto público destinado a honrar a las víctimas de la violencia política en el Perú. Sobre la posición del autor respecto al procesamiento del pasado en situaciones de guerra sucia es ilustrativo su artículo de 1995 sobre el caso argentino, "Jugar con fuego" (*Sables y utopías* 83-8); así mismo, vale la pena revisar el texto de respuesta que escribió Juan José Saer, "Mario Vargas Llosa Au-delà de l'erreur" (*Le Monde*, 26 de mayo).

constreñido en sus extremos tanto por el dogmatismo como por la vanidad (Turner, *Modernity and Politics* 146). La cita de Weber cumple la función más canónica del epígrafe: anticipa el sentido del texto, lo que refuerza la lectura que ve en la dimensión política el fundamento de *El pez en el agua*. Pero el vínculo entre epígrafe y obra es más complejo de lo que podría parecer y merece ser explorado. En efecto, él anticipa el binarismo sencillo y eficaz de que se vale la segunda con sus dos tramas. Ante todo, hay un lugar común: la política como actividad informada por la violencia y el ansia de poder. La mención de los "demonios" que rigen el mundo provoca una resonancia precisa en quienquiera que conozca la poética del novelista peruano y cuánto peso acuerda ella a lo irracional. Cierto es que en Weber la idea de los "demonios" posee una connotación ética ajena a la reflexión de Vargas Llosa; pero en ambos casos se manifiesta la idea de que existen fuerzas ocultas capaces de arrastrarnos por rumbos imprevisibles.[6] De otro lado, la neta oposición entre el bien y el mal registra un maniqueísmo explicable por la creencia sólida antes que por la reflexión lúcida, lo que aparece subrayado en la mención del cristianismo "primitivo", y el "primitivismo" de la sociedad peruana será una de las constantes del texto. Pero acaso lo más significativo de la cita weberiana consista en el "niño en política", pues la idea de "niño" carece de neutralidad. El niño sugiere pureza, ingenuidad, inexperiencia pero también inmadurez, inadaptación e irracionalidad. La niñez es un estado de transición hacia la adultez y la evolución del niño desde el salvajismo primario a la madurez reproduce el desarrollo de la humanidad (Archard 30-3).[7] La analogía del niño posee una peculiar ambigüedad que conviene no perder de vista al leer *El pez en el agua*.

El niño figurado de Weber antecede al niño literal bajo el cual el autor escoge presentarse al inicio de su texto. Mario Vargas llosa, de diez años, se encamina de la mano de su madre a conocer a su padre: Ernesto J. Vargas. Éste había sido un marido problemático desde el inicio. Agresivo y temperamental, tiranizó a su esposa, sometiéndola a un régimen carcelario durante los cinco meses y

[6] Mario Vargas Llosa presenta su teoría de los "demonios" en *García Marquez: Historia de un deicidio* (1971): "Hechos, personas, sueños, mitos, cuya presencia o cuya ausencia, cuya vida o cuya muerte lo enemistaron [al escritor] con la realidad, se grabaron con fuego en su memoria y atormentaron su espíritu, se convirtieron en los materiales de su empresa de reedificación de la realidad, y a los que tratará simultáneamente de recuperar y exorcizar, con las palabras y la fantasía, en el ejercicio de esa vocación que nació y se nutre de ellos, en esas ficciones en las que ellos, disfrazados o idénticos, omnipresentes o secretos, aparecen y reaparecen una y otra vez, convertidos en 'temas'" (87). Vargas Llosa ha vuelto sobre el mismo concepto en *Cartas a un joven novelista* (30-1).

[7] Para los cambios históricos del concepto de "infancia", revísese: Philippe Ariès, *L'Enfant et la vie familiale sous l'Ancien Régime;* Lloyd DeMause, *History of Childhood*, y Hugh Cunningham, *Children and Childhood in Western Society since 1500*.

medio que duró la unión; luego la abandonó, encinta, con lo que la expuso a las habladurías y la vergüenza. Durante el lapso que duró la separación, la joven se refugió en su familia, los Llosa, con la cual tejió para el niño la mentira de la muerte del padre. La vida del pequeño Mario, destinada a transcurrir en el Edén de los mimos, tanto en Bolivia como en el Perú, se ve alterada cuando Ernesto J. Vargas reaparece, tras recuperar epistolarmente a la exesposa quien, a pesar de la separación y el maltrato, nunca había dejado de amarlo. Es entonces cuando se produce el encuentro de Mario Vargas Llosa con su padre:

> Mi mamá me tomó del brazo y me sacó a la calle por la puerta de servicio de la prefectura. Fuimos caminando hacia el malecón Eguiguren. Eran los últimos días de 1946 o los primeros de 1947, pues ya habíamos dado los exámenes en el Salesiano, yo había terminado el quinto de primaria y ya estaba allí el verano de Piura, de luz blanca y asfixiante calor.
>
> –Tú ya lo sabes, por supuesto –dijo mi mamá, sin que le temblara la voz-. ¿No es cierto?
>
> –¿Qué cosa?
>
> –Que tu papá no estaba muerto. ¿No es cierto?
>
> –¿Por supuesto. Por supuesto.
>
> Pero no lo sabía, ni remotamente lo sospechaba, y fue como si el mundo se me paralizara de sorpresa. ¿Mi papá vivo? ¿Y dónde había estado todo ese tiempo en que yo lo creí muerto? (11).

Desde luego, los eventos no pueden tener la neta precisión con que son referidos. Se ha mencionado al hablar de Neruda la escisión en todo relato en primera persona entre un "yo" que narra y un "yo" que experimenta los acontecimientos que se relatan, y cómo ésta se agudiza en el caso de las evocaciones infantiles. Así, ¿qué tan exactos pueden ser los recuerdos de Vargas Llosa? ¿Son las evocaciones del autor peruano tan consistentes, hilvanadas y vivas como las acciones que refiere ese capítulo primero? Naturalmente, no hay manera de responder a esta pregunta. En todo caso, el relato es persuasivo salvo por una brecha de inverosimilitud: un niño de diez años respondiendo "Por supuesto. Por supuesto" al informársele que el padre al que creía muerto en realidad vive, parece poco creíble. Además, se trata de un pasaje ambiguo, pues el hecho de que la madre diga que el pequeño Mario no ignoraba el dato bien puede significar que ella tiene elementos de juicio para asumirlo así o que intenta atenuar el impacto de la noticia, justamente restándole su novedad.[8]

[8] El psicoanalista Jorge Bruce indica que si bien el texto produce la verosimilitud requerida para que la ignorancia del niño Vargas Llosa parezca plausible, desde una perspectiva extratextual le parece dudoso que un niño "tan perspicaz" pudiese haber ignorado semejante hecho (Bruce 221).

Ernesto J. Vargas no sólo interpone su avasallante presencia entre madre e hijo, desestabilizando la armonía previa y alejando al protagonista del entrañable clan Llosa, sino que se convierte en un auténtico ogro para su hijo, cuyo tormento no cede en un ápice al de un David Copperfield (62-3). Ahora queda clara una de las funciones de exhibirse bajo la forma de niño: ubicarse como víctima inocente e interpelar al lector desde esa posición. Esto no es difícil. *El pez en el agua* no se adscribe a la modalidad de autobiografía de infancia pero sí contiene la evocación de una niñez cuyo sufrimiento carece de parangón en la autobiografía de Hispanoamérica. Cómo no sentir simpatía por ese pequeño atemorizado y hasta golpeado, cómo no compadecerlo cuando llora y tiembla. Desde luego, sería exagerar un tanto asociar a Ernesto J. Vargas con ese atroz padre primordial del que habla Freud en *Tótem y Tabú*, y demasiado fácil constatar que el padre suscita un poderoso rencor (y temor) en el hijo porque instaura una ley que le prohíbe a la madre.[9] Pero lo cierto es que no es el deseo de la madre para tomar el lugar del padre lo que se reprime sino el deseo mismo. El deseo, codificado en normas y exclusiones, no reconoce personas ni nombres, que es lo que precisamente se requiere para que el incesto ocurra, ya que la prohibición es inseparable del nombre y no es posible disfrutar de éste y de la persona al mismo tiempo (Deleuze y Guattari, *Anti-Oedipus* 177). La autoridad del padre de Vargas Llosa responde a una concepción soberana del poder –ajena a la isotopía de los sistemas disciplinarios y el anonimato del control panóptico– en la que existe la máxima individualización, desde el nombre hasta lazos personales, comunitarios o de propiedad; a la familia le corresponde transmitir al individuo los aparatos disciplinarios que requeriría para transitar a través de distintos sistemas de disciplina; vale decir, la represión psíquica en que se materializa la represión social. Igualmente, a la familia le corresponde determinar la normalidad o anormalidad de la persona (Foucault, *Psychiatric Power* 80-4, 115).

¿Qué es lo que Ernesto J. Vargas halla anormal en su hijo? Una "hombría" defectuosa. Los Llosa han hecho de su hijo un "maricueca" y a él le toca "enderezarlo" (61-2). Le molestan su engreimiento, su religiosidad pero, sobre todo, que pueda llegar a ser un homosexual. Por eso, le irrita particularmente que su hijo declare que de grande le gustaría ser torero y poeta (72), actividades poco viriles, en su opinión. Acaso por ello el escritor peruano que a Vargas Llosa le merezca mayores elogios sea Carlos Quispez Asín (1904-1956), poeta y artista plástico más conocido como César Moro, el "surrealista más auténtico nacido

[9] Como indica Jacques Lacan: "it is in the name of the father that we must recognize the support of the symbolic function, which, from the dawn of history, has identified his person with the figure of the law" (*Écrits* 77).

en el Perú y, acaso, en América Latina" (512), cuyos poemas constituyen la primera manifestación del discurso poético gay en Hispanoamérica (García Pinto 286) y quien, tal vez, fue "purgado" del Movimiento Surrealista por su homosexualidad (512).[10] Y al referirse a la peligrosidad del ejercicio de la política, Vargas Llosa recuerda la "bella alegoría" (símil, en realidad) de la escritura como tauromaquia que formuló Michel Leiris (192).[11] Pero el homosexual y el artista se ubican bajo el signo de la disrupción, que es también el del intelectual, como se ha visto, y el del escritor quien, en opinión del autor, es "un profesional del descontento" y "un rebelde con causa".

El proceso de heterosexualidad compulsiva y el alejamiento del clan Llosa tendrán efectos insospechados y decisivos en el niño Mario. El mundo de la ficción –Karl May, Emilio Salgari, Julio Verne– se le revela como una insuperable línea de fuga que lo conducirá a la vocación de su vida: "En esos meses me habitué a fantasear y soñar, a buscar en la imaginación, que esas revistas y novelitas azuzaban, una vida alternativa a la que tenía, sola y carcelaria" (60). Pero la ficción no solo provee consuelo mediante la frecuentación de mundos imaginarios sino que sirve para dominar experiencias propias (Stierle, "Qué significa 'Recepción' en los textos de ficción" 104), lo que lleva a establecer un paralelo con la escritura de *El pez en el agua:* en ambos casos se busca otorgar sentido a acontecimientos confusos e incontrolables.

El niño Mario es victimizado por su padre (al igual que la madre), pero lo cierto es que la violencia de Ernesto J. Vargas externaliza el férreo autocontrol a que él mismo se somete, haciendo de sí, también, una víctima; víctima de un inflexible régimen de privaciones que la madre ensalza ante su hijo: "Mi mamá trataba de convencerme de que mi papá no era tan malo. Tenía sus virtudes. No bebía una copa de alcohol, no fumaba, jamás echaba una cana al aire, era tan formal y trabajador. ¿No eran estos, acaso, grandes méritos?" (63-4). Pero el niño Vargas Llosa, inteligentemente, entiende que si su padre se emborrachara o divirtiera, sería un hombre más normal y, por ello, más abierto a que su familia y él tengan vida social. Ésta es una de las muy contadas ocasiones en que Vargas Llosa utiliza en el texto, con el talento habitual, el discurso indirecto libre. Esta forma posee una doble orientación: por la gramática pertenece al narrador, pero el sentido de lo que se dice expresa la voz o la conciencia informulada del personaje. Sin embargo, interesa subrayar esa tercera voz que no responde al narrador ni al personaje sino a la doxa burguesa, de ahí que se pueda caracteri-

[10] Para un examen de la influencia de César Moro sobre Vargas Llosa, remito a Efraín Kristal, *Temptation of the Word. The Novels of Mario Vargas Llosa* (12-9).

[11] *Cf. L'âge d'homme: De la Littérature considérée comme une tauromachie.*

zar a este estilo como "débil" (Moretti, *The Novel* 399).[12] De los goces y delicias de la vida conyugal de sus padres, Vargas Llosa nada dice y tal parece que no los hubo. El "padre insatisfactorio" constituye un tipo recurrente en los relatos de infancia (Coe 141-7); pero el malestar de Ernesto J. Vargas tiene raíces más locales y profundas:

> Pero la verdadera razón del fracaso matrimonial no fueron los celos, ni el mal carácter de mi padre, sino la enfermedad nacional por antonomasia, aquella que infesta todos los estratos y familias del país y en todos deja un relente que envenena la vida de los peruanos: el resentimiento y los complejos sociales. Porque Ernesto J. Vargas, pese a su blanca piel, sus ojos claros y su apuesta figura, pertenecía –o sintió siempre que pertenecía, lo que es lo mismo– a una familia socialmente inferior a la de su mujer. Las aventuras, desventuras y diabluras de mi abuelo Marcelino habían ido empobreciendo y rebajando a la familia Vargas hasta el ambiguo margen donde los burgueses empiezan a confundirse con eso que los que están más arriba llaman el pueblo, y en el que los peruanos que se creen blancos empiezan a sentirse cholos, es decir, mestizos, es decir, pobres y despreciados (13).

Es muy significativo que este pasaje destinado a precisar la antipatía del padre hacia la familia de la madre se deslice con suma naturalidad hacia una reflexión sobre la honda desigualdad social en el Perú y la colonial atribución del "valor" de los individuos que de la raza se deriva.[13] Eso es lo que explica no solo el rencor y la rabia del padre, temeroso de descender al grupo cholo,[14] sino también las "pulsiones", "pasiones" y rivalidades "políticas, ideológicas, profesionales, culturales y personales" que se viven en el país (14). Ahora bien, aun cuando parecería bastante coherente considerar el concepto de "raza" como carente de solidez científica, no menos cierto es que más allá de su falta de rigor, este constructo de inspiración colonial (Ferro 41) rige poderosamente sobre el imaginario de los individuos a pesar de las objeciones "ilustradas" que se le puedan oponer y ha servido en el Perú para legitimar las relaciones de dominación que se produjeron a raíz de la conquista. Al presuponer la "inferioridad" de los indígenas –cuya humanidad no siempre fue reconocida y a quienes, en el mejor de los casos, se consideraba como niños– naturalizaba la jerarquía social del orden colonial y proporcionaba una justificación ética al ejercicio de la opresión. Se

[12] Para los pareceres de Mario Vargas Llosa sobre el discurso indirecto libre, véase *La orgía perpetua. Flaubert y Madame Bovary* (237-41).

[13] Para la "Guerra de razas" subyacente a la "Guerra de clases", véase Michel Foucault, *Genealogía del racismo* (en especial las lecciones tercera y cuarta).

[14] "Cholo" es un vocablo polisémico. Se emplea aquí para denominar a mestizos de rasgos físicos predominantemente indios (Quijano, *Dominación y cultura* 56).

controlaba a los indígenas "por su propio bien" (Manrique, *La piel y la pluma* 13-5). La dominación colonial en el Perú e Hispanoamérica no se circunscribió al uso de la fuerza física sino que buscó que el colonizado asumiera el horizonte cognitivo del conquistador. No es de sorprender, entonces, que ella continuara gravitando en las ideas que los peruanos se hacían (y se hacen) tanto de sí mismos como de otros, pues la colonización de los imaginarios mantiene vigencia y sobrevive al colonialismo político hace mucho dejado atrás (Quijano, "Colonialidad..." 438-40). El advenimiento de la república no canceló en el Perú lo que, siguiendo a Carlos Iván Degregori, se denominará en este capítulo "mercantilismo de la piel"; esto es, la ventaja étnico-racial o "renta diferencial" que confiere en el Perú ser percibido como parte del grupo criollo, al cual Degregori caracteriza así: "clases altas y medias, blancas y mestizas de piel blanca, de origen mayoritariamente español, aunque desde fines del siglo pasado [siglo XIX], se suman a sus filas inmigrantes llegados de otros países de Europa". Este grupo admite, además, a sectores populares, sobre todo limeños, que comparten códigos culturales con el grupo dominante (87-8). La cruzada que Vargas Llosa emprenderá contra el intento estatizador impulsado por el gobierno de García Pérez, y que culminará en la tentativa de llegar a la presidencia, va más allá de una discrepancia contra un modelo económico; se trata de un rechazo a toda una manera de organizar lo social y, ciertamente, también a ese "mercantilismo de la piel" que corroe la sociedad peruana en pleno, estratificándola en cuerpos superiores y cuerpos inferiores, y del cual el propio autor, de una tortuosa manera, fue víctima desde la infancia aun cuando solo empezó a comprenderlo durante la adolescencia. En efecto, la rabia de Ernesto J. Vargas, que se descarga en el hijo, no existiría en buena medida de no sentirse él, debido a su piel blanca y ojos claros, destinado a gozar de los privilegios de esa "renta diferencial" que, para amargura suya, el destino le rehúsa.

Mario Vargas Llosa recuerda con indignación que sus pares sociales, los amigos de barrio, se servían sin escrúpulo de las empleadas domésticas, asimilables al grupo cholo, para iniciarse sexualmente. Su propia familia incurrió en esta práctica. Uno de sus tíos engendró un niño con una empleada doméstica y la familia Llosa nunca supo bien cómo incorporarlo al clan (123-5). Posteriormente, los años en el Colegio Militar Leoncio Prado –adonde lo hace ingresar su padre como parte de su terapéutica viril, escenario de su primera novela, *La ciudad y los perros*– le descubrirían ignominiosas taras de su país:

> Buena parte de la tremenda violencia –lo que me parecía a mí tremenda y era para otros cadetes menos afortunados que yo la condición natural de la vida– provenía precisamente de esa confusión de razas, regiones y niveles económicos de los cadetes. La mayoría de nosotros llevaba a ese espacio claustral los prejuicios, com-

> plejos, animosidades y rencores sociales y raciales que habíamos mamado desde la infancia y allí se vertían en las relaciones personales y oficiales y encontraban maneras de desfogarse en esos ritos que, como el bautizo o las jerarquías militares entre los propios estudiantes, legitimaban la matonería y el abuso. La escala de valores erigida en torno a los mitos elementales del machismo y la virilidad servía, además, de cobertura moral para esa filosofía darwiniana que era la del colegio (104-5).

Quizá aquí anide parte del disentimiento vargasllosiano con esa realidad en la cual muy pocos tenían acceso a una vida decorosa mientras que las mayorías (indios, negros y cholos) habían sido condenadas a la explotación y la pobreza. Esta constatación alimenta la problemática relación con el "malhadado país", como denomina el narrador de *El hablador* al Perú, que Vargas Llosa no disimula, y que posiblemente fue percibida en la campaña presidencial de 1990, con el costo electoral del caso:

> Quizá decir que quiero a mi país no sea exacto. Abomino de él con frecuencia y, cientos de veces, desde joven, me he hecho la promesa de vivir para siempre lejos del Perú y no escribir más sobre él y olvidarme de sus extravíos. Pero la verdad es que lo he tenido siempre presente y que ha sido para mí, afincado en él o expatriado, un motivo constante de mortificación. No puedo librarme de él: cuando no me exaspera, me entristece, y, a menudo, ambas cosas a la vez (54).[15]

Vargas Llosa recuerda que durante los años junto a su padre que aprendió el miedo y el rencor. Estas emociones extremas casan bien con una de las matrices narrativas dominantes en *El pez en el agua* y que modela ciertas zonas de su ficción: el melodrama. Modalidad narrativa moderna, el melodrama entiende el mundo como escenario de conflicto entre fuerzas irreconciliables, verticalmente definidas, mediante las cuales se renarran conflictos sociales de un universo post-sacro (Brooks, *The Melodramatic Imagination* 14-20). El gusto por lo melodramático, dicho sea de pasada, vincula a Vargas Llosa con un autor francés al que no se le suele asociar tanto, Honoré de Balzac.[16] No cabe aquí detenerse a

[15] Esta posición hasta cierto punto liminal trae a la memoria ese "síndrome del expatriado" que, de acuerdo a James W. Brown, funciona como un recurso estructurante de la novelística de Vargas Llosa. El expatriado, dice Brown, "padece un despropósito y una falta de identidad, al igual que la persona que viaja por el mundo y vive en un ambiente extraño sin poder convertirse en parte de él" (19).

[16] La conexión con Balzac, por supuesto, ha sido observada, así como reconocida por el autor; no obstante, no se la ha explorado extensamente. Uno de los asedios críticos más interesantes lo ofrece Neil Larsen en "Mario Vargas Llosa: The Realist as Neo-Liberal" (*Determinations* 143-68). Como curiosidad, hay que indicar que Larsen ofrece una opinión muy similar a la que expresa Luis

explicitar los vínculos entre ambos autores, apenas conviene recordar el epígrafe que abre *Conversación en la catedral* (un pasaje de *Petites misères de la vie conjugale*), la tendencia a hacer circular a determinados personajes por textos distintos (Lituma encarna el caso extremo en Vargas Llosa) y cierta proclividad a pensar lo social a través de símiles biológicos, más simbólica que literal en el caso del autor peruano, por cierto, como consta en el darwinismo que explica la brutalidad del colegio Leoncio Prado (117) o en un extraordinario pasaje sobre una horda en Piura (574-5) que se verá más adelante. Es posible reconocer en *El pez en el agua* algunas de las más obvias peculiaridades de lo melodramático: el suspenso, la peripecia o las situaciones extremas y, sobre todo, la que constituye la esencia del melodrama: el maniqueísmo, que disemina a lo largo del texto articulaciones en que no cabe medias tintas ni reconciliación.[17] Recordemos la situación, digna del mejor melodrama, con que se inicia el texto y la victimización en que vive el niño Mario, maltratado con gritos, golpes y puntapiés:

> El tío Juan me contó tiempo después la cinematográfica entrevista. Mi padre lo esperaba sentado al volante del Ford azul y cuando el tío Juan entró, lo previno: "Estoy armado y dispuesto a todo". Para que no cupiera duda, le mostró el revólver que llevaba en el bolsillo. Dijo que si los Llosa, aprovechando su relación con el presidente, trataban de sacarme al extranjero, tomaría represalias contra la familia. Luego despotricó contra la educación que me habían dado, engriéndome e inculcándome que lo odiara y fomentándome mariconerías como decir que de grande sería torero y poeta. Pero su nombre estaba en juego y él no tendría un hijo maricón. Luego de esa perorata semihistérica, en la que el tío Juan no pudo colocar una frase, advirtió que mientras no se le dieran garantías de que mi madre no viajaría al extranjero conmigo, los Llosa no volverían a verme la cara. Y se marchó (72).

Ese revólver, que Vargas Llosa ve como el símbolo de su infancia, no pretende servir de defensa a Ernesto J. Vargas contra una posible agresión; por el contrario, estaría destinado a matar a la madre y al hijo si éstos lo abandonaran defi-

Loayza sobre Vargas Llosa: "Es un Balzac que quiere escribir como Flaubert", según lo consigna Julio Ramón Ribeyro en su diario el 24 de enero de 1978 (*La tentación del fracaso III*, 194).

[17] "What we most retain from any consideration of melodramatic structures is the sense of fundamental bipolar contrast and clash. The world according to melodrama is built on an irreducible manichaeism, the conflict of good and evil as opposites not subject to compromise. Melodramatic dilemmas and choices are constructed on the either/or in its extreme form as the all-or-nothing. Polarization is both historical and vertical: characters represent extremes, and they undergo extremes, passing from heights to depths, or the reverse, almost instantaneously" (Brooks, *The Melodramatic Imagination* 36). Brooks menciona a otros estudiosos que comparten este aserto: Robert B. Heilman, Jacques Barzun, Jean Folian y Jean Tortel (210, n. 9).

nitivamente, cosa que ambos intentaron sin éxito más de una vez. Así, el exceso del melodrama es lo que mejor define la infancia del autor así como la relación amorosa de los padres: "el amor de mi madre por mi padre, masoquista y torturado como siempre me pareció, tenía ese carácter excesivo y transgresor de los grandes amores-pasión que no vacilan en pagar el precio del infierno para prevalecer" (62-3). El revólver reaparecerá en el segundo gran momento melodramático de la vida privada del autor: el matrimonio con Julia Urquidi Illanes, su primera esposa. Desde un inicio parecerían existir todos los impedimentos posibles para que la relación entre ambos se concrete: Julia no solo es trece años mayor que él y divorciada, sino una pariente política: hermana menor de la tía Olga Urquidi, quien está casada con el tío Lucho, hermano mayor de la madre del autor.[18] Además, existe amistad entre Julia y la madre de Vargas Llosa. Julia incorpora los signos de una feminidad emancipada y de una inestabilidad nacional: le dicen la "rotita" porque ha nacido en Chile pero es boliviana (355). Esta situación recuerda novelas notables en que se relata el amor de un joven por una mujer mayor: *Le lys dans la vallée*, del propio Balzac; *L'Éducation sentimentale*, de Gustave Flaubert. Las ficciones compartidas acompañan la relación. Primero son los romances de la autora inglesa E. M. Hull, *The Sheik* y *Sons of the Sheik* (355), célebres por sendas adaptaciones cinematográficas que inmortalizaron a Rodolfo Valentino.[19] El amor de Julia y Mario prospera en la sombra de algunos acogedores cines limeños que ya no existen (Barranco, Leuro, Colina) a los que la pareja acude para ver películas de gángsters, de vaqueros, comedias y melodramas mexicanos (357). ¿Acaso esta última forma de ficción les sugiere cómo conducirse? No sería anómalo, pues el melodrama mexicano fue una escuela: transmitió hábitos, códigos y toda una semiología de los afectos a toda una comunidad vagamente pan-latina (Dever 12-3).[20] De hecho, en Latinoamérica,

[18] La trama endogámica de la familia Vargas Llosa es expuesta por J. J. Armas Marcelo: "Hoy sabemos, además, que gracias a su matrimonio con la *tía* Julia, MVLL fue en un tiempo *tío político* de su *actual mujer*, Patricia Llosa, que es además su *prima hermana*; que su actual *suegro*, Luis Llosa, fue en un tiempo –cuando estuvo casado con el novelista con Julia Urquidi– su *concuño*, porque entonces era *cuñado* de la *tía Julia*, que a su vez es *tía carnal* (¡qué adjetivo!, ¿no?) de la actual *esposa* del novelista, la *prima* Patricia (que aparece en las últimas páginas de *La tía Julia y el escribidor*), porque la actual *suegra* de MVLL no sólo es *la hermana* de la *tía Julia*, sino también la *madre* de Patricia y, por tanto, *la abuela de los hijos* del novelista" (331).

[19] Es de destacar que la protagonista de *The Sheik*, Lady Diana Mayo, es una mujer de personalidad fuerte e independiente, como la propia Julia. Otro paralelo interesante consiste en que el Sheik rapta a Diana Mayo, y si bien Julia y Mario se fugaron, esa huida fue percibida como un rapto por el alcalde de Tambo de Mora ante quien los amantes trataron de contraer matrimonio (363).

[20] Carlos Monsiváis observa: "No se acudió al cine a soñar: se fue a aprender. A través de los estilos de los artistas o de los géneros de moda, el público se fue reconociendo y transformando, se

la imaginación melodramática ha operado como semiósfera portadora del *ethos* de grupos ajenos a la "ciudad letrada", aunque no por ello menos relevantes para los imaginarios del sujeto latinoamericano en la era de la reproductibilidad técnica. Dicho de otro modo: en lo melodramático se ha logrado construir una plataforma identitaria insoslayable para expresar una modernidad alternativa que elude el control de los funcionarios de la alta cultura y que expresa el punto de tensión entre imaginarios plebeyos, memoria, tecnologías de la representación y la emergencia de lo masivo.[21]

El amorío sacude a la tribu Llosa, pero los amantes no se arredran, fugándose con la ayuda de amigos (sobre todo la de Javier Silva Ruete) y parientes. El matrimonio se efectúa en provincias y para casarse el joven Vargas Llosa adultera su partida de nacimiento, pues era menor de edad. Cuando el padre del autor se entera del enlace, amenaza de muerte a su hijo y exige que Julia abandone el país, so pena de hacerla expulsar como extranjera indeseable valiéndose de influencias. Mario se ve sobrepasado por la autoridad del padre temido pero Julia, más pragmática y dueña de sí, conviene en partir a Chile. Una labor de aplacamiento convence a Ernesto J. Vargas de la esencial virilidad implícita en esa boda que termina por aceptar (323-341). La unión conllevó cambios drásticos para el autor: las múltiples ocupaciones que debe asumir marcan su emancipación de un padre al que no amó y con quien no tendrá tampoco ya mucho contacto. Como para subrayar la distancia, padre e hijo seguirán caminos divergentes. Ernesto J. Vargas se hunde en ese proletariado al que pareció condenarlo la vida desordenada del abuelo Marcelino y del que trató en vano de escapar, pues termina como obrero en una fábrica de zapatos en los Estados Unidos y luego pasa a trabajar como portero y guardián de una sinagoga en Los Angeles (374). Mario Vargas Llosa, en cambio, acumula éxito literario y el capital simbólico que anheló desde la primera juventud, cuando temía que su vocación literaria jamás se cumpliría de no vivir en París (442), cuya topografía literaria parece conocer de memoria y a la que reconocía implícitamente como capital de la república mundial de las letras (442, 507).[22]

apaciguó y se resignó y se encumbró secretamente." ("Notas" 446). Es plausible reconocer un proceso similar en el contexto peruano. Sobre el melodrama mexicano conviene revisar, así mismo, el artículo de Gustavo García, "Melodrama: The Passion Machine".

[21] Sigo aquí planteamientos de Hermann Herlinghaus en "La imaginación melodramática, rasgos intermediales y heterogéneos de una categoría precaria". Herlinghaus, además, ha editado un libro imprescindible sobre el tema: *Narraciones anacrónicas de la modernidad. Melodrama e intermedialidad en América Latina* (2002).

[22] Sobre la "centralidad" de París en el mundo literario occidental, consúltese Pascale Casanova, *The World Republic of Letters* (127-63).

La relación entre padre e hijo siempre será fría. El último amago de conflicto entre ellos, curiosamente, se produce a consecuencia de un texto literario. En 1977 se publica la más autoficcional y melodramática novela de Vargas Llosa, *La tía Julia y el escribidor*. Ernesto J. Vargas envía una misiva a su hijo en que le agradece por representarlo como un padre cuya severa conducta se motivaba en el deseo de hacer el bien a su hijo. Pero, más adelante, se considera calumniado por la ficción:[23]

> Días después recibí otra carta suya, ésta violenta, acusándome de resentido y de calumniarlo en un libro, sin darle ocasión de defenderse, reprochándome no ser un creyente y profetizándome un castigo divino. Me advertía que esta carta la haría circular entre mis conocidos. Y, en efecto, en los meses y años siguientes, supe que había enviado decenas y acaso centenares de copias de ella a parientes, amigos y conocidos míos en el Perú (340).

Esta mudanza resulta muy representativa de su carácter inestable, explosivo, pero también se adecua a los vaivenes emocionales propios del universo melodramático, con sus súbitos cambios de fortuna, su intensificación de los afectos, su propensión a lo gestual, sus marchas y contramarchas. El melodrama se manifiesta en *El pez en el agua*, además, en otro rasgo: el dispositivo narrativo que se vale de los episodios y la serie, elementos caros al folletín (Barbero, "La telenovela desde el reconocimiento" 72), que explican la alternancia de las líneas narrativas en una composición un tanto mecánica, semejante a la que hallamos en algunas de las novelas del autor publicadas el último cuarto de siglo: *El hablador, Lituma en los Andes, El paraíso en la otra esquina, La fiesta del chivo*.[24] Pero hay en el melodrama un nivel paródico que no le resulta indiferente a Vargas Llosa en tanto que esta modalidad remite a una exacerbación de la afectividad cuya manifestación más acabada consiste en la confrontación y la peripecia (Brooks, *The Melodramatic Imagination* 25-7).

Al padre malévolo Vargas Llosa opone uno benévolo, el abuelo Pedro, cuya gentileza y generosidad contrastan con la intolerancia del egocéntrico Ernesto J. Vargas. La gravitación del abuelo en la infancia del autor trae a la mente al abue-

[23] Julia Urquidi Illanes tampoco se consideró adecuadamente retratada. Relató su propia versión de la relación en un libro titulado *Lo que Varguitas no dijo* (1983) donde da a conocer algunas interesantes cartas del autor.

[24] En su reseña a la versión inglesa de *Lituma en los Andes*, John Updike califica este tipo de composición como un "tic nervioso" que delata la falta de confianza del autor en sus propios poderes narrativos (424). De otra parte, la configuración de un mundo regido por el binarismo es una de las características de la novela favorita del autor: *Madame Bovary*. Vargas Llosa estudia este rasgo concreto en *La orgía perpetua. Flaubert y Madame Bovary* (170-92).

lo de Gabriel García Márquez, como se verá al examinar *Vivir para contarla*. Hay ciertos paralelismos: tanto Vargas Llosa como García Márquez dependen materialmente del abuelo, en cuya casa viven; además, en ambos casos es él quien echa las bases para la futura vocación literaria.[25] El abuelo Pedro escribe poesía y habitúa a su nieto a memorizar poemas de Rubén Darío y Ramón de Campoamor. Más adelante, se regocijará con su éxito literario (83). El padre, en cambio, no sabe bien cómo reaccionar cuando, instalado en los Estados Unidos, se encuentre con el retrato y el nombre de Mario Vargas Llosa en *Time* o *Los Angeles Time* (374). El retrato definitivo del abuelo Pedro es luminoso:

> [F]ue el hombre más bueno y generoso que he conocido y a su recuerdo suelo recurrir cuando me siento muy desesperado de la especie y proclive a creer que la humanidad es, a fin de cuentas, una buena basura. Ni siquiera en la última etapa, esa vejez pobrísima, perdió la compostura moral que siempre tuvo, y que, a lo largo de su prolongada existencia, lo hizo respetar siempre ciertos valores y reglas de conducta, que tenían que ver con una religión y unos principios que en su caso nunca fueron frívolos o mecánicos. Ellos decidieron todos los actos importantes de su vida. Si no hubiera ido cargando por el mundo todos esos seres desamparados que mi abuelita Carmen recogía, y adoptándolos –adoptándonos, ya que él fue mi verdadero padre los primeros diez años de mi vida, quien me crió y alimentó– acaso no hubiera llegado a la vejez pobre de solemnidad (82).

El abuelo Pedro será el primer avatar del justo dañado por quienes son moral o intelectualmente inferiores. En efecto, el abuelo ejerció el cargo de Prefecto en Piura por designio del presidente José Luis Bustamante y Rivero, pariente de los Llosa. Bustamante había llegado al poder encabezando el Frente Democrático Nacional y gracias al apoyo del Partido Aprista Peruano. Sin embargo, las relaciones entre el APRA y el presidente se deterioraron pronto. Cuando se produjo el golpe de estado encabezado por Manuel A. Odría, el abuelo Pedro renunció a su cargo en gesto principista que dio inicio a una existencia atormentada por la inestabilidad laboral, la pobreza y la deprimente situación de sentirse inútil al tener que depender de sus hijos. Esta penosa condición parecía destinada a cambiar en 1956. Manuel Prado asume la presidencia y al abuelo Pedro se le ofrece la prefectura de Arequipa, su tierra natal. Sin embargo, el nombramiento, que lo había llenado de contento e ilusión, no se concreta nunca. El Partido Aprista, ahora aliado de Manuel Prado, lo veta por su parentesco con Bustamante y Rivero (81-3). El revés es "durísimo" pero el abuelo lo encaja con estoicismo y elegancia.

[25] Idéntico paralelismo cabe también con quien fue el ídolo intelectual de Mario Vargas Llosa en su juventud, Jean-Paul Sartre, como se deduce de la lectura de *Les mots*.

Cuando Vargas Llosa narre sus experiencias de los años 50, habrá lugar para evocar a Bustamante y Rivero. "Hombre patricio y sabio", el expresidente provoca la admiración del protagonista por su honradez, decencia, respeto a la ley pero, sobre todo, porque su manera de gobernar presuponía que el Perú y sus ciudadanos eran civilizados y responsables, respetuosos de las normas y las instituciones. La frase anónima con que se explicaba su caída, "Era un presidente para Suiza, no para el Perú", prefigura la recriminación que le hizo Alberto Fujimori a Vargas Llosa durante el debate que los enfrentó el 3 de junio de 1990: "Parece que usted quisiera hacer del Perú una Suiza, doctor Vargas" (56), lo que refrenda la idea de que la frustración política de Bustamante y Rivero y la derrota del protagonista, se deberían explicar por la inviabilidad de una forma de hacer política que valore las ideas y el respeto a la ley antes que la demagogia y la picardía.

La frustración no afecta solo a políticos. El destino de algunos admirables intelectuales peruanos con quienes Vargas Llosa se identifica preludia sus propias búsquedas, apuestas y fracasos: José de la Riva Agüero, el extraordinario prosista cuyos pesimistas pareceres sobre el declive del Perú desde lo que fue durante el período prehispánico y el virreinato a la mediocridad de la república llevan a Vargas Llosa a pensar que el Perú se había "jodido" en algún punto de su historia (55). Pedro Beltrán, dueño del diario *La Prensa*, cuyo paso por el ministerio de economía, a pesar de su atinado desempeño, no solo no le ganó el reconocimiento que una gestión como la suya habría debido despertar sino que lo convirtió en víctima de ataques de la izquierda (444-7). Pero quien merece un tratamiento especial es la figura de Raúl Porras Barrenechea. Admirable prosista e historiador de quien Vargas Llosa tuvo la suerte de ser alumno y para el cual trabajó entre 1954 y 1958. Vargas Llosa hace de él el emblema del intelectual serio y riguroso, tanto más admirable cuanto que para ello tuvo que luchar contra un medio cultural indolente donde relucen valores menores (261-2; 302-5). Porras debe ser añadido a la lista de aquellos destacados intelectuales que son derrotados en lides electorales pues no logró convertirse en rector de la Universidad Nacional Mayor de San Marcos, pese al ferviente apoyo de tantos discípulos, alumnos y fuerzas políticas (322-4).

Resulta clara cierta identificación de Vargas Llosa con esos intelectuales ligados orgánicamente[26] a los sectores tradicionales de la sociedad peruana: todos ellos adhieren con nitidez al grupo criollo, ya definido páginas atrás. Pero lo que lo separa de ellos es el credo liberal que propugna el autor de *La casa verde* para alcanzar lo que siempre anheló para el país: modernizarlo:

[26] Para la noción de "intelectual orgánico" véase Antonio Gramsci, *Selections from the Prison Notebooks* (5-23).

> Varias veces en mi vida, antes de los sucesos de agosto de 1987, llegué a perder totalmente la esperanza en el Perú. ¿Esperanza de qué? Cuando era más joven, de que, quemando etapas, se volviera un país próspero, moderno, culto, y yo alcanzara a verlo. Luego, de que, al menos, antes de morirme, el Perú hubiera empezado a dejar de ser pobre, bárbaro y violento (55-6).

Vargas Llosa se opone al protagonismo del Estado, al que ve como agente planificador de la economía y suministrador de privilegios en detrimento de la iniciativa privada y la libertad política. Postula la abolición de privilegios, proteccionismos y monopolios, así como la creación de una sociedad abierta en que todos accedan a lo que Hayek denomina "la trinidad inseparable de la civilización: la legalidad, la libertad y la propiedad" (175, 587).[27] Éste es el meollo del programa político con que pretende llegar a la presidencia del Perú, consignado en *Acción para el cambio*, el programa de gobierno del Frente Democrático, y que vuelve insistentemente a las páginas de *El pez en el agua*.[28] Como era de esperar, este ideario se topa con resistencias. Las primeras surgen en sus propios partidarios: los empresarios, quienes vieron con simpatía y apoyaron la lucha contra la estatización, manifiestan temores y rechazo ante la economía de mercado. El autor los caracteriza como inficionados de mercantilismo, psicológicamente inseguros, temerosos de competir en una economía global, carentes del espíritu emprendedor y audaz de los auténticos capitanes de empresa (290-1). Pero ocurre, de otra parte, que son amplios los sectores de la población a los que sus propuestas no convencen. Es entonces cuando reaparece lo infantil bajo su variante de inmadurez como factor explicativo del rechazo. Considera Vargas Llosa que si no logra comunicarse bien con los ciudadanos durante los mítines, ello se explica por su estilo racional, apto para foros intelectuales y académicos pero desagradable a ciudadanos afectos a la retórica del orador político que "sube al

[27] Michel Foucault entiende el liberalismo como un método de racionalización del gobierno: "While any rationalization of the exercise of government aims at maximizing its effects while diminishing, as far as possible, its costs (understood in the political as well as the economic sense), liberal rationalization starts from the assumption that government (meaning not the institution 'governement,' of course, but the activity that consists in governing human behavior in the framework of, and by means of, state institutions) cannot be its own end. It does not have its reason for being in itself, and its maximization, even under the best possible conditions, should not be its regulative principle. On this point, liberalism breaks with that 'reason of state' which, since the end of the nineteenth century, had sought, in the existence and strengthening of the state, the end capable both of justifying a growing governmentality and of regulating its development" ("The Birth of Biopolitics" 204-5).

[28] Para un examen de la repercusión de algunas de sus propuestas en la opinión pública, véase el estudio de Fabiola Escárzaga Nicté, "La utopía liberal de Vargas Llosa" (234-6).

estrado a seducir, adormecer, *arrullar* al auditorio" (191) [énfasis añadido]. Así, descarta de plano la posibilidad de una mala estrategia comunicativa.[29] Más radical es la invocación del "primitivismo" como factor que distorsiona el comercio del autor con el pueblo. Así, cuando expone sus propuestas para fomentar la privatización de tierras colectivizadas se percata de que su auditorio campesino, sobre todo el más "primitivo" se resiste a dejarse persuadir, "por siglos de desconfianza y frustración, sin duda" (402). Esta "constatación" se ofrece como una explicación que en realidad ahorra dar elucidación alguna y revela que Vargas Llosa parece incapaz de concebir siquiera la sospecha de que la gente pueda rechazar su mensaje liberal *racionalmente* debido a que tiene una manera distinta de entender las cosas. En esa misma línea cabe leer un sorprendente pasaje que aparece casi al final del libro:

> Mi más ominoso recuerdo de esos días es mi llegada, una mañana candente, a una pequeña localidad entre Ignacio Escudero y Cruceta, en el valle del Chira. Armada de palos y piedras y todo tipo de armas contundentes, me salió al encuentro una horda enfurecida de hombres y mujeres, las caras descompuestas por el odio, que parecían venidos del fondo de los tiempos, una prehistoria en la que el ser humano y el animal se confundían, pues para ambos la vida era una ciega lucha por sobrevivir. Semidesnudos, con unos pelos y uñas larguísimos, por los que no había pasado jamás una tijera, rodeados de niños esqueléticos y de grandes barrigas, rugiendo y vociferando para darse ánimos, se lanzaron contra la caravana como quien lucha por salvar la vida o busca inmolarse, con una temeridad y un salvajismo que lo decían todo sobre los casi inconcebibles niveles de deterioro a que había descendido la vida para millones de peruanos. ¿Qué atacaban? ¿De qué se defendían? ¿Qué fantasmas estaban detrás de esos garrotes y navajas amenazantes? (574).

A Neil Larsen esta secuencia le trae a la memoria *Facundo*, de Domingo Faustino Sarmiento y "El matadero", de Esteban Echeverría (*Determinations* 146). Robert Richmond Ellis asocia este episodio con el horror y el racismo de textos clásicos del imperialismo europeo como *Heart of Darkness*, de Joseph Conrad (232). Como quiera que sea, el grupo exhibe una humanidad tan degradada que resulta problemática en su estatuto ontológico, lo que filosóficamente nos enfrenta ante la dificultad de precisar qué es lo humano, ubicada en el corazón de la máquina antropológica occidental.[30] Pero lo que parece perturbar a Vargas

[29] De *El pez en el agua* puede decirse algo que ha indicado Sylvia Molloy sobre *Ulises criollo*, de José Vasconcelos: "presenta la imagen no de un hombre que algún día podría ser presidente, sino de un hombre que hubiera podido serlo si su país hubiera obrado con sensatez" (*Acto de presencia* 249).

[30] Indica Giorgio Agamben: "From the beginning, metaphysics is taken up in this strategy: it concerns precisely the *meta* that completes and preserves the overcoming of animal physis in the

Llosa es, en realidad, la "abyección" del grupo. En efecto, la turbación del autor queda patente en la manera como representa a esa horda: un grupo humano que, de algún modo, es menos que humano; un híbrido que le infunde temor y repugnancia tanto por su miseria y desnudez como por las uñas y pelos largos e incultos, dato que para el autor remite a la antimodernidad. Esto se confirma en el episodio del encuentro entre Vargas Llosa y Ezequiel Ataucusi Gamonal, líder de la Iglesia Israelita del Nuevo Pacto, cuyos miembros practican el comunitarismo y se abstienen de cortarse los cabellos y las uñas para no interferir con el desarrollo de los eventos naturales (486). En la caracterización de la "horda" hay que destacar dos rasgos : la dependencia intelectual del concepto de "fijeza", central a la ideología colonial, que construye al "otro" como rígida diferencia (histórica, racial, cultural) dentro de un orden inalterable (Bhabha, *The Location of Culture* 66) y una vieja estrategia del liberalismo hispanoamericano: usar el primitivismo como un repositorio al que se asimilan todos aquellos elementos refractarios a su proyecto y ajenos a cualquier tipo de inserción en la lógica del mercado. Desde ese punto de vista, el pueblo solamente adquiere estatuto humano en tanto asuma su lugar en el esquema de producción.[31] Hay aquí un remanente de etnocentrismo antropológico por el cual la diversidad humana es homogenizada mediante la idea del desarrollo desigual hacia la misma "meta" que es, desde luego, una "meta" occidental. Esta homogenización de experiencias disímiles en aras del predominio de algún universal entendido como supremo implica subscribir un solo criterio de racionalidad, de manera que la determinación de irracionalidad, hipótesis explicativa clave del desencuentro entre el autor y buena parte de los electores, reposa sobre un principio de exclusión. Tal es el núcleo duro de la propuesta ideológica del autor: la idea de que la modernidad occidental es la única posible. Por eso, quien desee ingresar a ella deberá estar dispuesto a pagar el precio de renunciar en parte a su identidad. Vargas Llosa recuerda una discusión con Shiva Naipaul en Londres. El escritor anglotrinitario lamentaba que la modernización de Singapur le estuviese robando "el alma" a ese pueblo, a lo que Vargas Llosa replicaba que no se perdía autenticidad sino pintoresquismo. Y añade: "[E]stoy seguro de que todos ellos –todos los habitantes del Tercer Mundo– estarían dispuestos a renunciar a ser pintorescos a cambio de tener trabajo y vivir con un mínimo de seguridad y decencia" (293). Ocurre, sin embargo, que no se trata de renunciar a meras peculiaridades "nativas" sino a todo un sistema cultural. Por lo demás, ningún individuo es "pinto-

direction of human history. This overcoming is not an event that has been completed once and for all, but an occurrence that is always under way, that every time and in each individual decides between the human and the animal, between nature and history, between life and death" (*The Open* 79).

[31] *Cf.* Hernán Vidal, *Literatura hispanoamericana e ideología liberal: surgimiento y crisis* (29-63).

resco" para sí mismo. Siempre se es pintoresco para otro. Esta anécdota es consistente con las propuestas que Vargas Llosa ha venido exponiendo en *El pez en el agua*, que no son distintas de las que mantiene con relación al Perú desde su ya un tanto remota conversión al liberalismo y que nutren algunas de sus novelas, en especial *El hablador* (1987), elegía que el novelista contemporáneo dedica al antiguo narrador oral, inevitablemente arcaico en el mundo del capitalismo globalizado, el único en que puede fraguar la ansiada modernidad. Así, en un sorprendente artículo, "El nacimiento del Perú", Vargas Llosa, tras renarrar la conquista como la gesta del hombre libre (español) que se impone sobre el hombre privado de iniciativa propia (inca), señala que la plena integración del país quizá requiera que los pueblos indígenas desaparezcan como tales pues "Sólo se puede hablar de sociedades integradas en aquellos países en los que la población nativa es escasa o inexistente" (*Contra viento y marea III* 377). De lo contrario, nos dice, existirá un *apartheid* y el nativo deberá pagar el precio de renunciar a su cultura para adoptar la de los que fueron los amos. Vargas Llosa se pregunta retóricamente si no es ésa la única vía realista para la integración nacional, "tal vez, el ideal, es decir, la preservación de las culturas primitivas de América, es una utopía incompatible con otra meta más urgente: el establecimiento de sociedades modernas, en las que las diferencias sociales y económicas se reduzcan a proporciones razonables, humanas, en las que todos puedan alcanzar, al menos, una vida libre y decente" (*Contra viento y marea III* 377). En esta convicción de Vargas Llosa se halla su desencuentro fundamental con propuestas de modernización que apuestan por preservar epistemologías distintas (pues en el Perú coexisten varias naciones) a la racionalidad occidental y modos de vida diferentes a los que promueve el capitalismo, como el proyecto de nación implícito en la propuesta de "todas las sangres", de José María Arguedas.[32] En realidad, la inserción del Perú en la modernidad es compleja, y ciertamente no es unívoca[33], pues América Latina es fundamental para la elaboración del ego moderno (véase la Introducción), y las repúblicas que nacen en el siglo XIX lo hacen bajo los ideales ilustrados de autodeterminación social, lo que impuso un corte con la idea de un principio divino estructurador del mundo.[34] La tarea que Vargas Llosa se impo-

[32] Para las diferencias con el autor de *Los ríos profundos*, remito al ensayo que Mario Vargas Llosa le dedica: *La utopía arcaica. José María Arguedas y las ficciones del indigenismo*, en particular el capítulo XX.

[33] La renarración histórica del artículo de Vargas Llosa ha sido contestada por el historiador Franklin Pease en "Los Incas totalitarios: historia de un prejuicio". Para el tema de las distintas vías históricas a la Modernidad, véase Peter Wagner, *A Sociology of Modernity: Liberty and Discipline* (12-5).

[34] Como indica Norbert Lechner: "Since Weber, we have understood modernity as the process of disenchantment with the religious organization of the world. Religious society was characterized by the absolute anteriority and alterity of a divine principle as an inviolable guarantee of

ne se traduce en la promoción de una "cultura del éxito" (178) y una convicción de sorprendente simplismo: "Hoy los países pueden elegir ser prósperos" (56). La ruta, como ya se dijo, es el libre mercado y su fundamento el liberalismo político y filosófico. Vargas Llosa presenta al liberalismo como una corriente de pensamiento novedosa en el ámbito peruano. Uno de los méritos del Encuentro por la Libertad del 21 de agosto de 1987 en la Plaza San Martín habría consistido, dice, en abrir "las puertas de la vida política peruana a un pensamiento liberal que hasta entonces carecía de presencia pública, pues nuestra historia había sido un monopolio de populismo ideológico de conservadores y socialistas de distintas variantes" (50). Esto no es exacto. El credo liberal, que sustentó intelectualmente la emancipación de Hispanoamérica, introdujo en las nuevas repúblicas ideas tomadas de la Ilustración: constitución escrita, noción de ciudadanía, rechazo del autoritarismo, libre competencia, libertad individual, derecho al sufragio universal, igualdad de los ciudadanos ante los poderes del Estado, separación de la Iglesia y el Estado. Así mismo, difundió nociones tomadas de pensadores como Charles Darwin, Auguste Comte y Herbert Spencer. Una idea clave en el enfoque eurocentrista liberal fue que el "progreso" se alcanzaría incorporando las nacientes repúblicas al sistema industrial. No compete aquí recapitular la historia del liberalismo en Hispanoamérica, sus diversos matices y contradicciones, así como sus logros; importa, más bien, indicar su carácter de factor decisivo en la creación de los modelos identitarios de aquellas sociedades, como la peruana, donde se le introdujo (González Stephan, 44-59; Romero, 155-71; Zea 129-38). En efecto, en el Perú el liberalismo no ha sido ajeno a la vida política ni carece de responsabilidad con respecto al diseño de la sociedad peruana,[35] baste con recordar que el primer código civil peruano (1852) tuvo inspiración liberal y que el lapso que va de 1850 a 1870, período de auge liberal, vio un replanteamiento no exento de contradicciones en el tratamiento que el Estado daba a los indígenas debido a la incapacidad de la oligarquía limeña para lograr consenso al respecto.[36] Éste no es un aspecto fútil, pues ha sido el liberalismo

order. This radically separates foundation, as well as the world-order itself, was totally removed from human disposition. Modernity consists of a break with this transcendental foundation and the recovery of social reality as a system determined by human disposition. By affirming their autonomy, human beings are irredeemably charged with organizing their own cohabitation" (149).

[35] En "La revolución silenciosa" (*Contra viento y marea III*, 333-48), prólogo al trabajo de Hernando de Soto, *El otro sendero* (1986), Vargas Llosa niega que en el Perú haya existido liberalismo económico; sobre la ideología liberal, el autor de *La casa verde* nada dice. Es claro que se busca afianzar la idea del liberalismo como "novedad" en el ámbito peruano. Sobre el liberalismo peruano, véase Raúl Ferrero, *El liberalismo peruano. Contribución a una historia de las ideas. Ensayo, textos y notas*.

[36] Como indica Brooke Larson: "These liberal decades (1850s to 1870s) thus opened a new era in Indian-state relations. But like the earlier episode of 'enlightened liberalism' of the 1820s, this

uno de los agentes que, tensionado por las contradicciones internas de una sociedad estratificada como la peruana, ha contribuido a que la estructura de clases que venía desde la colonia no fuese desmantelada, tal como ocurrió en otros países de Hispanoamérica donde modelos constitucionales de inspiración liberal se impusieron, modelos que, hay que recordarlo, dispusieron la exclusión de la ciudadanía para amplios si no mayoritarios sectores de la población (González-Stephan, "On Citizenship: The Grammatology of the Body-Politic" 385-96). No será casual, entonces, que el tema racial reaparezca en el centro del convulso proceso electoral que Vargas Llosa protagonizó, pues su candidatura pareció aglutinar justamente a aquellos sectores que, conscientemente o no, se beneficiaban del "mercantilismo de la piel" ya mencionado. Comentando un mitin que tuvo lugar durante segunda vuelta lectoral, Vargas Llosa indica:

> Cuando me hicieron ver el vídeo de un mitin en Villa. El Salvador del 9 de mayo, en el que Fujimori utilizaba, de esta manera desembozada el tema racial –lo había hecho ya antes, en Tacna– definiendo la contienda electoral ante las empobrecidas masas indias y cholas de los pueblos jóvenes, como una confrontación entre los blancos y los oscuros, lo lamenté, porque azuzar de esa manera el prejuicio racial significaba jugar con fuego, pero pensé que iba a dar buenos réditos electorales. Rencor, resentimiento, frustración de gentes secularmente explotadas y marginadas, que veían en el blanco al poderoso y al explotador podían ser maravillosamente manipulados por un demagogo, si repetía algo que, por lo demás, tenía base: que los blanquitos del Perú parecían apoyar como un solo bloque mi candidatura (508-9).

El que Vargas Llosa no haya previsto que este elemento irrumpiría deriva de una profunda desconexión con el país que aspiraba a gobernar, o bien de una *fuga hacia adelante* que lo llevaba a soslayar algo que era del todo claro para un hombre mucho menos inteligente y sofisticado que él pero en estrecho contacto con la realidad peruana, Ricardo Belmont, el comunicador que se convirtió en alcalde de Lima en 1990. Sin mayores dificultades, Belmont captó la conexión entre ubicación social y raza, de un lado, y, de otro, advirtió el potencial rechazo que un candidato "blanco" podría suscitar entre el electorado popular. Así, cuando en julio de 1989 se reúne con Vargas Llosa, Belmont indica: "A mí, mi propia clase, la burguesía, me desprecia, porque hablo en jerga y porque me creen un

period was one of liberal reformism and illiberal backsliding because the Limeño oligarchy could not forge any kind of consensus, much less assemble a coherent government strategy, to diagnose and tackle the Indian problem. The midcentury liberal vanguard was torn between free-trade ideologies and authoritarian impulses, between assimilative programs and segregationist projects, and between economic optimism and racial anxiety." (152). Sobre este mismo tema es importante el estudio de Nils Jacobsen, "Liberalism and Indian Communities in Peru, 1821-1920".

inculto. En cambio, *aunque sea un blanquito*, los cholitos y los negros de los pueblos jóvenes me tienen mucha simpatía y votarán por mí" (152) [énfasis añadido]. El antídoto de que se valió Belmont fue su estilo sencillo que lo libró de ser asociado con la arrogante minoría blanca adinerada:

> Es verdad que el poder económico suele concentrarse en la pequeña minoría de ancestros europeos y la pobreza y miseria –esto sin excepción– en los peruanos indígenas y de origen africano. Esa minúscula minoría blanca o emblanquecida por el dinero y el ascenso social no ha ocultado jamás su desprecio hacia los peruanos de otro color y otra cultura, al extremo de que expresiones como "indio", "cholo", "negro", "zambo", "chino" tienen en su boca una connotación peyorativa (556).

Sorprende que Vargas Llosa se percate *post festum* de realidades que parecerían haber sido siempre claras para él, conforme queda claro en su obra literaria.[37] También llama la atención su talante defensivo al definirse racialmente: "Él [el tema racial] no se apartó ya de la campaña y un número indeterminado –pienso que alto– de votantes fue sensible a él, sintiendo que, al votar por un amarillo contra un blanco (es lo que parece que soy, en el mosaico de las razas peruanas), cumplía un acto de solidaridad y de desquite étnicos" (561). Y defensiva parece su descripción del carácter multidireccional de la discriminación racial en el Perú:

> Cuando se habla de prejuicio racial, se piensa de inmediato en el que alienta aquel que tiene una posición de privilegio hacia el que se halla discriminado y explotado, es decir, en el caso del Perú, el del blanco hacia el indio, el negro y las distintas variantes del mestizo (el cholo, el mulato, el zambo, el chinocholo, etcétera), pues, simplicando (sic) –y, en lo que concierne a las últimas décadas, simplicando (sic) mucho–, es verdad que el poder económico suele concentrarse en la pequeña minoría de ancestros europeos y la pobreza y miseria –esto sin excepción– en los peruanos indígenas y de origen africano. (...) Ahora bien, paralelos y recíprocos a estos sentimientos y complejos, existen los prejuicios y rencores de las otras etnias o grupos sociales hacia el blanco y entre sí, superponiéndose y cruzándose con ellos las actitudes despectivas inspiradas en lealtades geográficas y locales. (Como, después de la Conquista, el eje de la vida política y económica peruana se desplazó de la sierra a la costa, desde entonces el costeño pasó a despreciar al serrano y a mirarlo

[37] Esta falta de percepción quizá se explique por la poca atención que la teoría política occidental, y el liberalismo en particular, conceden a lo corporal. Como indican Andrew Edgar y Peter Sedgwick: "In western political theory, the body is again ignored until recently. Liberalism, for example, adopts a model of human being that stresses rationality. As such, it is the human intellect that matters. Indeed, the unrestrained pursuit of bodily desires may be theorized as a threat to political order" (46).

> como a un inferior.) No es exagerado decir que, si se radiografía de manera profunda a la sociedad peruana, apartando aquellas formas que los encubren, y que son arraigadas en casi todos los habitantes de ese "país antiguo" que somos –la antigüedad es siempre forma y ritual, es decir disimulo y ficción–, lo que aparece es una verdadera caldera de odios, resentimientos, prejuicios (556-7).

Es innegable que el prejuicio racial en el Perú no transcurre en una sola dirección, pero Vargas Llosa omite señalar el carácter reactivo de la discriminación practicada por el grupo no blanco. Esto es muy notorio en el capítulo XX, donde se recupera la enrarecida atmósfera de confrontación política perturbada por la subyacente contienda racial que descolocó entonces a algunos de los partidarios de Vargas Llosa y descoloca ahora el discurso de *El pez en el agua*, el cual parece temeroso de ofender a alguien si lo adscribe a un grupo racial "subalterno", por lo que se atenúa la potencial violencia vía la disminución del atributo problemático ("negrito", "blanquito", "chinito", "cholito"). Sin duda, el texto carece de la perspicaz comprensión de lo racial evidente en las tres primeras novelas del autor o en artículos como "Yo, un negro" (*Contra viento y marea III*, 19-22) y "Mi hijo, el etíope" (*Contra viento y marea III*, 323).

Paradojas de la política peruana: el decidido rechazo a la discriminación racial constituye un elemento que diferenciaba a Mario Vargas Llosa rotundamente del grupo que se sintió representado por su candidatura; pero de sus propios partidarios partió el empleo de la raza como elemento descalificador de su contrincante, cosa que reconoce el propio autor y que le sirve para recordar que en su propia familia se segregó a una tía suya, la tía Eliana, debido a su matrimonio con un "oriental" (557). Este desencuentro específico respecto al concepto de ciudadanía, tal es el núcleo del diferendo, echa dudas sobre la racionalidad de las alianzas que el liberal Vargas Llosa estableció. Contradictoriamente, Vargas Llosa lamenta que los peruanos voten por imágenes, símbolos, mitos, antes que por ideas (95). No parece habérsele ocurrido que si los ciudadanos prestan poca atención a las ideas aquello tal vez se deba a una lógica y natural desconfianza hacia *el discurso* en un país donde la praxis del político en el poder se halla muchas veces divorciada de las que fueron sus propuestas cuando aspiraba al poder político. Es por ello que los electores, muy racionalmente, se ven impulsados a buscar las certezas que el discurso no proporciona en otros ámbitos semióticos; por ejemplo, en el plano de los símbolos o en las alianzas de los candidatos. Y, con la distancia que da el tiempo, puede decirse que ése fue uno de los elementos con más peso en la derrota del autor, quien termina por admitirlo un poco a regañadientes en el mismo pasaje en que intenta negarlo. "Pero la alianza con quienes habían gobernado entre 1980 y 1985 contribuyó a que la confianza popular en el Frente –que existió a lo largo de casi toda la campaña–

fuera precaria y, en un momento dado, se eclipsara" (96). ¿Qué llevó a Vargas Llosa a aliarse con quienes estuvieron en el gobierno entre 1980 y 1985? La explicación no puede pasar por la afinidad ideológica, pues como queda establecido en los capítulos cuarto y duodécimo ("El Frente Democrático" e "Intrigantes y dragones", respectivamente), muchos de los que apoyaban su candidatura no pensaban como él ni tampoco lo entendían (los empresarios mercantilistas, los caciques, los mediocres, los oportunistas, los populistas, etc.). Carlos Iván Degregori entiende que el peso decisivo se ubicó en la "vinculación umbilical" del autor a los sectores criollos tradicionales (Degregori 89), mientras que Alma Guillermoprieto apunta "the possibility that, as an adult, he [Vargas Llosa] never ceased feeling illegitimate and deferential in the presence of the moneyed class, and willing to suspend disbelief" (177). A decir verdad, ninguna de las dos explicaciones convence del todo; sin embargo, algunos pasajes de *El pez en el agua* llevan a pensar que la sospecha de Guillermoprieto podría tener cierto grado de verdad. Compárese, si no, la caracterización de Jeremías Ortiz Arcos, "cholo fuerte y astuto de enmarañadas crenchas recogidas en trenzas y de estudiadas poses" (486) y la mención del "negrito" condiscípulo en la Alianza Francesa (258) con las respetuosas menciones a los empresarios "Don Gianflavio Gerbolini" (290-1) y "Don Santiago Gerbolini" (41).

Hay que retomar *Politik als Beruf* para comprender la dificultad de Vargas Llosa en las aguas de la política. Max Weber contrapone dos tipos de ética. Una, a la que denomina ética de convicción (*Gesinnungsethik*), es la de aquel que actúa guiado por principios que coloca por encima de cualquier otra consideración, desentendiéndose de las consecuencias prácticas que acarree su accionar, de modo que la responsabilidad por las consecuencias negativas de su conducta se achaquen a la imperfección del mundo, la estupidez de los seres humanos o, finalmente, la voluntad divina; la otra ética, la ética de responsabilidad (*Verantwortungsethik*), por el contrario, exige del sujeto cabal conciencia y previsión de las repercusiones de sus actos. Para Weber la primera, que es la del intelectual, es desaconsejable, pues quien la asuma no será capaz de tolerar la irracionalidad ética del mundo (Weber 83-6). Es claro que Vargas Llosa ha optado conscientemente por la primera. Más aún, a la luz de lo que expone en un texto posterior, "La moral de los cínicos", él considera que el uso de la moral de responsabilidad como coartada ha generado la crisis del sistema democrático-liberal contemporáneo (*Desafíos* 133-8). Acaso convendría preguntarse si el ideal de triunfar en una una elección presidencial ciñéndose a la ética de convicción no conlleva una cierta dosis de autoengaño por dos motivos: primero porque en 1990 Vargas Llosa era cualquier cosa menos alguien ajeno a la política activa: Fernando Belaunde le había propuesto las embajadas en Londres y Washington, el Ministerio de Educación e incluso, el Premierato en su segundo gobierno (Lauer, *El sitio* 99), por lo que era previsible hasta para Carlos Barral que el autor de *La ciudad y los perros* tentaría la presidencia del Perú (*Semana de autor* 11). Segundo motivo: el rigorismo de la ética de convicción que el autor exhibe y exige es minado por su tolerancia a un doble estándar en la evaluación de la conducta de otros, como se verá más adelante. Por ahora, basta con recordar que una ética de convicción coherentemente asumida tendrá que repudiar todo accionar que involucre medios moralmente dudosos (Weber 85), lo que no es el caso con Vargas Llosa, quien acepta, a disgusto, ciertos aspectos turbios en su campaña; por ejemplo la presencia de los caciques, oportunistas, omnipresentes e hipócritas aduladores, nepotistas, que se apoderan de algunos comités de provincia del Movimiento Libertad, a lo que el autor solo atina a comentar resignadamente: "¿Cómo cambiar algo tan visceralmente incorporado a nuestra idiosincrasia?"(183).

El doble estándar del autor se expresa mejor en su diatriba contra el intelectual "progresista" o "barato". Aquellos que conscientemente proceden con deshonestidad al divorciar la praxis de la prédica:

> Matasietes antiimperialistas en sus manifiestos, artículos, ensayos, clases, conferencias, leyéndolos cualquiera hubiera creído que habían hecho del odio a Estados Unidos un apostolado. Pero casi todos ellos habían solicitado, recibido y muchos literalmente vivido de becas, ayudas, bolsas de viaje, comisiones y encargos especiales de fundaciones estadounidenses, y pasado semestres y años académicos en las entrañas del monstruo (según la expresión de José Martí) alimentados por la Guggenheim Foundation, la Tinker Foundation, la Mellon Foundation, la Rockefeller Foundation, etcétera, etcétera. Y todos gestionaban frenéticamente y muchos conseguían, por cierto, ir a injertarse como profesores a esas universidades del país al que habían enseñado a sus alumnos, discípulos y lectores a execrar como responsable de todas las calamidades peruanas. ¿Cómo explicar ese masoquismo de la especie intelectual? ¿Por qué esa desalada carrera de tantos hacia el país cuyas vesanias vivían denunciando, denuncias gracias a las cuales habían construido, en buena parte, sus carreras académicas y su pequeño prestigio de sociólogos, críticos literarios, politólogos, etnólogos, antropólogos, economistas, arqueólogos o poetas, periodistas y novelistas? (339).

Esta "esquizofrenia ética" (338) los instala en una "inautenticidad" que conduce a la "devaluación del discurso, el triunfo del estereotipo y de la vacua retórica, de la palabra muerta del eslogan y el lugar común sobre las ideas y la creatividad" (341). Vargas Llosa no especifica cómo entiende el concepto de "inautenticidad" y menos aún su antónimo, "autenticidad". Si bien la autenticidad es un valor de cuño romántico, es lícito pensar que en Vargas Llosa funciona en su acepción existencialista, pues alguna vez adhirió a esa corriente de pensamiento tal como la configurara Jean Paul Sartre: la "autenticidad", virtud existencialista por excelencia, consiste en un proyecto en que el individuo asume plenamente su libertad y su responsabilidad por la situación en que se halla a la vez que acepta su constante libertad de elección en un mundo marcado por lo imprevisible y la finitud (Cox 15-6).

Pero las apreciaciones de Vargas Llosa adolecen de inconsistencia. Un par de ejemplos. El autor de *La guerra del fin del mundo* objeta que el "católico-socialista" Antonio Cornejo Polar consiga trabajo en un departamento de español de una universidad estadounidense. Es evidente que hay un cortocircuito lógico que lleva a confundir un sistema económico con una nación. Vargas Llosa parece ignorar, además, que los intelectuales latinoamericanos, como ocurre con diversos actores sociales, propenden al nomadismo, que se ha intensificado por los procesos de dislocación en el campo de la economía cultural derivados de la globalización, por lo que sus señas de identidad ya no pueden ser aprehendidas por binarismos inconducentes como los de centro / periferia, interior / exterior, norte / sur, global / local, por mencionar los más obvios. La exigencia de que el intelectual se arraigue en un lugar cuyo sistema político se ajuste a la ideología que él profesa, entraña un flagrante anacronismo.[38] La crítica de Vargas Llosa, además, pasa por alto el valor intrínseco de la producción de Cornejo Polar. Para perfeccionar este argumento vienen en mi ayuda lúcidos pareceres del propio autor expuestos en "Literatura y exilio", artículo firmado en Londres a inicios del memorable 1968. Confutando el "reproche moral" que se lanza a los escritores que viven fuera de su país, Vargas Llosa denuncia el error de juzgar al escritor "por sus costumbres, sus opiniones o su domicilio, y no por lo único que puede ser juzgado, es decir por sus libros, porque tienden a valorar éstos en función de su vida, cuando debía ser exactamente lo contrario" (*Contra viento y marea I*, 148). Cámbiese la palabra "escritor" por "intelectual" y se tendrá una refutación precisa.[39]

Julio Ramón Ribeyro (1929-1994), el notable escritor peruano, maestro del cuento y amigo de Mario Vargas Llosa merece un áspero pasaje. Vargas Llosa no olvida el respeto que inspiraba la figura de Ribeyro en el grupo de jóvenes escri-

[38] *Cf.* Julio Ramos: "Migratorias" y "Genealogías de la moral latinoamericanista: el cuerpo y la deuda de Flora Tristán". Para una perspectiva de mayor amplitud sobre los nuevos entornos provocados por el "capitalismo desorganizado", remito al libro de Arjun Appadurai, *Modernity at Large: Cultural Dimensions of Globalization*.

[39] Siguiendo su propia lógica, sería interesante saber cómo explicaría Mario Vargas Llosa que viajara a Europa con una beca conmemorativa del ideólogo racista Javier Prado, que se instalara en la España franquista y que en la década de los 60s desdeñara la "Cuba de sus amores ideológicos" por Francia, país colonialista donde habitó por más de un lustro.

tores entre los que él mismo se contaba durante los años 50s (313); sin embargo, el texto dedica más espacio a una amarga evocación del autor de *La palabra del mudo*:

> En los días de la estatización de la banca, la prensa aprista difundió, con mucho bombo, unas declaraciones furibundas de Julio Ramón Ribeyro, desde París, acusándome de identificarme 'objetivamente con los sectores conservadores del Perú' y oponerme 'a la irrupción irresistible de las clases populares'. Ribeyro, escritor muy decoroso, hasta entonces amigo mío, había sido nombrado diplomático ante la Unesco por la dictadura de Velasco y fue mantenido en el puesto por todos los gobiernos sucesivos, dictaduras o democracias, a los que sirvió con docilidad, imparcialidad y discreción. Poco después, José Rosas-Ribeyro, un ultraizquierdista peruano de Francia, lo describía en un artículo de Cambio, trotando por París con otros funcionarios del gobierno aprista en busca de firmas para un manifiesto en favor de Alan García y de la estatización de la banca que firmaron un grupo de 'intelectuales peruanos' establecidos allí. ¿Qué había tornado al apolítico y escéptico Ribeyro en un intempestivo militante socialista? ¿Una conversión ideológica? El instinto de supervivencia diplomática. Así me lo hizo saber él mismo, en un mensaje que me envió en esos mismos días [y que a mí me hizo peor efecto que sus declaraciones], con su editora y amiga mía, Patricia Pinilla: 'Dile a Mario que no haga caso a las cosas que declaro contra él, pues son coyunturales' (344-5).

Fue entonces cuando Vargas Llosa cayó en la cuenta de que el endeble y subdesarrollado edificio cultural peruano impide que los intelectuales puedan ganarse la vida sin someterse "a los mitos y símbolos del establecimiento revolucionario y socialista" a fin de evitar la "marginación y frustración profesional" (345); no obstante, un poco más adelante, evoca el artículo homónimo de 1979 en que expresaba opiniones semejantes (346). Las acciones de Ribeyro, entonces, solo vinieron a confirmar chocantemente juicios que el autor tenía asumidos desde mucho antes. Ahora bien, ¿desde cuándo comienza Vargas Llosa a sentir repugnancia moral por el autor de *La palabra del mudo*? Ribeyro trabajó para la dictadura de Velasco como representante peruano ante la UNESCO en los años 70s; sin embargo, en los tiempos de la primera fase de la "revolución peruana" (1968-1975) a Vargas Llosa no parecían incomodarle las dictaduras en demasía.[40] Llegado a este punto parece útil evocar un retrato de Vargas Llosa

[40] Esto se demuestra en la carta abierta del 22 de marzo de 1975 que Vargas Llosa envió desde México al jefe de estado peruano, general Juan Velasco Alvarado, cuyo golpe de Estado en 1968 contra su futuro aliado político Fernando Belaúnde Terry no condenó, para protestar por la clausura de la revista *Caretas*, la detención de sus periodistas y la deportación de su director. Si bien Vargas Llosa cuestiona con firmeza la intolerancia de la "revolución peruana" y la censura a la prensa, no

que provee el propio Julio Ramón Ribeyro en la entrada del 4 de julio de 1971 de su diario íntimo *La tentación del fracaso*:

> Mario Vargas Llosa a almorzar en casa, con Patricia y sus dos hijos. Uno de los tantos encuentros esporádicos, en los últimos años, desde que, digamos, subió al carro de la celebridad. Difícil comunicación, a pesar de la presencia de Alfredo Bryce. En MVLl hay una afabilidad, una cordialidad fría, que establece de inmediato (siempre ha sido así, me doy cuenta cada vez más) una distancia entre él y sus interlocutores. Noté esta vez, además, una tendencia a imponer su voz, a escuchar menos que antes y a interrumpir fácilmente el desarrollo de una conversación que podía ir lejos. Quizá esta especie de indiferencia o de olímpica capacidad de flotación –estar presente y al mismo tiempo no estarlo– sea un privilegio del talento. Todo esto naturalmente hace de él una persona impenetrable (...). MVLl da la impresión de no dudar de sus opiniones. Todo lo que dice para él es evidente. Él posee o cree poseer la verdad. No obstante, conversar con él es casi siempre un placer por la pasión y el énfasis que pone al hacerlo y su tendencia a la hipérbole, lo que hace de su discurso algo divertido y convincente (165-6).

¿Hay aquí una plausible explicación del posterior rechazo de Vargas Llosa a Ribeyro? Quizá. O quizá éste se explique por la inexistencia de rasgos extremos en el autor de *La palabra del mudo*. Esto se hace más patente si comparamos su efigie con la de otro gran artista peruano a quien Vargas Llosa parece admirar sin reservas y ya mencionado: César Moro, quien mantiene incólume para el autor de *La casa verde* el prestigio de una rebeldía invicta ante las convenciones burguesas y la pureza de un compromiso estético y humano que lo llevó a convertirse en un exiliado interior en el Perú, así como dentro del surrealismo. Pero hay un aspecto más personal: Mario Vargas Llosa tuvo a Moro como profesor justamente en ese Colegio Militar Leoncio Prado representado con trazos terribles en *La ciudad y los perros*. Moro enseñaba francés y sus atildadas maneras, su condición de poeta y los rumores sobre su homosexualidad lo convirtieron en víctima de los alumnos, entre ellos el propio autor, quienes se dedicaban a atacarlo con groserías de todo tipo y calibre. Ante este escarnio, Moro no reaccionaba punitivamente sino que soportaba la afrenta porque –arriesgada conjetura de Vargas Llosa– la salvaje reacción que provocaba su presencia le divertía de un modo extraño pero en sintonía con la actitud lúdica del surrealismo (126-7).[41]

deja de elogiar medidas como "la entrega de la tierra los campesinos, la participación de los trabajadores en la gestión y propiedad de las empresas, el rescate de las riquezas naturales y la política internacional independiente" (*Contra viento y marea I*, 227).

[41] Robert Richmond Ellis interpreta la conducta de Moro de otra manera: "Moro's situation is the classic double bind of the harassed gay or lesbian: he can remain silent and hence complicitous

Esta peligrosa fruición, ¿consume también a Vargas Llosa, tan afecto a la confrontación, tan acostumbrado a decir lo que ha de espolear la inquina contra él?, ¿buscaba, tal como hacía Moro, "ponerse a prueba y explorar los límites de su propia fortaleza y los de la estupidez humana"? *El pez en el agua* no ofrece respuesta a esta interrogante pero, en todo caso, la campaña presidencial *también* enriqueció a Vargas Llosa en ese nivel, proporcionándole una experiencia análoga a la que vivió el autor de *La tortuga ecuestre* (462).

No obstante, el texto proporciona un caso en que la ambigüedad política le resulta tolerable a Vargas Llosa. Javier Silva Ruete, notoria figura de la política peruana, amigo de infancia del autor en la entrañable Piura es mencionado siempre bajo la luz de la simpatía y el entusiasmo provocados por el afecto y la evocación de las aventuras juveniles: la huelga de estudiantes recreada en "Los jefes" (224-6), el discurso en contra del odriísmo que Vargas Llosa escribió y Silva Ruete leyó en el Teatro Segura (316), la fuga con Julia Urquidi (359-66). Silva Ruete adhiere a la empresa política de Vargas Llosa, quien proyecta confiarle el tema de las privatizaciones, en caso de convertirse en presidente (403). Como Ribeyro, Silva Ruete sirvió a gobiernos democráticos (Ministro de Agricultura durante el primer gobierno de Fernando Belaúnde) y dictaduras (Ministro de Economía y Finanzas durante el gobierno de Francisco Morales Bermúdez; vale decir durante la segunda fase de la "revolución peruana"), pero Vargas Llosa decide pasar por alto esto, pues ni se distancia de él en lo personal ni denuncia su sumisión del pasado a la dictadura. Se dirá que tal vez lo que explique el doble estándar de Vargas Llosa reside, finalmente, en que uno de ellos lo secundó y el otro no, pero esa interpretación resulta invalidada por lo que dice el propio autor al comentar la evolución de su amistad con Silva Ruete:

> Nos habíamos visto poco cuando él era ministro de la dictadura militar y mientras asesoraba a Alan García. Pero cuando nos veíamos, en alguna reunión social, el afecto recíproco estaba siempre allí, más sólido que lo demás. Cuando los sucesos de Uchuraccay, luego del informe de la comisión que yo escribí y defendí en público, La República llevó a cabo una campaña contra mí que duró muchas semanas, en la que al falso testimonio y la mentira sucedía el insulto, a extremos de monomanía. Que ello ocurriera me apenó menos, por supuesto, que tuviera como órgano un periódico del que era dueño uno de mis más antiguos amigos. Pero incluso a esta experiencia sobrevivió nuestra amistad (404-5).

Esta excepción insufla en *El pez en el agua* una refrescante corriente de aire que parece provenir de la vida cotidiana y descarga al libro del rigorismo moral

with his tormentors, or he can report them and in so doing risk even greater peril by drawing attention to the sexuality for which he is being attacked" (228).

y el maniqueísmo que se apodera de él no solo en la esfera de la política. Y es que en este texto abundan los binarismos netos, los antagonismos drásticos. Esta característica podría relacionarse con una de las dicotomías fundacionales del Estado-Nación en América Latina: la oposición civilización/barbarie que, como hemos visto, vuelve una y otra vez en el texto, así como la concepción del dualismo del Perú, idea que gobierna la campaña política en su totalidad.

Lo que la vida cotidiana no llega a proporcionar al autor son dudas respecto a la mentalidad desde la que juzga y evalúa los acontecimientos. Una mentalidad que no difiere tanto de los ideales revolucionarios a los que adhirió de joven, pues a un metarrelato socialista contrapone ahora un metarrelato protagonizado por el racionalismo económico del liberalismo. En ambos casos, se sostiene una emancipación teleológicamente dirigida y unidireccional. De otro lado, el liberalismo de Vargas Llosa postula como su centro al sujeto racional y libre que se autodefine a partir de sus elecciones en el mercado en un intento de maximizar su beneficio personal. Ocurre, sin embargo, que en el mundo del capitalismo globalizado que se vivía ya en 1990, cuyos grandes agentes son las corporaciones, no parece que haya lugar, justamente, para ese individualismo pionero del capitalismo primitivo (Jameson, *The Cultural Turn*, 5-7).[42]

Lo que si proviene de la vida diaria es el elemento farsesco, jamás ausente en la política peruana. El recuento de *El pez en el agua* lo sirve a manos llenas: la celebración del segundo aniversario del Movimiento Libertad de la que lo más destacado por la prensa opositora son las nalgas de las rumberas que animaron el evento (155-6); la lectura de *Elogio de la madrastra* en el canal del Estado para presentar al autor como pornógrafo (460-1); la "carreras de obstáculos" organizadas en Palacio de Gobierno en que militares y el Presidente deben salvar copas de licor (475); la ocasión en que el autor casi se ahoga al darle de lleno en la boca un proyectil de pica pica lanzado desde una bazuca por una de sus partidarias (536); la propuesta de activar, mediante un dispositivo electrónico, la imagen del Señor de los Milagros para que pronuncie el nombre de Vargas Llosa al final del recorrido de una procesión (554); el fotomontaje que muestra al autor rodeado de mujeres desnudas (567); el penoso debate entre los candidatos presidenciales en el que Fujimori lee no solo sus intervenciones sino sus réplicas y sus dúplicas (lleva todo anotado en fichas blancas) (570). Pero el colmo es el hundimiento de la candidatura de Vargas Llosa cuando un desconocido Alberto Fujimori Fujimori emerge de no se sabe bien dónde. Auténtico *dark horse* cuya candidatura, en un comienzo, no parece ni siquiera suficientemente folclórica, Fujimori

[42] La reciente crisis del sistema financiero mundial no ha decepcionado al Vargas Llosa del capitalismo ni del liberalismo. Al respecto, véase "La era de la sospecha" (*El País*,,19 de octubre de 2008).

irrumpe en escena y amenaza el hasta entonces inevitable triunfo de Vargas Llosa. De poco sirve que se constate la carencia de sólidas bases programáticas en el caso del ingeniero de ascendencia nipona, lo cierto es que Fujimori consigue un sorprendente resultado del 25 por ciento en la primera vuelta electoral, frente al 36 por ciento que obtiene el autor (495), lo que lo coloca en la posición de disputar la presidencia de la república. Vargas Llosa se percata de que Fujimori, más allá de cuán improvisada sea su candidatura e insubstancial su propuesta, va a convertirse en presidente gracias a los electores que dieron su voto al APRA y a la izquierda. Se ha producido, pues, una peripecia por la cual el autor pasa de largamente favorito y seguro vencedor a la posición de candidato condenado a la derrota y atrapado en un proceso electoral al que le resulta imposible sustraerse. Existen coincidencias entre Alberto Fujimori y Ernesto J. Vargas: ambos son "personajes oscuros, de orígenes raciales y sociales confusos, marcados por la mezquindad, la mediocridad y el resentimiento, encarnaciones de los males nacionales" (Esparza 47); ambos se vinculan al tópico de la usurpación y el robo: Fujimori parece "robar" el espacio independiente de Vargas Llosa, así como el nombre de su movimiento, Cambio 90, se apropiaba del lema del Frente Democrático, "El cambio en libertad". Además, observa una coincidencia numérica: el padre reaparece cuando Vargas Llosa tiene diez años y Fujimori comienza a figurar en las encuestas diez días antes de las elecciones (Mudrovcic, "El pez en el agua. Notas en torno a una escritura de la rabia" 533). Si se acepta este paralelismo, se constata que Ernesto J. Vargas y Alberto Fujimori funcionan como instrumento de punición.

¿Qué castiga cada uno de ellos? El primero, la infancia dichosa al abrigo de un clan que proporcionaba "la estabilidad de un hogar burgués, el firme tramado de relaciones con otras familias semejantes, el referente de una tradición y un cierto distintivo social" (16). El segundo, el éxito incuestionable del autor, que ya había llevado a muchos colegas a atacarlo, disimulando la envidia mediante objeciones ideológicas (349) pero, sobre todo, ese mercantilismo de la piel del que, a ojos de la mayoría de la población, se había beneficiado el autor de *La casa verde,* así como aquellos a quienes él parecía representar. Para Vargas Llosa resulta claro que un número posiblemente alto de electores votó por Fujimori por "desquite étnico" (561) contra el Perú blanco, cumpliendo un ajuste de cuentas simbólico diferido desde el período de Velasco, gobernante cuya prédica alentó que aflorara toda una serie de resentimientos secularmente reprimidos (557-8). La derrota final es vivida por Vargas Llosa como una verdadera liberación que le permite retornar a su vocación y a Europa, el teatro donde esa vocación halló cauce y disciplina. Es, además, la cancelación de una etapa, pues si la partida a Europa de 1958 marca el inicio de la adultez del artista, ésta indica que el niño en política habría quedado atrás.

Un símbolo clave para entender el triunfo de Fujimori fue el tractor que le servía de vehículo ("fujimóvil"), el cual connotaba la "tecnología" que mitológicamente se codicia en el imaginario popular. Además, se presentaba como "ingeniero", vale decir como un técnico, lo que lo liberaba de la tarea de "persuadir" (Sarlo 227), tarea de la que no se hallaba exonerado Vargas Llosa, quien por temperamento parece más apto para la confrontación que para articular consensos. Pero en un nivel más hondo, el revés de Vargas Llosa confirmó rudamente los embates que viene sufriendo la cultura letrada en los imaginarios populares. En efecto, desde los tiempos del Inca Garcilaso de la Vega el intelectual hispanoamericano ocupa un *entre-lugar* complejo como mediador entre la metrópoli y los contextos locales, como funcionario colonial y portador de una conciencia protonacional; fue un traductor y un constructor cuyo poder se fincaba en la letra. El escritor Vargas Llosa, así, aparecía revestido de los atributos del *letrado* colonial: remoto e inaccesible cómplice de la dominación.[43] Las elecciones peruanas de1990, entonces, mostraron el cada vez más limitado impacto que figuras de este tipo pueden tener en escenarios dominados por el advenimiento de tele-tecnologías y sus tecnócratas, la imagen, el simulacro y la privatización de la cultura, administrada por el Estado cada vez menos. A pesar de cierto talante mercadotécnico, Mario Vargas Llosa se presenta en *El pez en el agua*, de un lado, bajo rasgos de cuño romántico: el escritor como héroe épico[44], donador de cultura y encarnación de los valores más elevados, que conduce al pueblo hacia un estadio en que la articulación del país con el mercado internacional traerá desarrollo y difundirá valores culturales más avanzados (Vidal 60-3) y, de otro, como un "mandarín intelectual", "alguien que ejerce un magisterio más allá de lo que sabe, de lo que escribe, y aun de lo que dice, un hombre al que una vasta audiencia confiere el poder de legislar sobre asuntos que van desde las grandes cuestiones morales, culturales y políticas hasta las más triviales" (*Contra viento y marea II* 240).

El héroe y el mandarín (así como el vate) poseen identidades "duras" y públicas hasta la médula. Ambos persiguen liderazgo y entre ambos son muy angostos los intersticios por donde pueda filtrarse una corriente de ironía o de humor.

[43] Se toma la noción de *letrado*, desde luego, del ya clásico estudio de Ángel Rama, *La ciudad letrada*. Rama emplea el término para denominar a una "pléyade de de religiosos, administradores, educadores, profesionales, escritores y múltiples servidores intelectuales" (25). Este grupo de funcionarios y burócratas, compuso un anillo protector del poder a la vez que sacralizó la escritura en una sociedad analfabeta (33).

[44] En lo más intenso de la campaña electoral, Vargas Llosa ironiza su predicamento en un poema dedicado a Hércules y sus trabajos. Es interesante que en el poema, titulado "Alcides", privilegie la línea materna de la genealogía del héroe, pues el nombre Alcides proviene de Alcmene, la madre del semidiós.

En el caso que veremos a continuación, el de Severo Sarduy, se produce una desintegración de los supuestos epistémicos y los módulos de representación en que se construyen Pablo Neruda y Mario Vargas Llosa. Sin embargo, el escritor cubano no se coloca bajo el mito del versus ni elabora un contramodelo sino que libera un inquieto plural de autobiografemas.

CAPÍTULO IV

Mística y máquina en los "Autorretratos", de Severo Sarduy

Severo Sarduy murió en Francia antes de cumplir sesenta años. Había nacido en 1937 en la isla de Cuba, de donde se marchó a Francia en 1959 con una beca para estudiar crítica de arte. No volverá nunca a su país natal.[1] En sus treinta y tres años de exilio parisino, Sarduy se desempeña como director de la colección latinoamericana de Éditions du Seuil y, después, la colección "Croix du Sud", de Gallimard; entra en contacto con el grupo *Tel Quel* y trabaja como periodista radiofónico. Con ser relevante, lo esencial no es cuanto se acaba de mencionar sino la elaboración de un corpus literario orgánico en que volvió una y otra vez sobre la escritura del yo, como quien ejecuta variaciones musicales sobre un tema o capta un paisaje desde distintos ángulos. Los textos de Sarduy que se analizarán a continuación son *El Cristo de la rue Jacob* (1987), su único libro propiamente "autobiográfico" y un conjunto de textos que Gustavo Guerrero y François Wahl recopilaron y agruparon en cinco apartados para la edición crítica de la *Obra completa* (1999) de Severo Sarduy: [1] "Severo Sarduy (1937-...)" (1975), "Para una biografía pulverizada en el número –que espero no póstumo– de *Quimera*" (1990), "Lady S. S." (1990); [2] "La noche escribe" (1971), "La metáfora del circo Santos y Artigas" (1985), "Soy una Juana de Arco electrónica, actual" (1985), "Así me duermo" (1990); [3] "Cromoterapia" (1990); [4] "Como vivíamos antes" (1988), "Exilado de sí mismo" (1990); [5] "Tibet sur Seine" (1989), "Encuentro con las divinidades coléricas y detentoras del saber" (1989), "Para recibir la aurora. La fabricación de los manuscritos sagrados en Tibet" (1989). Finalmente, "El estallido de la vacuidad" (1993).[2]

Severo Sarduy aborda la escritura del yo como autorretrato, no como autobiografía. La diferencia es notoria. El autorretrato no relata una cadena de eventos ni reconstruye una existencia; por el contrario, emplea el discurso discontinuo y opta por agrupar las constantes de la personalidad que presenta en "series" temáticas; sus principios son el montaje y la yuxtaposición anacrónica; su coherencia proviene de un sistema de reenvíos, superposiciones, o bien de la

[1] Para una informada biografía de Severo Sarduy, remito a Roberto González Echevarría, *La ruta de Severo Sarduy* (15-56).

[2] Todas las referencias a textos de Severo Sarduy provienen de su *Obra completa* (1999) a no ser que se indique algo distinto.

correspondencia entre elementos homólogos y substituibles que proporcionarán una "imagen" del sujeto en el presente. Por ello, la fórmula del autorretrato sería: "Je ne vous raconterai pas ce que j'ai fait, mais je vais vous dire qui je suis" (Beaujour 8-9). El autorretrato se plantea como escritura fragmentaria y, por ello, debe ser considerado bajo cuatro aspectos. Primero: el "pauperismo textual" implica una destilación de la prosa, lo que calza bien con la minuciosidad estilística de la escritura de Sarduy. En segundo lugar, libera un valor de "ruina", de huella de un texto virtual que invita al lector a una expansión imaginaria a partir de "residuos". Conecta, además, con el minimalismo, el detalle miniaturista y el apego a la economía y legibilidad (Susini-Anastopoulos 114-25); pero, sobre todo, el fragmento pulveriza la totalidad en notaciones parciales y asistémicas (Barthes, *Le grain de la voix* 226).

Quizá el texto de Sarduy que mejor se compagina con esta idea sea la cronología que redactó en 1975, "Severo Sarduy (1937-...)", humorística deconstrucción de la unicidad del "yo" y los discursos que lo producen.[3] En un pasaje de ella, Sarduy declara:

> Releo estas notas y me doy cuenta enseguida de que si tuviera que retrazar mi vida ahora mismo otra vez lo haría de un modo completamente diferente. Otra línea de sentidos, otros detalles. O quizás la escritura sea eso: poder inventar, cada vez, la vida: destruir el pasado: agua quemada (9).

Como ocurre en el caso de Margo Glantz, Sarduy recurre a la voz de los antecesores para relatar sus orígenes. En efecto, quien busque acceder a la trama

[3] Sarduy explica su visión de la autobiografía a Gustavo Guerrero: "De todos los géneros, el autobiográfico es el más brumoso y grosero. La vida no se puede contar en su vasta realidad, y el peor historiador de ese desatino a que fuimos lanzados un día sin que nos consultaran y del que ya no podemos salir, es el que lo padece. La verdad, no se puede decir toda. Alguien la percibe aún menos que los otros: el que trata de enunciar su vida en función de alguna verdad. De modo que para hablar de sí, lo primero es crear un código, un arbitrario, un artificio que pueda determinar lo que pertenece o lo que no pertenece a esa nueva verdad de la escritura. La Historia, los "grandes eventos" se adoptan casi siempre como punto de referencia y la vida narrada no es más que un satélite con relación a ese dudoso sol. Yo, en *El Cristo de la rue Jacob* adopté, como sol, al cuerpo. A mi propio cuerpo. Sólo cuenta pues, en ese abigarrado recuento, lo que dejó marca, lo que está inscrito en la piel, como un jeroglífico imborrable y mudo. Los hechos, mayores o no, de la vida, no cuentan en sí; sólo quedan consignados los que ya se escribieron, con su violencia dérmica. Comienzo por una espina que de niño me enterré en el cráneo. Sigo así, de arriba abajo, de la cabeza a los pies, narrando primero el hecho que deja la inscripción, y luego su repercusión anémica, su eco en la memoria. Así escribo mi autobiografía. En resumen, más que de una obra narrativa, se trata de un modelo, de una maqueta: cada uno puede contar así su propia historia aferrado a este código como a una baranda de salvación, sin afrontar el vacío de los hechos en su desorden, el caos de la vida, que no se genera más que en la violencia y la inestabilidad" (1836-7).

de su propia vida deberá considerar los relatos de los demás sobre él/ella puesto que toda historia individual se intersecta con otras historias. Más aun, la trama, que no el discurso, de una vida da comienzo con el nacimiento, pero precisamente ése es un evento al que solamente se accede mediante relatos dichos por otros. Así, quien se declara hijo de alguien y nacido en tales o cuales circunstancias, lo que en realidad hace es reciclar relatos ajenos en uno propio (Cavarero, *Relating Narratives* 37-40). Esto previene en contra de la noción de autoevidencia –pues la vida de uno desde el inicio está incompleta– a la vez que introduce un pacto implícito entre autobiografía y biografía pero también un error estructural de base. La madre de Sarduy recapitula el romance con el padre para su hijo, devenido narratario: "Esto fue un olvido: el día que conocí a tu papá recuerdo yo iba vestida con un traje que me gustaba mucho, de organza azul y una pamela blanca, o sombrero, que por esa época se usaban mucho, y mis zapatos crema muy lindos por cierto" (6). Se trata de un romance convencional en sus etapas que diseñan de modo sintético una estructura familiar pobre y tradicional de la zona de Camagüey vinculada a la economía azucarera: el padre, según nos cuenta el autor en "Para una biografía pulverizada en el número –que espero no póstumo– de *Quimera*", era jefe de una estación de ferrocarril (11). Un detalle anticipa el destino de Sarduy: su madre acepta los requerimientos amorosos del que será el padre del autor un 23 de abril, fecha en que muere Miguel de Cervantes (5). No fue el único signo: la partera pronosticó que el niño sería escritor y recomendó que le pusieran una medalla de Santa Teresa de Ávila con la pluma en la mano (7).

Pero el reconocimiento sarduyano de diversas trayectorias posibles en la refiguración de una vida conlleva, de un lado, un rechazo a la catacresis que extrapola un proceso figurativo a un proceso temporal para producir la idea de la "línea" de la vida (Miller, *Ariadne's Thread* 18-24) y, de otro, a una figuración del pasado donde los recuerdos se someten al modelo cronológico.[4] Aquí yace el germen de la "causalidad acrónica" que en el sistema de Sarduy recibe el nombre de *Retombée* (1987):

> Llamé retombée, a falta de un mejor término en castellano, a toda causalidad acrónica: la causa y la consecuencia de un fenómeno dado pueden no sucederse en el tiempo, sino coexistir, la 'consecuencia' incluso, puede preceder a la 'causa'; ambas pueden barajarse, como en un juego de naipes. Retombée es también una similari-

[4] Esta alternativa guarda semejanza con la escucha del analista, quien no se convierte en un historiógrafo del analizado ni presta absoluta atención a la totalidad de su relato, sino que se concentra en episodios significativos a través de los cuales se trasuntan los traumas que pueden explicar la neurosis (Sturrock, "The New Model Autobiographer" 55).

> dad o un parecido en lo discontinuo: dos objetos distantes y sin comunicación o interferencia pueden revelarse análogos, uno puede funcionar como el doble –la palabra también tomada en el sentido teatral del término– del otro: no hay ninguna jerarquía de valores entre el modelo y la copia (1370).

El barroco de Sarduy se encuentra bajo el influjo de las propuestas telquelianas que, *grosso modo*, pueden resumirse así: la escritura (*L'écriture*) se concibe a la luz de una evacuación del sujeto cartesiano y de la representación para abirse al juego autorreferencial y transgresor del lenguaje mismo en un movimiento de dispendio y erotismo contrario a la economía y la ideología burguesas, que el grupo examinó a la luz de las teorías de Karl Marx sobre el síntoma y Jacques Lacan sobre el *objet petit a*. Así mismo, *Tel Quel* presta especial atención a los procesos primarios de figuras recurrentes en la tradición psicoanalítica (el histérico, el pervertido y el esquizofrénico) para nutrir el aparato retórico de las prácticas culturales, políticas y de escritura (Lambert 125). Sarduy no asume acríticamente estos préstamos sino que los reubica en un esquema de amplitud diferente mediante una comprensión del barroco a partir de un modelo cosmológico. Al hombre del primer barroco, desorientado por la concepción kepleriana que trueca el círculo, de centro fijo, por la elipse, donde el foco se duplica (y que remite al tropo de la elipsis, en la que parte de lo significado se elide), corresponde en la actualidad un sujeto que atestigua el vértigo inducido por el modelo de la relatividad generalizada que postula un universo en expansión mediante un proceso repetitivo hacia el infinito (*Big Bang*). A ese neobarroco correspondería un trabajo literario de la materia fonética y gráfica en perpetua propagación (1242-9; 1370-2). El proceso que Sarduy describe puede subsumirse en la noción de "pliegue", tal como la plantea Gilles Deleuze en su lectura del barroco. En efecto, para el filósofo francés el barroco no es una época ni un estilo, menos aun una esencia, sino la operación de producir pliegues que se expande al infinito mediante diversas actividades como tensar/destensar, contraer/dilatar, comprimir/explotar, envolver/desarrollar, evolucionar/involucionar. El problema del barroco, por tanto, no consiste en acabar un pliegue sino cómo continuarlo. Cuando el pliegue deviene un método operativo su resultado es el despliegue (Deleuze, *The Fold* 1-6; 27-38). El pliegue responde a lo que cabe denominar la "dimensión fractal" que la compresión espacio-temporal de nuestra era produce (véase la Introducción). Un objeto fractal es todo aquel que posee una forma irregular, trunca o desigual, lo que impide que pueda describírsele o medírsele con exactitud mediante la geometría tradicional, pues ésta opera con entidades puras (círculo, cuadrado, triángulo, etc.). Para remediar este problema, fue necesario elaborar una nueva geometría, la fractal. Dando un paso más, es factible calificar de fractales los patrones de producción y recepción contemporáneos pues ellos asumen creativamente lo azaroso, lo irregular, lo fragmentario, lo teragónico y lo excesivo (Calabrese, *Neobaroque* 121-30).[5]

La dimensión fragmentaria es, curiosamente, también la del cuerpo, el cual es inaccesible en su totalidad, de ahí que se lo reconstituya a través de la imaginación.[6] La representación del cuerpo en el discurso autobiográfico usualmente cohesiona una pluralidad de manifestaciones dentro de las cuales el cuerpo cultural y el cuerpo político, inscritos en el cuerpo físico, no son las de menor importancia. Esa pluralidad no impide la ilusión de la unidad entre la identidad biológica y la cultural, pues a nivel social diferentes sistemas discursivos parcelan y combinan fragmentos disímiles del "yo" imponiéndoles atributos de normalidad (Smith, *A Poetics of Women's* 268). Desde esta perspectiva, una lectura crítica podría descomponer lo corpóreo en diversos regímenes que se revelan de modo asaz disímil a lo largo de los textos, o bien en una suma de "autobiografemas" pensados a partir de los "biografemas" que proponía Roland Barthes (*Sade, Fourier, Loyola* 14). O, si se quiere buscar otra analogía, podría verse la escritura de Sarduy como una *épure*, según la lectura de Horacio Costa, quien toma este término de la geometría descriptiva. La *épure* consiste en "hacer proyecciones en el plano de un objeto que se halla en el espacio, no representado en su totalidad, del que se conoce solamente un perfil arbitrario, parcial" (Costa 279), lo que, *mutatis mutandis*, se trasvasa a la escritura de Sarduy en sus autorretratos. Insuperable muestra de esto es la primera parte de *El Cristo de la rue Jacob*, titulada "Arqueología de la piel", Sarduy pasa revista a seis momentos de su vida a partir de la enumeración en orden descendente de cicatrices o inscripciones en el cuerpo: la huella de una espina enterrada en el cráneo, un corte en la ceja derecha, la de una apendicitis, dos incisivos fracturados y el labio inferior roto, el ombligo y la marca de una verruga que se le extirpó del pie (52-61).

La voz es el primer signo del otro. Su textura, entonación, rugosidad, timbre, deje (sustantivos del autor), centra y dobla o, mejor aun, pliega, el cuerpo en dimensiones cuyos ecos puede erotizarlo. Sarduy se quiere ver lúdicamente

[5] Ninguno de los autorretratos consigna mejor lo indicado que "La metáfora del circo Santos y Artigas": "Escribo sobre la cresta de las palabras. Sobre el filo. El lenguaje hierve, se encrespa, como una ola de Hokusai, en cuyas gotas, en una galaxia blanca sobre el añil, se han detectado imágenes fractales. Sobre ese blanco, sobre esa espuma fractal siempre presta a deshacerse, a desaparecer, mar en el mar, hay que ir, va la frase, en equilibrio, rápida, muy rápida, lo cual implica una lentitud extrema en su ejecución: media página por día, si el día es bueno; seis años por libro" (25).

[6] Hablando de su propio cuerpo, Roland Barthes subrayaba la pluralidad de aquél: "Quel corps? Nous en avons plusieurs. J'ai un corps digestif, j'ai un corps nauséeux, un troisième migraineux, et ainsi de suite: sensuel, musculaire (la main de l'écrivain), humoral, et surtout: émotif: qui est ému, bougé, ou tassé ou exalté, ou apeuré, sans qu'il y paraisse rien" (*Roland Barthes/par Roland Barthes* 65).

como Jeanne d'Arc, quien oía voces, en "Soy una Juana de Arco electrónica, actual". Se trata de una identificación parcial. Para la doncella de Orléans los mensajes contenían una divina exhortación; para Sarduy, en cambio, la escucha es la matriz del deseo estimulado por el "grano de la voz", expresión que su maestro Roland Barthes emplea para referirse al geno-canto: aquellos elementos de la voz ajenos a la comunicación, la representación y la expresión ("El grano de la voz" 265). Las voces diseminan una compleja gama de matices y sugerencias existenciales y estéticas donde el cuerpo se despliega y, gracias a su intensidad, se plasma como imagen acústica: "Algunas voces no se separan nunca de mí, la propia voz, material, fonética, o su eco en el recuerdo, la 'imagen' astral de esa voz" (30). Es a través de la voz que pasa una de las coordenadas por las que Sarduy "fija" lugares, como ocurre en su evocación del Zoco Chico en Tánger:

> Estereofonía del Zoco Chico; el suelo está inclinado; la plaza, a la escucha de dos ciudades. Voces que se anulan bajo la voz, siempre presente, de Ooun Kalsoum. Las chilabas se reflejan en las piedras lisas, después de la lluvia. Comienzan a cantar las suras los pequeños sopranos de la escuela coránica. Las cucharitas entre las hojas de albahaca, en los vasos de té caliente y dulzón. Otras lenguas, pero habladas con una voz ronca, de montañés o de andaluz; un castellano tan etéreo que boca se dice oreja y oreja nariz...(67).

La voz posee una innegable dimensión erótica y hasta sexual. Emana de un cuerpo y penetra en otro(s) impregnándolo(s) con su tono y timbre, su intensidad y duración. Pero la voz también apunta a un más allá del cuerpo de donde proviene, es una emisión incorpórea de ese cuerpo y, por ello, un *exceso* del cuerpo, lo que no puede haber pasado inadvertido a un escritor barroco como Sarduy. Pero la voz, y este dato se verifica en diferentes culturas, se vincula a la potencia de la creación primordial. Tanto para los antiguos griegos como para la civilización hebrea la divinidad crea a través de la voz, los *Upanishads* mencionan en reiteradas ocasiones el mantra OM como la vibración de donde proviene todo lo que existe y, de acuerdo al *Popol-Vuh*, la creación se realiza a través de la palabra. La construcción del mito personal de Sarduyano no es ajena a esa tendencia. Sarduy relata con humor su nacimiento tanto en "Severo Sarduy (1937...)" como en la "biografía pulverizada" para *Quimera*:

> Nací hecho un desastre: el desastre que soy. Una comadrona obesa, y negra como un carbón, me cogió por los pies, me viró al revés, cabeza abajo, me entró a nalgadas, y por fin, de ese amasijo amoratado y ahogado que era –parecía un personaje de Bacon– salió un grito pelado, un grito moteado, como el de un sijú platanero, como el de un gallo desplumado: el grito sin grito de Munch (11).

En la voz reverbera la distintiva identidad de aquel que la emite, como lo enseña precisamente la historia de Jacob –personaje bíblico sobre el que se dirá más–, cuya voz revela a Isaac la verdad que vela el simulacro. Sarduy, quien nota que sus textos ganan mucho al ser leídos en voz alta (30-1), no postula otra variación del consabido cuestionamiento al fonocentrismo de Occidente; se interesa, más bien, por la recodificación estética de la voz humana mediante dispositivos tecnológicos para potenciar sus dimensiones preteridas. Si se considera que solamente a partir de la invención de los mecanismos de grabación y reproducción sonora los seres humanos han podido conocer cómo suenan sus voces objetivamente, nos percataremos de la inmensidad de la propuesta. Durante siglos las personas no tuvieron clara idea de que sus voces tal y como ellos las oían difirieran de cómo ellas sonaban para el resto. Ingeniosamente, Sarduy plantea una "Historia de la voz humana", factible en nuestra época gracias a los medios de registro y reproducción técnica pero inédita debido a que el predominio de lo visual, innovación de la modernidad, ha obturado la sensibilidad contemporánea hacia el sonido, hacia la voz humana y sus potencias. En efecto, en el pasado se consideraba que la imagen impedía "ver" la verdad; el mundo moderno, en cambio, sanciona la siguiente ecuación: lo visible = lo real = lo verdadero. Tal es el "teorema óptico de la existencia", tanto más poderoso cuanto que las imágenes son accesibles a todos, lo que no ocurre con las lenguas (Debray 301-4).[7] Por lo dicho, la historia que idea Sarduy resulta un contrapeso indispensable para nuestra época. Según Sarduy:

> Queda mucho por descubrir. Pienso que, para emplear una comparación plástica, lo que oímos hoy por radio es comparable a los paisajes pompier y a los ramos de flores de los almanaques de esos mismos bomberos, que es la comparación que se emplea en francés para dar una imagen del estereotipo en todo su esplendor, de lo más grosero y camp. La radio abstracta no ha llegado todavía. No ha llegado aún el Kandinsky que haga bascular, virando un cuadro al revés, lo más ramplonamente figurativo hacia la libertad de la abstracción, hacia la verdadera definición de un vocabulario personal, de un estilo, de un modo de escuchar: un modo de ser.
>
> La era de la voz está por venir (31).

[7] Régis Debray señala la conexión entre imagen, verdad y mercado: "Ahora la imagen vale como prueba. Lo representable se da como irrecusable. Pero como el mercado fija cada vez en mayor medida la naturaleza y los límites de las representaciones sensibles, mediatizadas como están por industrias, el rasgo de igualdad se transforma y pasa a ser: 'Invendible = irreal, falso, no válido'. Sólo lo válido vale, y sólo tiene valor lo que tiene una clientela. La alineación de los valores de verdad sobre los valores de la información indexa la primera sobre la oferta y la demanda: será considerado verdadero lo que tiene un mercado" (304).

Sarduy no es ciertamente el primer artista seducido por la radio. Desde su invención en 1890, ésta concitó la atención de creadores de avanzada sensibles a la inmediatez de su vasto alcance y a la redefinición de la subjetividad a través de voces desencarnadas. Esto lo entendieron bien, por citar solo a dos de una larga lista, Filippo Tommaso Marinetti y Pino Masnata, quienes elogiaron el carácter maquínico del medio, "puro organismo de sensaciones" , y la autonomía de las restricciones espacio-temporales que conseguían sus emisiones en un manifiesto titulado "La radia" (1933) (265-8). El proyecto de Sarduy enlaza con esas propuestas y con las de quienes investigan las cualidades artísticas del sonido al margen de la música. No es casual que Sarduy evoque a Wassily Kandinski, pintor y teórico emblemático de la vanguardia que examinó la relación entre sonido y color así como las posibilidades artísticas de la voz humana liberada de la tarea de comunicar (Kahn 203-4). De otro lado, y entroncando con lo anterior, Sarduy, quien como Samuel Beckett y Nathalie Sarraute ha escrito piezas para la radio, precisa en las "Notas" a *Los matadores de hormigas* (1971):

> La voz no es el indicador de una psicología o de una personalidad. Intento también, por ello, destruir el diálogo radiofónico, forma arcaica de la comunicación entre dos voces en la cual siempre una trata de 'colonizar' a la otra, para practicar un relato pulverizado, una galaxia de voces, en la cual las individualidades y los tiempos verbales se contradicen y se anulan (1077).

Esta "galaxia de voces" propone una serie de "pliegues" de las subjetividades al reemplazar lo monológico con lo dialógico; vale decir, con la esfera auténtica de la vida de la palabra doblemente orientada: hacia el objeto de su discurso y hacia el discurso ajeno (Bakhtin, *Problems of Dostoevsky's Poetics* 190-9). Sarduy, entonces, se revela en esto claramente antiplatónico (no solo en su reivindicación del simulacro, como se verá), si se considera que en los *Diálogos* una voz suele imponerse sobre las demás, como corresponde al interés fundamental del filósofo: distinguir entre los pretendientes mediante un modelo de pregunta que inquiere por las esencias, proscribiendo así la inmanencia y el pluralismo (Deleuze, *Nietzsche and Philosophy* 70-3).[8]

Ahora bien, "Juana de Arco electrónica" se refiere simbólicamente tanto a la escucha de voces como a la labor de periodista radiofónico del autor, pero el sin-

[8] Como indica Deleuze: "El regalo envenenado del platonismo consiste en haber introducido la trascendencia en la filosofía, en haber otorgado a la trascendencia un sentido filosófico plausible (triunfo del juicio de Dios). Esta empresa choca con muchas paradojas y aporías que se refieren precisamente al estatuto de la *doxa* (*Teeteto*), la naturaleza de la amistad y del amor (*Banquete*), la irreductibilidad de una inmanencia de la tierra (*Timeo*)" (*Crítica y clínica* 190).

tagma leído literalmente, y esa posibilidad no podía escapársele a Sarduy, alude a un robot –uno piensa de inmediato en *L'Eve Future*, la novela de Villiers de L'Isle Adam– o, más precisamente, al cyborg (*cybernetic organism*), criatura híbrida cuya "naturaleza" deconstruye todo basamento esencialista sostenido en una lógica binaria.[9] Las tecnologías tradicionales y modernas han funcionado como prótesis que extendían los sentidos y el pensamiento de la persona. Con el cyborg se trata de algo distinto: la tecnología se integra al cuerpo del individuo, contribuyendo a re-crear la manera en que experimenta el mundo, de esta manera redefine tanto la dimensión de lo humano como la identidad. El cyborg, entonces, puede ayudar a liberarnos de la idea de la "totalidad orgánica" de lo humano y, por ende, de la encarnación del logos occidental.[10] "Soy una Juana de Arco electrónica, actual" resitúa el género del autor, pasando de masculino a femenino, dato para nada insignificante si se recuerda que Sarduy ha incorporado la temática del travestismo en su escritura y en su reflexión. En los autorretratos, el texto donde se elabora mejor este tópico se titula "Lady S. S.", divertida presentación del autor travestido como rumbera que se eleva desde sus humildes orígenes en Camagüey hasta el estrellato. "Lady S. S." desmonta la tradicional (patriarcal) idea del género como comportamiento que exterioriza la esencia del "yo" al subrayar su carácter performativo, su producción cultural en que la "totalidad" siempre se difiere[11]. Ya en su ensayo de 1982, *La simulación*, Sarduy indicaba que el travesti no imita a la mujer, pues sabe que ella es apariencia:

> El travesti no copia: simula, pues no hay norma que invite y magnetice la transformación, que decida la metáfora: es más bien la inexistencia del ser mimado lo que constituye el espacio, la región o el soporte de esa simulación, de esa impostura concertada: aparecer que regula una pulsación goyesca: entre la vida y la muerte (1267).

[9] El cyborg es concebido por Manfred Clynes y Nathan Kline, investigadores de Rockland State Hospital, en Nueva York, quienes proponían en su artículo de 1960 "Cyborgs and Space" que la conquista del espacio requeriría la creación de un sistema autorregulatorio de hombre-máquina capaz de sobrevivir en nuevos entornos.

[10] En su célebre "A Manifesto for Cyborgs: Science, Technology, and Socialist Feminism in the 1980s", Donna Haraway describe al cyborg de esta manera: "A cyborg is a cybernetic organism, a hybrid of machine and organism, a creature of social reality as well as a creature of fiction. (...) The cyborg is a creature in a postgender world; it has no trucks with bisexuality, pre-Oedipal symbiosis, unalienated labor, or other seductions to organic wholeness through a final appropriation of all the powers of the parts into a higher unity" (83-4).

[11] Judith Butler observa: "Gender cannot be understood as a *role* which either expresses or disguises an interior 'self,' whether that 'self' is conceived as sexed or not. As performance which is performative, gender is an 'act,' broadly construed, which constructs the social fiction of its own psychological interiority" ("Performative Acts and Gender" 279).

De este modo, el travesti realiza el mito del andrógino a través de la re-creación de su propio cuerpo devenido obra de arte. Eso lo distingue del transexual, quien acepta la diferencia de género que el travesti anula (1300).[12] El simulacro que emprende el travesti permite desarticular, además, la relación entre original y copia, clave en el pensamiento occidental desde la distinción platónica entre esencia y apariencia. Así, existe una dicotomía entre la imagen que se asemeja al modelo original como exacta réplica (copia) y la imagen que se parece al original pero no por sus propiedades internas sino solo desde cierta perspectiva, para lo cual hace falta que difiera del modelo que busca representar (simulacro). Como ocurre en toda distinción binaria, uno de los términos se ubica en posición de inferioridad respecto al otro y en este caso se trata del simulacro, que Platón condena como mala copia. Con esta distinción crucial, el filósofo griego subordina la diferencia a lo mismo (Deleuze, *Diferencia y repetición* 115). Sin embargo, es posible subvertir esta jerarquización. En primer lugar, la idea de la superioridad del original sobre la copia puede ser revertida, ya que si se tiende a privilegiar el original por su precedencia temporal, se observa que lo originario no lo es por sí mismo; requiere un elemento posterior a él que lo confirme como tal, lo originario necesita de lo segundo o posterior para encontrar su plenitud, de donde resulta que depende de lo segundo o derivado (Derrida, *La voix et le phénomène*, 54, 68, 98-101; *Margins of Philosophy* 1-27). De otro lado, el simulacro no tiene que ser visto como una degradación de la copia sino una imagen que se ha emancipado del modelo para afirmarse en su propia contingencia histórica (Deleuze, *Lógica del sentido* 295-309). Es por esta razón que Gilles Deleuze declara: "Derrocar el platonismo significa lo siguiente: negar la primacía de un original sobre la copia, de un modelo sobre la imagen, glorificar el reino de los simulacros y de los reflejos" (*Diferencia y repetición* 115).[13]

Lo que acontece en el despliegue travesti es un proceso de devenir. Los devenires no deben ser confundidos con correspondencias, relaciones, parecidos, imitaciones o identificaciones. Tampoco ocurren en la imaginación o en el sueño. Un devenir es un proceso carente de sujeto o meta experimentado por una multiplicidad cuando es desterritorializada por otra multiplicidad mediante la activación de un paquete de afectos. Es un proceso alterno a la semejanza o a la mímesis que se aparta de categorías como sujeto y objeto, pilares de la racio-

[12] Para la relevancia del travesti en la narrativa de Sarduy, remito a Ben Sifuentes-Jáuregui, *Transvestism, Masculinity, and Latin American Literature* (131-41).

[13] Conviene recordar que la visión barroca es antiplatónica por su hostilidad a la regularidad de la geometría óptica, que la aleja de la perspectiva y del cartesianismo; su espacio es háptico antes que puramente visual; remisa al panóptico ojo de Dios, satura el aparato visual con el color que se impone sobre la línea (Jay, *Force Fields: Between Intellectual History and Cultural Critique* 108).

nalidad occidental. En este caso, el *devenir-mujer* funciona como una línea de fuga y umbral para devenir-minoritario respecto a lo trascendente, a lo mayoritario y al dualismo cuyo punto de apoyo es *El hombre*, centro de la experiencia que impide aprehender el mundo desde un plano impersonal (Deleuze-Guattari, *A Thousand Plateaus* 232-309).

La deconstrucción de la identidad dura en "Lady S. S." recuerda un procedimiento que Sarduy ha examinado con cuidado en el marco de sus investigaciones sobre el barroco: la anamorfosis. Este término, aparecido en el siglo XVII, designa un tipo de imagen que en un primer momento es percibida como extraña o deforme por el espectador, pero que al contemplarse desde un punto de vista diferente, usualmente lateral, se vuelve reconocible, natural o proporcionada. Este dispositivo tenía ciertamente un valor estético *per se*; cumplía una función lúdica, pero también implicaba un disentimiento de los presupuestos epistemológicos de la época al cuestionar las certezas del ego centrado, racional mediante la inestabilidad de la imagen (Baltrušaitis 91-114). Es importante puntualizar, como lo hace Sarduy en *Barroco*, que el mérito de la anamorfosis consiste no tanto en anular el sistema de representación tradicional como en su desajuste sistemático a través de los medios que el propio código provee (1220).[14]

"Lady S. S." incorpora esta enseñanza. La voz narrativa emplea la tercera persona para resaltar el desarreglo de la identidad del/de la protagonista, a quien se designa empleando ora el género masculino ora el femenino: "la madame la autorizaba a que pasara algunos discos en el fonógrafo" (16), "el propietario se levantó y con un gesto, aunque drástico versallesco, le dijo al joven candidato..." (17), "El pianista se apiadó. Le preguntó, al verla humillada, postergada, fânée, descangayada, soslayada y llamada a desaparecer, si sabía cantar" (17). Como se ve, hay un doble desdoblamiento. El primero, naturalmente, radica en el conocido movimiento especular autobiográfico. Sarduy habla de sí como si se refiriese a otra persona, lo que coloca el texto en aquella línea que comprende este tipo de discurso como aquél que habla de otro como si se tratara de uno mismo: "Severo Sarduy, según sus propias declaraciones –nunca se encontró su

[14] La teorización de Sarduy sobre la anamorfosis halla su mayor desarrollo en *La simulación*, donde estudia la dialéctica copia/simulacro y la técnica del *Trompe-L'Œil*. Rubén Gallo ha indicado cuánto debe este ensayo de Sarduy al libro undécimo, *Les quatre concepts fondamentaux de la psychanalyse*, del Seminario de Jacques Lacan: ambos textos examinan la visión y sus efectos sobre el sujeto; se centran en los mismos procesos (simulacro, trompe-l'œil, anamorfosis, trasvestimiento, mimetismo); se basan en los mismos estudiosos (Roger Caillois, Jurgis Baltrušaitis) y otorgan especial atención al cuadro de Hans Holbein, "Los embajadores" (1533). Así mismo, Sarduy y Lacan llegan a conclusiones similares: para Lacan la mirada es una pulsión y Sarduy sostiene que existe una pulsión por simular (Gallo 58).

acta de nacimiento, a pesar de la persistente investigación a que se entregaron sus estudiosos en las sacristías de su ciudad natal– nació en Camagüey, Cuba, el 25 de febrero de 1937" (16). El segundo desdoblamiento bifurca al individuo hacia lo masculino al mismo tiempo que en dirección a lo femenino. "Severo Sarduy" en el texto es un "él" y al mismo tiempo una "ella". Como ocurre en su novelística, Sarduy desmonta un elemento implícito de la narrativa tradicional, que audaces autores del *Modernism* (o del *boom*) dejaron intacto: la identidad del personaje. De este modo, el texto de Sarduy escapa a esa legislación de la lengua que se define menos por lo que permite articular que por lo que obliga a decir.

La ambivalencia de género que marca al protagonista desde que nace –su nombre de bautismo fue, "al parecer", Eleanora, pero los suyos lo/la llamaban Nora– anticipa las futuras identificaciones con famosas rumberas: "Para ella misma, fue sucesivamente María Antonieta Pons, Blanquita Amaro, Rosa Carmina, Tongolele o Ninón Sevilla" (16). Todas ellas cubanas (salvo Tongolele),[15] exitosas en América Latina y exponentes del género musical donde se sintetizan las herencias africanas de Cuba: la rumba (Sublette 258). Los ídolos de Lady S. S. durante sus años de sirvienta, Daniel Santos, Lucho Gatica y Mirta Silva, la Gorda de Oro, fueron también artistas internacionales. Los dos primeros se vinculan al bolero, modalidad híbrida y urbana que llegó a constituirse en una suerte de estilo panlatino (Orovio 30, Sublette 525). El bolero, además, propende a lo melodramático y dista de ser arbitrario que se mencione el clásico melodrama del cubano Félix B. Caignet, *El derecho de nacer*, o que se cite el famoso tango de Enrique Santos Discépolo, "Esta noche me emborracho" (1927). En suma, existe un diálogo regocijado y excesivo entre la "alta" cultura (Claude Levi-Strauss, Jacques Lacan y el marqués de Sade), la cultura popular y la cultura de masas. Ésta fue la estrategia que permitió a Sarduy, y a otros adelantados como Guillermo Cabrera Infante y Manuel Puig, renovar la narrativa y la sensibilidad literaria de Hispanoamérica. Por otra parte, la exhibición de performatividad genérica, artificiosidad y apertura hacia el "mal gusto" inevitablemente evoca la palabra *camp*.[16] Para Sarduy, la anamorfosis pone en juego tres lecturas: la fron-

[15] Yolanda Montez, famosa con el nombre artístico Tongolele, nació en los Estados Unidos, en Spokane, ciudad del estado de Washington, pero debido a su protagonismo en el famoso club Tropicana de La Habana era considerada cubana.

[16] Término de difícil definición. David Bergman delimita esclarecedoramente lo *camp*: "First, everyone agrees that camp is a style (whether of objects or of the way objects are perceived is debated) that favors 'exaggeration,' 'artifice,' and 'extremity.' Second, camp exists in tension with popular culture, commercial culture, or consumerist culture. Third, the person who can recognize camp, who sees things as campy, or who can camp is a person outside the cultural mainstream. Fourth, camp is affiliated with homosexual culture, or at least with a self-conscious eroticism that

tal, que se presenta de golpe a la vista; una segunda lectura, marginal, que articula el sentido oculto tras la distorsión óptica y, por último, la lectura que elude posicionarse en los polos (el objeto o su distorsión) para dirigirse, más bien, hacia el desdoblamiento, hacia "la energía de conversión y la astucia en el desciframiento del reverso –el otro de la representación" (1276). Ésa es la lectura "barroca" a la que "Lady S. S." invita.

En una carta con fecha 21 de julio de 1969, José Lezama Lima instruía a Sarduy. El autor de *Paradiso* recuerda (¿recrea?) una cita de Charles Baudelaire: "El mundo sólo se mueve por el malentendido universal, por el malentendido todo el mundo se pone de acuerdo. Porque si, por desgracia, todo el mundo se comprendiera, no podría entenderse jamás" (100). Así, el lenguaje funcional es el doble falaz y utilitario de ese lenguaje verdadero en cuyos errores, incoherencias y olvidos aflora la comunicación verdadera. Sarduy combina esa visión lezamiana con la díada fenotexto/genotexto planteada por Julia Kristeva para examinar la manera cómo funciona el texto, las oscilaciones de su significancia. El fenotexto es el aspecto comunicativo del texto, aquél que sirve a la comunicación y presupone un sujeto y un destinatario; el segundo proceso articula estructuras efímeras y no significantes, procesos semióticos en los que se incluyen lo pulsional, así como el sistema ecológico y social que rodea al cuerpo (*Revolution in Poetic Language* 86-9).[17] El lenguaje, entonces, es una energía que escapa a la mímesis para proponer un punto que puede ser conceptualizado con mayor propiedad acudiendo a la idea de lo *neutro*; aquella instancia en que el paradigma, la oposición de dos términos virtuales de los que uno se actualiza al hablar para producir el sentido, se descuadra (Barthes, *The Neutral* 6-7). Sarduy socava, de este modo, la economía burguesa. En su seminal *Barroco* (1974) proclamaba: "ser barroco hoy significa amenazar, juzgar y parodiar la economía burguesa, basada en la administración tacaña de los bienes, en su centro y fundamento mismo: el espacio de los signos, el lenguaje, soporte simbólico de la sociedad,

throws into question the naturalization of desire" (4-5). Para el caso concreto de Severo Sarduy, véase Lidia Santos, *Kitsch tropical. Los medios en la literatura y el arte en América Latina* (155-73).

[17] No se olvide la conexión de Severo Sarduy con *Tel Quel* que Haroldo de Campos resume así: "Si es verdad que Severo Sarduy recibió del grupo *Tel Quel* un apoyo importante, incluso a nivel teórico, una base metalingüística para enfrentarse teóricamente con problemas de la intertextualidad, etc., no es menos cierto que él ha sido la persona que en la revista *Tel Quel* escribió por primera vez sobre Góngora. *Tel Quel* era muy cartesiana, muy valeryana. No era tanto mallarmeana como valeryana. Y Valery (sic) es el clásico de Mallarmé. Valery (sic) como poeta parece el abuelo de Mallarmé. Era un gran poeta y un gran crítico, pero yo hablo de la radicalización de la experiencia al nivel del lenguaje. Entonces, si la Kristeva baktinizó a Sarduy, él barroquizó a *Tel Quel*. Las cuentas están hechas, y América barroca está allí." (Ortega, "Re: Joyce. Voces para una ópera de la lectura" 92).

garantía de su funcionamiento, de su comunicación" (1250). Conviene recordar, además, que el barroco, concebido como máquina homogeneizadora en la metrópoli, devino en las colonias una práctica que asimiló y potenció la hibridez. Lo que hubo fue expansión y réplica, imitación y distorsión (Moraña, "Baroque / Neobaroque / Ultrabaroque" 244). Y es que el *ethos barroco* interioriza al inescapable capitalismo y su contradicción entre el valor de uso (que satisface las necesidades humanas) y el proceso de reproducción de la riqueza (que destruye el valor de uso en aras de aumentar la producción de valores y ganancia) mediante la reafirmación transgresora de la espontaneidad de la vida cotidiana, a la cual sabe abatida por las fuerzas del capitalismo. El *ethos* barroco rescata el valor de uso mediante su destrucción misma; es el *ethos* de la contradicción que acepta las leyes del intercambio mercantil al mismo tiempo que las refuncionaliza y quebranta al mezclar elementos heterogéneos (Echeverría, "El *Ethos* barroco" 18-23).[18]

La condición travesti cifra la cima de la plasticidad humana, de la capacidad del cuerpo para su metamorfosis cosmética –recuerda Sarduy en *La simulación* que cosmética deriva de cosmos (1299)–[19] elaborada desde una concepción maquínica del deseo, vital y productiva como la que recorre la obra entera de Sarduy: un flujo de impulsos que genera su propio objeto antes que intentar la satisfacción de carencia alguna. El deseo es una máquina y su objeto también es una máquina conectada a esa máquina. Cuando digo máquina lo hago, siguiendo a Deleuze y Guattari, en su sentido real, no metafórico, como una producción que carece de intención, identidad o meta. Su ser, su devenir, son las conexiones que crea (*Anti-Oedipus* 24-40; 337-44).[20] Pero el cuerpo también es una

[18] El *ethos* barroco es uno de los cuatro *ethe* que Bolívar Echeverría distingue como respuestas al capitalismo. Los otros son el *ethos* realista, que niega la existencia de una contradicción entre valor de uso y valor; el romántico, que considera que la reproducción económica se organiza de conformidad con las necesidades reales de los seres humanos y el clásico, que asume un estoico distanciamiento con la época y considera inútil intentar modificarla ("El *ethos* barroco" 19-27).

[19] La reflexión de Sarduy sobre el barroco no puede ser entendida al margen de las isomorfías que establece su modelo con teorías cosmológicas: el prebarroco se relaciona con teorías geocentristas, el barroco con la revolución heliocéntrica y el neobarroco con la teoría del *Big Bang*. Remito para una excelente discusión de este aspecto a "Invención y epifanía del neobarroco: excesos, desbordamientos, reverberaciones", de Françoise Moulin Civil (1649-78).

[20] "Desire does not lack anything; it does not lack its object. It is, rather, the *subject* that is missing in desire, or desire that lacks a fixed subject; there is no fixed subject unless there is repression. Desire and its object are one and the same thing: the machine, as a machine of a machine. Desire is a machine, and the object of desire is another machine connected to it. Hence the product is something removed or deducted from the process of producing: between the act of producing and the product, something becomes detached, thus giving the vagabond, nomad subject a residuum" (Deleuze y Guattari, *Anti-Oedipus* 26).

superficie en la que se inscriben marcas físicas, cicatrices, eventos cuyas huellas se pueden leer en la piel, y marcas mnémicas. Así como hay huellas en el cuerpo, las hay también en la memoria: imágenes, incidentes, muertes. He aquí el núcleo de *El Cristo de la rue Jacob,* texto elaborado a base de fragmentos que preservan ciertos instantes y sus fugaces iluminaciones, ciertas transfiguraciones de lo cotidiano. "Epifanías" decide llamarlas Sarduy, conectándolas con los esbozos en prosa del joven James Joyce, quien utilizó el término tanto con connotaciones filosófico-teológicas como para aludir a revelaciones psicológicas de verdades reprimidas o inconscientes que evocan a la vez el deseo y el temor del descubrimiento así como prueban la autoridad del "yo" sobre el mundo externo (Mahaffey, 190-3).[21]

El Cristo de la rue Jacob conjuga dos dimensiones, la mística, aun cuando parodiada –de acuerdo a Sarduy la parodia constituye uno de los tres mecanismos del barroco; los otros dos son la sustitución y la proliferación (1386-1396)–[22] y la transmutación de lo cotidiano. Sarduy sintetiza con claridad la intención de su texto:

> Se trata, en realidad, de huellas, de marcas. Ante todo, las físicas, lo que ha quedado escrito en el cuerpo. Recorriendo esas cicatrices desde la cabeza hasta los pies, esbozo lo que pudiera ser una autobiografía, resumida en una arqueología de la piel. Sólo cuenta en la historia individual lo que ha quedado cifrado en el cuerpo y que por ello mismo sigue hablando, narrando, simulando el evento que lo inscribió (51).

Las marcas físicas se ofrecen a la posibilidad de una decodificación, de una lectura que se desplazará desde el estado primordial previo a la significación y a la constitución de la identidad hacia los distintos avatares físicos en que predomina el sufrimiento y se prefigura la desaparición del cuerpo. Quizá convenga recordar el pasaje de la primera parte del texto, "Arqueología de la piel", que "explica" el intrigante y bello título del libro. Como consecuencia de un "accidente banal", ocurrido mientras se halla de visita en Princeton University, Sarduy se fractura dos incisivos superiores y debe ser conducido a un hospital para

[21] En el capítulo XXV de *Stephen Hero* se expone la teoría de la epifanía: "By an epiphany he meant a sudden spiritual manifestation, whether in the vulgarity of speech or of gesture or in a memorable phase of the mind itself. He believed that it was for the man of letters to record these epiphanies with extreme care, seeing that they themselves are the most delicate and evanescent of moments" (211).

[22] En el prólogo a la edición de 1954 de su *Historia universal de la infamia*, Jorge Luis Borges postulaba el vínculo entre barroco y parodia: "Yo diría que barroco es aquel estilo que deliberadamente agota (o quiere agotar) sus posibilidades y que linda con su propia caricatura (*Obras completas* I 343).

que se le coloquen puntos en la boca. Esto exacerba en él la aprehensión de los rituales médicos y el encubrimiento de la muerte que caracteriza al Occidente contemporáneo, en general, y a los Estados Unidos en particular (Aries, *L'homme devant la mort* 590-5):

> Comenzó entonces la muerte Americana, la pausa que refresca. ¿Qué había ocurrido? No lo sé. Médicos y enfermeros, una docena, afrontaban exhaustos los pacientes de esa mañana dominical, los ojos enrojecidos, como sonámbulos. De un aparato automático sacaban Coca-Cola tras Coca-Cola; sus uniformes verde claro y sus máscaras los convertían bajo el neón en un equipo de cosmonautas en deriva libre, o en los contritos penitentes que enmarcan una tumba (58).

Sarduy es conducido a una capilla donde se desarrolla un servicio religioso en que un exaltado, casi histérico, pastor "exigía inmediatamente algo de Dios, lo intimidaba, lo amenazaba con algo, o le suplicaba que explicara su ausencia durante un evento dado, su ligereza o su indiferencia" (59). De vuelta en París, el recuerdo de este hecho se yuxtapone a su presente y se produce la "iluminación" que da título al texto:

> Tomaba una cerveza helada en el Pré-aux-clercs, en la esquina que forman las calles Jacob y Bonaparte, en París.
>
> De pronto, el tránsito se detuvo, para dejar pasar un camión descubierto y enorme. Transportaba, hacia alguna iglesia o hacia el cercano Louvre, un cuadro grande como una casa, con la parte superior redondeada, como si lo fueran a insertar en un lugar preciso, entre dos columnas y bajo un arco. Representaba a un Cristo flagelado, que contemplaba la rue Jacob, el bar y hasta quizás la cerveza helada.
>
> Comprendí en seguida que quería decirme algo. El Cristo, o más bien la Pintura, que siempre me ha hablado. O más bien era yo quien quería decirle algo. Sí, era eso.
>
> Quería decírselo con fuerza, en el mismo tono que había empleado el pastor de Princeton University. Quería decirle algo en ese tono, de eso estoy seguro. Pero nunca supe qué (59).

La imagen del cuadro provoca en Sarduy una intuición de sentido que no culmina en nada concreto. Podría decirse que se trata de una experiencia estética si asumimos que el hecho estético, como lo define Borges, consiste en la sensación de próxima revelación que no llega a ocurrir:

> La música, los estados de felicidad, la mitología, las caras trabajadas por el tiempo, ciertos crepúsculos y ciertos lugares, quieren decirnos algo, o algo dijeron que no hubiéramos debido perder, o están por decir algo; esta inminencia de una revelación que no se produce, es, quizá, el hecho estético (*Otras inquisiciones* 12).

El Cristo flagelado recuerda la predilección barroca por la representación del cuerpo doloroso. Más allá de la exactitud del dato fáctico, es sugerente el nombre de la calle. Jacob, hijo menor de Isaac y Rebeca, nieto de Abraham y él mismo patriarca del pueblo de Israel, personaje iluminado por súbitas visiones, remite a la herida trascendente, huella del combate con el ángel, y a la simulación exitosa cuando finge ser su hermano Esaú para robar la primogenitura.[23] Jacob, además y de acuerdo al Zohar, es el primer esposo de la *Shekhinah*, la forma nómada de Dios, su inmanencia (Attali, *Dictionnaire amoureux du Judaïsme* 253). Cristo y Jacob son personajes excepcionales y heridos como el propio Sarduy quien "nació ahogado" y requirió cuatro nalgadas de la comadrona así como su voz, las "arengas yorubas" a los orishas, para aspirar la vida. Cristo posee una naturaleza doblemente hibridada. Es dios y hombre a la vez, de un lado; de otro, es anatómicamente varón, pero su cuerpo herido incorpora para sí la femineidad, pues la herida, según detecta el psicoanálisis, es la marca de la mujer, la inscripción de su diferencia sexual. Entonces, la identificación con Cristo mina la tradicional división de género y el modelo fálico del deseo (De Lauretis, *Alice Doesn't* 101; 131-2; Gilmore, *Autobiographics* 140).

Veamos las cicatrices. Citando a François Wahl, el autor recuerda que todas ellas "remiten a una sola: la primera, la escisión umbilical, la única invisible" (59). Región fronteriza entre el dentro y el afuera del cuerpo, el ombligo recuerda la impermanencia humana y provoca repulsión a Sarduy: su mera estimulación le provoca náuseas (60). La espina que se le enterró al autor en el cráneo cuando niño marca la línea divisoria entre un período en que la específica identidad de Sarduy todavía es difusa –"Por entonces, estábamos muy cerca, mi madre y yo; éramos casi la misma persona. Me sujetaba a su brazo para dormir; deslizaba los pies, para sentir su peso, entre sus muslos y el sofá" (52)– y la posterior individuación a través de la cognición del dolor: "El contacto helado del anestésico en la cabeza me ensimismó. Aquel dolor fue mío" (52). Esa escisión abre las puertas a la cámara de placer que otro tipo de manoseos y manipulaciones, sustantivos del autor, dejan entrever. Sarduy halla impulso para la escritura en sus heridas. Por ejemplo, el corte en la ceja derecha lo saca de un entrampamiento en la redacción de *Colibrí* (52-6). Por otra parte, la experiencia del dolor hace caer en la cuenta a Sarduy de cuán endeble es su cuerpo: "mi propio cuerpo se me presentó como un continente, un envase opaco y frágil siempre presto a romperse: vaso rebosante de vísceras" (57). De esta condición nace una fraternidad entre el cuerpo individual afligido por la enfermedad y el deterioro y el

[23] Véase el conocido estudio de Roland Barthes, "La lucha con el ángel: análisis textual del Génesis 32. 23-33" (*La aventura semiológica* 309-22).

cuerpo de una colectividad acosada por el poder, como se deduce del pasaje titulado "Una verruga en el pie", en que un médico judío asocia un olor que a Sarduy le recuerda el caucho quemado con la carne chamuscada, bien conocido a él y a su pueblo (61). El encuentro con la propia decadencia, así mismo, adquiere matices notables en el siguiente pasaje: "Voy caminando por la calle –voy a ver *Roma* de Fellini–, sin saber por qué miro de momento a donde pongo el pie (llueve y el asfalto está húmedo). Voy levantando poco a poco la suela, como con miedo. Algo se va despegando y va cayendo lentamente, como un animal aplastado, una mancha de tinta negra: es mi propia cara. Mi foto impresa" (9). ¿Miedo ante la banalización de la propia imagen y del yo del cual ella emana? ¿Irrisión del narcisismo? ¿Atisbo siniestro del *doble*? [24] Tal vez todo ello. Siempre hay un elemento perturbador cuando alguien se encuentra con su propia imagen pues parecería existir una prohibición de alterar la dirección natural de la atención, ya que normalmente uno no se ve a sí mismo sino que ve el escenario del mundo; por ello un lugar común de la imaginación mítica hace de la aparición del doble un signo de muerte (Gusdorf, "Conditions and Limits of Autobiography" 32). Esta idea es consistente con el final del pasaje. No se olvide que en el proceso de descomposición de lo orgánico la materialidad y la forma humana –lo que otorga identidad a la persona, especialmente el rostro– se deshacen: el rostro de Sarduy parece un "animal aplastado".

Una de las funciones del discurso autobiográfico consiste en salvaguardar de la muerte y el olvido ciertas experiencias, ciertos eventos así como a ciertos seres. Pero la conexión entre grafía y muerte es más profunda; bastaría con recordar el episodio de Belerofonte en la *Ilíada,* o el conciso dictamen del Nuevo Testamento: "La letra mata, mas el espíritu vivifica" (2 Corintios 3: 6), para probar esa relación. Michel Foucault observa algunas manifestaciones de esas bodas: el relato épico, que compensa con la gloria póstuma la desaparición del héroe; el relato árabe, que pospone la muerte; la obra escrita a la que se sacrifica la vida; la desaparición del escritor en su propia escritura, que hace de su ausencia su propia marca ("What is an Author?" 205-9). Los dos textos fundamentales de la tradición autobiográfica, *Confessionum*, de san Agustín, y *Les confessions,* de Jean-Jacques Rousseau, otorgan centralidad a la muerte. Agustín contrapone la

[24] Refiriéndose al tema del doble, Sigmund Freud indica: "From having been an assurance of inmortality, it becomes the uncanny harbinger of death. The idea of the 'double' does not necessarily disappear with the passing of primary narcissism, for it can receive fresh meaning from the later stages of the ego's development. A special agency is slowly formed there, which is able to stand over against the rest of the ego, which has the function of observing and criticizing the self and of exercising a censorship within the mind, and which we become aware of as our 'conscience'" ("The Uncanny" 234-5).

mortalidad humana a la inmortalidad divina y establece la previa muerte de su infancia como precondición para llegar al punto en que se encuentra al momento de redactar su texto. Rousseau inicia su evocación imaginando que en el día del Juicio Final se presentará ante Dios con el libro que el lector empieza a leer para ofrecérselo y ofrecerse a sí mismo como contraejemplo para sus semejantes. Desde luego, sería un error considerar que la imposibilidad de escribir la propia muerte es una característica de la autobiografía, puesto que, como enseña Ludwig Wittgenstein, "Death is not an event of life. Death is not lived through" (*Tractatus Logico-Philosophicus* 185). La opción por el autorretrato libera a Sarduy de esa ansiedad autobiográfica pero no de inventariar a los amigos cuyos nombres se niega a borrar del libro que compró en el Tibet y que se va transformando en su propio *Bardo Thodol* o Libro Tibetano de los Muertos: Calvert Casey, Héctor Murena, María Rosa Oliver, Roland Barthes, José Lezama Lima, Virgilio Piñera, Witold Gombrowicz, Italo Calvino, Emir Rodríguez Monegal y José Bianco (85).

El único segmento abiertamente homoerótico de *El Cristo de la rue Jacob*, "Una limpieza" (72-3) introduce a la muerte bajo la amenaza del SIDA que reprime la entrega erótica. Es el otoño, Sarduy se encuentra dentro de su auto, en el bosque, bebiendo una cerveza en lata, sin nada que hacer en particular cuando aparece un camión de lavandería con cuyo conductor, un camionero rubio y gordo de unos treinta años, mantendrá un encuentro dentro del camión: "nos lamemos apenas los sexos –sin duda por miedo al sida. Finalmente, ya próximos a la eyaculación, nos besamos" (73). Nada más alejado del propósito de Sarduy que un autodocumento convencionalmente gay, aquél que traza los avatares del autorreconocimiento del homosexual y su *Bildung* en un relato de retórica usualmente realista. En "Para una biografía pulverizada en el número –que espero no póstumo– de *Quimera*" puntualiza: "¿La homosexualidad? Si no hablo de eso con frecuencia es porque para mí, es un asunto estrictamente de gusto personal. No le otorgo ninguna connotación, ningún valor, ni positivo ni negativo. Es como ser diabético o filatélico. Algo que no merece ni el menor comentario" (14). Como ya se vio al comentar "Lady S. S.", Sarduy se distancia de una noción sólida de la identidad sexual y, por lo tanto, de la homosexualidad en tanto que tal. Michel Foucault observa que "el homosexual" es un constructo que data del siglo XIX, cuando ciertos actos sexuales, antes considerados incidentales, comenzaron a ser vistos como definitorios de la naturaleza esencial de un individuo (Foucault, *The History of Sexuality* 42-9). La piedra de toque de la creación del homosexual ha sido un error: asumir la relación de la persona con la sexualidad, que es contingente (metonímica) como esencial (metafórica). Además, esa inadecuada comprensión se apoyó en la creencia de que existe una morfología homosexual que puede hacerse visible y debe señalarse, a riesgo de que ella se mantenga inadvertida y atente contra la estabilidad del paradigma de la diferencia sexual (Edelman 8-12). Por lo dicho, pensar la identidad homosexual como un derivado parasitario y secundario con relación a la identidad heterosexual, como es frecuente, no deja de tener similitud con la manera en que el fonocentrismo de Occidente ha entendido la relación entre la palabra y la escritura, de ahí que una deconstrucción de la oposición heterosexual/homosexual como la que Sarduy lleva a cabo en "Lady S. S." desmonta la estructuración ideológica occidental.[25]

El temprano exilio salvó a Sarduy de la represión que se desató en Cuba contra las minorías sexuales pero no le ahorró ataques virulentos ni que se le ignorase en los recuentos "oficiales" de la literatura de su país (González Echevarría, *La ruta de Severo Sarduy* 47-52). Ciertamente, el rechazo al homosexual no era novedoso en Cuba; se hallaba en el centro mismo de su modelo biopolítico (Bejel xiv), pero ha sido durante el régimen de Castro cuando, debido a la confluencia de homofobia, espíritu revolucionario, nacionalismo, positivismo y socialismo internacional, se produjo un clima de fuerte intolerancia contra quienes eran percibidos como "desviados". Las medidas represivas contra las minorías sexuales alcanzaron el punto de mayor intensidad entre mediados de los 60s y los 70s cuando el gobierno cubano creó las Unidades Militares de Ayuda a la Producción (UMAP), campos de concentración que funcionaron en la provincia de Camagüey de 1965 a 1968 donde fueron reubicados individuos percibidos como "antisociales" (entre ellos los homosexuales) con la idea de que el trabajo rural "curara" los "vicios" de estas personas. Así mismo, el Primer Congreso Nacional de Educación y Cultura (1971) declaró la homosexualidad como un comportamiento socio-patológico (Bejel 96-105). Sarduy no fue indiferente a ese crimen: "Considero, demás está decirlo, que la persecución de homosexuales que hubo en Cuba –espero que se haya terminado– fue una verdadera *ignominia*, y nunca me repondré de no haber figurado en la versión definitiva de la película de Néstor Almendros" (14). El autor alude a *Conducta impropia* (1983), documental de Néstor Almendros y Orlando Jiménez Leal que denuncia la persecución a los homosexuales en Cuba. Con todo, la obra de Sarduy ha podido ser recuperada en su país natal, al punto que constituye en la actualidad un referente inevitable para la construcción del sujeto gay cubano (Martín Sevillano 140-1). Ello se debe, además de su calidad, a que su riqueza y complejidad y, desde luego, su incomparable humor, lo alejaron de inmediato de quienes, consciente o inconscientemente, convirtieron el ejercicio literario en amarga diatriba anticastrista.

[25] *Cf.* Eve Kosofsky Sedgwick, *Epistemology of the Closet* (9-11).

La lectura de "Una limpieza" resulta sombría porque no ignoramos que Severo Sarduy murió por complicaciones derivadas del SIDA. Son modélicas las alusiones a la enfermedad en "El estampido de la vacuidad", donde inserta un admirable autorretrato redactado en tercera persona, una miniatura que hace falta citar en su integridad:

> Abandona su país natal y adopta otro, lejano, de cielo siempre gris y gente hosca.
>
> En el exilio elabora trabajosas ficciones en que seducen las frases cinceladas y la destreza con que se enlazan las volutas barrocas, aunque, llegado el punto final, todo se disuelva y olvide.
>
> Esos modelos de perseverancia se publican con la condescendencia de los lectores, la indiferencia algo burlona de las multitudes y esa forma de postergación respetuosa que son las tesis universitarias y la traducción a idiomas inextricables.
>
> Ya proyecta el resumen, el ciclo final de sus invenciones cuando lo asalta una enfermedad fulgurante, irreversible y desconocida.
>
> Se defiende escudado en convergentes manías: la lectura matinal de los místicos, la necesidad de vacío y el proyecto de realizar cuadros minuciosos hasta lo milimétrico, con rezagos de caligrafía roja, insistentes aunque discretos, ostensiblemente orientales.
>
> Se deshace de libros polvosos, ropa de verano, cartas acumuladas, dibujos amarillentos y cuadros.
>
> Se entrega, como a una droga, a la soledad y el silencio.
>
> En esa paz doméstica espera la muerte. Con su biblioteca en orden (112).

Una trayectoria existencial se reduce a sus grandes líneas de fuerza. Tal como habría hecho Góngora, Sarduy sublima el horror de la enfermedad al definirla como "fulgurante",[26] que remite a la rapidez del mal pero también a lo fúlgido, a lo resplandeciente. Un mal *escrito sobre su cuerpo* como una inscripción de la diferencia: el virus produce un código capaz de substituir el discurso genético de ciertas células en el sistema inmunológico del ser humano; así, introduce en la biología del organismo una transcripción parasitaria (Edelman 90-1). Por ello, puede verse este mal como un prototipo de la patología moderna: ataca al cuerpo no como forma sino como fórmula. A un cuerpo codificado, librado a próte-

[26] "Para una biografía pulverizada en el número de *Quimera*" contiene un pasaje sorprendentemente humorístico: "Han pasado treinta años y hoy en día el balance es paupérrimo. No tengo nada y los que debían leerme, que son los cubanos, no me conocen ni me pueden leer. No creo que ya me quede tiempo para terminar mi obra allá. Otra vez será..." (13). Además, debe recordarse que Sarduy redactó varios epitafios humorísticos en forma de espinela recogidos en *Epitafios* (1994), libro póstumo cuyo último poema tiene su punto de partida en el *Cántico espiritual*, de san Juan de la Cruz.

sis artificiales y fantasías genéticas corresponde una enfermedad de código y modelo (Baudrillard, *Écran total* 11-8).

El segmento XV de "El estampido de la vacuidad" se refiere oblicuamente la materialidad del proceso de decaimiento físico y futura descomposición: "Todo lo compuesto se desune y disgrega, todo lo conglomerado se disuelve, todo lo creado desaparece. El cuerpo y sus componentes –pelos, piel, sangre, semen...–, la mente y sus voluntades, proyecciones, recuerdos, remordimientos, amores y rechazos" (110). Esta atención a los procesos de deterioro posiblemente derive de prácticas de meditación sobre lo impuro y la repugnancia del cuerpo con que ciertas escuelas de budismo intentan acrecentar la conciencia sobre el dolor, la caducidad y la inconsistencia de los seres y las cosas. Difícil no pensar, a este respecto, en el *Satipatthana Sutta*, uno de los textos fundamentales del canon pali del budismo theravada. La vigilancia del propio cuerpo recuerda los ejercicios de atención del místico. Existe una conexión entre "El estampido de la vacuidad" y la obra de san Juan de la Cruz. El sufrimiento físico y espiritual, la disolución del ego y la vacilante vía negativa que llevaron al autor de *Subida del monte Carmelo* a la iluminación y a la obra sublime diseñan el modelo retórico y el intertexto que Sarduy fagocita. No debe entenderse esto como una manifestación religiosa, pues el misticismo es, en realidad, lo opuesto de la religión, ya que él conlleva el máximo de evidencia mientras que ella implica el máximo de misterio. El místico ha logrado hacerse uno con lo real en un aquí y un ahora. Ha trascendido el discurso, la carencia, el tiempo, a sí mismo, e incluso a Dios, que ha dejado de faltarle (Comte-Sponville 353). Además, y contra el lugar común de que rechaza el cuerpo, deducido de su tendencia a la mortificación corporal y el retiro del mundo, el místico convierte su cuerpo en el escenario donde se inscriben las huellas de una experiencia secreta, invisible y abrumadora (De Certeau 16-20; Gilmore, *Autobiographics* 135). Para Sarduy la iluminación revela la insignificancia e insubstancialidad del universo y del sujeto:

> Lo que se llama *yo* o *ser* es sólo un agregado, un conjunto de agregados físicos y mentales que actúan aparentemente unidos aunque de modo interdependiente, en un flujo de cambios momentáneos, sometidos a las leyes de causa y efecto, en que no hay *nada* permanente, ni eterno, ni exento de cambio en la totalidad de la existencia universal.
>
> No hay sujeto, alma individual, consciencia de sí mismo o yo. Hay pensamiento pero no pensador. Tampoco hay –si creemos en las respuestas categóricas de Milinda a Nagsena– una consciencia cósmica, un ser universal (110).

La "vacuidad" de la que habla el autor cubano no debe ser entendida como la "nada" occidental sino como *Sûnyatâ*, noción del budismo Mahāyāna que Sarduy habría tomado de Octavio Paz (Guerrero, "La religión del vacío" 1698).

Sûnyatâ se refiere a la *insustancialidad* de cuanto existe. Lo sabemos, Sarduy ha hecho la experiencia de Oriente, abigarrado mundo que reaparece en sus ficciones, asimilable a América Latina como su reverso, recuérdese, si no, la primigenia confusión de Cristóbal Colón al denominar "indios" a los indígenas que encontró (González Echevarría, *La ruta de Severo Sarduy* 53). Constituiría un error pensar que la aproximación de Sarduy a Oriente reproduce visiones eurocéntricas; la condición periférica de las sociedades hispanoamericanas, tensionadas por la asimilación a (y la diferenciación de) Occidente, cuyos afueras se desean explorar, impiden la articulación de un discurso semejante (Moraña, *Crítica impura* 209-14).[27] De otra parte, lo asiático y, más precisamente lo chino, aporta un dato de gran peso en la persona de Sarduy, quien tenía ancestros chinos (González Echevarría, *La ruta de Severo Sarduy* 16), y en la identidad de Cuba. Para Sarduy, la Cuba consiste en una superposición de tres culturas: la española, la china y la africana. El aporte chino es axial:

> Hay dos hechos, quizás arbitrarios, pero significativos; de ese tipo de hechos que revelan por su estructura toda la concepción del mundo de un pueblo. La orquesta cubana, que es quizás el caso único de síntesis total de las tres culturas está centrada por una flauta de origen chino. Esta flauta china es el centro de la música cubana. Eso por una parte, y por la otra, el sentido del azar cubano (Rodríguez Monegal, *El arte de narrar: diálogos* 277)

Es muy característico, por ello, que Sarduy reconozca en un texto de 1989, "Tibet sur Seine"[28], que Oriente suele ser incorporado a la "centralidad" occidental como diferencia "programada", idea consensuada desde *Orientalism* (1978), de Edward Said. Sarduy asiste al Templo Budista de Vincennes para escuchar a un lama tibetano que sería una encarnación del Buda Maitreya, el buda de los tiempos futuros y recuerda que ya en los años veinte llegó a París Krishnamurti, a quien también se consideró Maitreya.[29]

[27] Julia Kushigan propone la existencia de un "orientalismo hispánico" que se inicia en la Edad Media española bajo el dominio islámico en la península ibérica. Es, por tanto, muy anterior al de las potencias europeo-atlánticas, que data de un par de siglos (*Orientalism in the Hispanic Literary Tradition* 108-9).

[28] El interés por el Tíbet, expresado en *Maitreya* (1978), se explica porque este país forma parte de la geografía simbólica del budismo pero también por tratarse un país ocupado –fue invadido por China en 1949–, lo que ha forzado a muchos de sus habitantes al exilio, condición del propio Sarduy y de miles de cubanos (González Echevarría, *La ruta de Severo Sarduy* 173-5).

[29] Otro escritor hispanoamericano afincado en París ha dejado testimonio del paso de Krishnamurti por la capital francesa: César Vallejo. En "Sensacional-Entrevista con el nuevo mesías", crónica publicada en el número 384 de *Mundial*, el 21 de octubre de 1927, el poeta peruano con-

> ¿Algo había fallado? ¿Era alguno de los dos Maitreya?
>
> De todos modos, si lo eran, tenían que pasar por París. Y lo único seguro es que París nunca se iba a dar cuenta de que lo eran. Porque París puede ser Madrás sur Seine, Tibet sur Seine, Jerusalem sur Seine o La Meca sur Seine, poco importa (46).

Sarduy, ya se ha mencionado, fue colocado desde su nacimiento bajo la égida de Santa Teresa, escritora y mística.[30] Y cuando habla de su fascinación por la voz, tema crucial en el misticismo se compara con Juana de Arco, guerrera y mística. Hay que recordar que en la mística se verifica la audición de la voz (intelectual, imaginaria o corporal) como vía a lo absoluto. Se otorga mayor valor al primer tipo de voz: inarticulada, expresa el contacto con un plano de conciencia diferente. La segunda corresponde a una imagen acústica y la tercera posee carácter alucinatorio (Underhill 266-97). El primer tipo de "voz" no encuentra traducción a la escritura y da origen a la vivencia que articula *El Cristo de la rue Jacob*. Existe una suerte de holismo en el contacto con el Cristo cuyo enigma, de haber alguno, resulta indescifrable. Por ello, Sarduy observa: "No hay solución para un enigma. La única respuesta es otro enigma" (77). La puesta en relato de esta inefabilidad reaparece en el sueño con Italo Calvino que Sarduy consigna en *El Cristo de la rue Jacob* (90-2). Calvino y Sarduy yacen en un lecho. Ambos visten de traje y corbata y hablan sobre Cuba, donde ambos nacieron. Pero más que exponer el sentido del mensaje, que es inarticulable, Sarduy relata el encuentro y describe el espacio. A su propia pregunta, "¿qué me decía el escritor, con un tono identificable y familiar, perdido en el acento?", responde:

> Una musicanga recurrente y barata, mechada de aforismos mexicanos, o su dicción arenosa y torpe, vecina a la de Calvert, emborronaba las palabras. Sabía que me estaban reservadas, que para mí las había rescatado de la vigilia o del texto de ayer. No configuraban, sin embargo, ningún discurso reconocible y diurno, ni premonición ni consejo (91).

Origen de los procesos semióticos a la vez que reserva de la indeterminación semiótica (Lotman, *Cultura y explosión* 196-7), el sueño incorporado a un texto literario deviene un artefacto artístico. Ya sea que se trate de una imagen alegórica, un relato de carácter didáctico o la construcción de un mundo en que acontece una inversión absoluta o parcial de las reglas que rigen en el nuestro, el

trasta la prédica sin eco pero tampoco sin riesgo del "nuevo mesías" con los esfuerzos frustrados de los anarquistas Sacco y Vanzetti, ejecutados ese mismo 1927 (*Desde Europa* 241-3).

30 En "Diario de la peste", escrito desde la enfermedad y publicado póstumamente en 1994, reaparece Santa Teresa de Ávila, asimilable al *orisha* Oyá (35).

sueño ha funcionado como vehículo eficaz para ofrecer un punto de vista novedoso sobre la existencia.[31] Esto no impide que se le considere, convencionalmente, como una elaboración que conlleva el cumplimiento de un deseo.[32] Pero sería un error emprender el desciframiento de un contenido "oculto" en el sueño, puesto que lo que le confiere su esencial constitución consiste en el trabajo que le otorga la forma de sueño:

> La estructura [del sueño] siempre es triple, siempre hay tres elementos en funcionamiento: el texto del sueño manifiesto, el contenido del sueño latente o pensamiento y el deseo inconsciente articulado en el sueño. Este deseo se conecta al sueño, se intercala en el interespacio entre el pensamiento latente y el texto manifiesto. No está, por lo tanto, "más oculto, más al fondo" en relación con el pensamiento latente, sino que, definitivamente, más "en la superficie", y consiste enteramente en los mecanismos del significante, en el tratamiento al que queda sometido el pensamiento latente. Dicho de otra manera, su único lugar está en la *forma* del "sueño": la verdadera materia del sueño (el deseo inconsciente) se articula en el trabajo del sueño, en la elaboración de su "contenido latente" (Žižek, *El sublime objeto de la ideología* 37-8)

De ahí que Žižek recuerde la que es, para Freud, la paradoja básica del sueño: el hecho sorprendente de que la forma de un sueño se usa para representar su materia oculta (38). En el caso del sueño de Sarduy esa "materia oculta" consiste en una productividad vaciada de trascendentalismo que se orienta hacia la materialidad de la realidad onírica reconstruida con minucia, y a la cuidadosa cognición de los climas emocionales del sueño. El nexo con Italo Calvino, con quien el autor de *Gestos* tuvo amistad, parece clara: él y Sarduy nacieron en la misma isla. Nos movemos desde el centro del emplazamiento nacional (Sarduy) a su periferia (Calvino), pasando por una figura transicional: el notable Calvert Casey, autor de *Notas de un simulador*, hijo de estadounidense y cubana, nacido en Baltimore pero criado en La Habana. Estos tres autores parecen otras tantas modulaciones de destinos posibles de lo cubano, desde el cubano fundamental al cubano accidental, lo que indica bien la relatividad de estas posiciones, pues Sarduy es un escritor desplazado, exiliado, y la pérdida

[31] Esta modalidad ha tenido practicantes tan disímiles como Calderón de la Barca, Shakespeare, Quevedo, Grimmelshausen, Dostoievski, Tolstoi o Tabucchi, por mencionar apenas algunos. En la literatura hispanoamericana, hay que mencionar a José María Arguedas, Jorge Luis Borges y Julio Cortázar.

[32] La *Routledge Encyclopedia of Narrative Theory*, de Herman, Jahn y Ryan, ofrece la siguiente definición: "A dream is an attempt to gain satisfaction of an Id tension by hallucinating a wish-fulfilment" (126).

(de la patria, de la lengua cubana viva, de la madre) constituye uno de los motores de su búsqueda artística.

La respuesta a un enigma es otro enigma, Sarduy dixit. O bien el silencio[33], uno de los tópicos del barroco –recordemos *No hay como callar*, de Calderón de la Barca o *Satisfacer callando*, de Lope de Vega– vinculado tanto a la discreción como a la sabiduría. Pero existe en el silencio una dimensión de ascética renuncia mediante la que el individuo se depura. Tal fue el caso de la mística de San Juan de la Cruz, quien debió descender a la inmundicia y la corrupción antes de disolverse en el Uno (109), o en la especulación budista, que centra en el silencio la experiencia de la vacuidad a la que Sarduy consagra su ascesis y su discurso final. La muerte proyecta su sombra sobre los eventos, otorgándoles un peculiar patetismo, una gravedad que, detalle notable, culmina en una estoica afirmación que contrasta con el humor y la levedad que inflaman al personaje. Antes de morir, Sarduy opta por un retraimiento comunicativo disciplinado: "Se entrega, como a una droga, a la soledad y el silencio. En esa paz doméstica espera la muerte. Con su biblioteca en orden" (112). Ese desvanecimiento del lenguaje ordinario –pues no abandona la escritura– expresa la "modestia" del místico, quien acepta unirse a los otros y a lo Otro vía la muerte (De Certeau 20-1).[34] Consecuentemente, Sarduy empobrece su estilo gradualmente, como lo efectuó su admirado Mark Rothko, cuya retrospectiva de 1972 en París señala un momento fundamental en la vida de Sarduy: "Quise mirar detrás de los cuadros de Rothko para saber si allí estaba Dios" (9).[35] En "El estampido de la vacuidad" Sarduy abandona la escritura lujosa y alborozada para abrazar lo áspero, lo rudimentario, lo mate, rasgos todos éstos que indican la presencia de la obra sublime, como ocurre en el *Canto espiritual* de San Juan de la Cruz (106-7). Despojarse de lo superfluo requiere disciplina, así como asumir la muerte sin drama: "Dar el paso sin escenografía, sin pathos. En lo más neutro. Casi en calma" (108), como en esas representaciones funerarias griegas en que aparece el difunto sonriente (93), o medievales, como la tumba del canónigo Aymeric en Tolosa, la del obispo de Tarragona o la del cardenal Giovanni Diego de Coca en Roma (79-81). El "balance prepóstumo" (105) de ese texto se emplaza en una zona

[33] *Cf.* Juan Arnau, "Lenguaje y silencio en las tradiciones budistas"; Carmen Bobes Naves, "El silencio en la literatura"; Aurora Egideo, "La poética del silencio en el Siglo de Oro"; George Steiner, "The Retreat from the Word".

[34] Sarduy, ya enfermo, dictamina: "El único modo de responder a un absurdo –y la muerte es el absurdo por excelencia– es un absurdo aún mayor: la escritura para nada, sin motivación ni destino, sin demostraciones teóricas, ni trama, ni ficción, ni lectores, ni esfuerzos literarios o estéticos. En la libertad soberana de la gratuidad total" (110-1).

[35] *Cf.* Leo Bersani, *Arts of Impoverishment: Beckett, Rothko, Resnais*.

liminal que otros autores aquejados por el SIDA han explorado, entre ellos su compatriota Reinaldo Arenas, a quien Sarduy dedica un elogio en su "Diario de la peste" (34).[36]

Pero la escritura misma se manifestaba en Sarduy como compulsión repetitiva. De hecho, es una de las cuatro "actividades, o cuatro pulsiones incoercibles" del autor. ¿Las otras tres? La prosa del cerveceo, ligar y la pintura. La prosa del cerveceo, dice en "Cromoterapia", consiste en una especie de euforia ligera que torna tolerable lo real vía la repetición del acto de libar, de los pensamientos, de las percepciones y del discurso (35). "Ligar", o para usar un cubanismo, "fletear", es la búsqueda sin fin de *partenaires* eróticos y la pintura, escritura:

> –Severo, ¿por qué pintas?
> –Pues te diré: pinto porque escribo.
> –¿Hay alguna relación entre las dos cosas?
> –Para mí, sencillamente es lo mismo. El mismo perro con distinto collar. Claro está, el resultado es diferente. Aunque no tanto... Pero en fin, la pintura y la escritura son como las dos vertientes de un mismo techo, las dos caras de una misma moneda, etc. Se trata más bien de un cubo, es decir, que hay cuatro caras (77-8).

¿Es pertinente la asociación entre la literatura y la pintura? Como indica Antonio García Berrio, el comparatismo entre literatura y artes visuales data de tan antiguo como la *Poética*, de Aristóteles y la *Epistola ad Pisones* de Horacio. Literatura y pintura exhiben rasgos presignificativos que serán dotados de valor significativo específico como consecuencia del efecto endodeíctico propio de los sistemas secundarios de simbolización. De modo aproximativo puede decirse entonces que ambas se hallan doblemente articuladas. Una pintura admite los niveles sintáctico y semántico, acoge la tradicional distinción retórica entre *dispositio* y *compositio*, así como restricciones iconográficas que fijan el léxico plausible en un momento histórico determinado; una pintura posee, además, isotopías y ritmos ópticos y exige un ejercicio de asociaciones intertextuales y sensoriales convencionalizadas. Tanto la pintura como la literatura se valen de diversas formas de ambigüedad figurativa y perceptiva: doble imagen especular, imágenes crípticas, anamorfosis –como ya se vio– y se construyen como estructuras que exigen sistematicidad y, por ello mismo, admiten la posibilidad textual

[36] En la conclusión de "Para una biografía pulverizada en el número –que espero no póstumo– de Quimera", Sarduy retoma su fúnebre libreta de direcciones: "Este presente, que se va nublando, es *la única realidad*. La otra, mucho menos serena, es la de mi agenda, la de mi libreta de direcciones que, como un nuevo diario de la peste, se ha ido convirtiendo en *otro libro*: el *Libro Tibetano de los Muertos*" (15).

de excepciones y violaciones a las convenciones (*Teoría de la Literatura* 627-34). En todo caso, lo que une a las cuatro caras del cubo (prosa del cerveceo, "ligue", escritura y pintura) es la repetición.[37] En la pintura:

> Se trata de repetir un mismo gesto, minúsculo, milimétrico, hecho con el pincel más fino que hay, que se llama 0-0 y que casi no tiene más que un pelo. Ese gesto, siempre el mismo, siempre del mismo color, o más o menos, se va acumulando en la tela. Se ha calculado que hay varios miles en un formato medio (78).

Comportamiento asimilable, desde una perspectiva, a la compulsión repetitiva (*Wiederholungszwang*) de que habla Freud en *Más allá del principio de placer* (1920). Ésta revelaría una pulsión regresiva del organismo dirigida hacia un estado previo. Pero la repetición expresa el poder de la diferencia, la cual produce variaciones a través de la repetición misma al recomenzar una y otra vez, afirmando así lo nuevo (Deleuze, *Diferencia y repetición* 22-3; 47-59). Ahora bien, la conexión entre pintura y literatura se ancla en la imagen, lo que explica el interés del autor por la descripción, en especial aquella que conlleva una "epifanía":

> Cuando triunfó la revolución, empecé a dirigir una página en un periódico, Diario Libre. Pero pronto salté a Lunes de Revolución, con Guillermo. La imagen más fuerte que tengo de esas noches sin noche, en la imprenta o en la calle, festejando la inestable libertad, no es, sin embargo, literaria, ni siquiera cultural. No es tampoco la visita de Castro a la redacción. No: es la de Norka, una modelo cubana de entonces, que es una de las personas más bellas que he visto jamás. Estaba tirada en un sillón, en medio de los teletipos y las máquinas de escribir. Maquillada de blanco, con los ojos enormes y los labios pálidos. La ropa que llevaba, también clara, incluía, como adorno, un reloj. Su cuello era larguísimo. Sus párpados eran como dos mariposas obscuras, mojadas, a punto de morir. Dormía quizás. O esperaba, en esa noche de tinta, a que terminara Korda, su esposo, de entregar algún capítulo más de la historia gráfica del día, porque entonces cada día era una epopeya insular (13).

Escribir y pintar son emanaciones de fuerzas corporales. Ello torna irrelevante el problema de la mímesis, pues lo decisivo en el arte no es si se reproducen o se inventan formas sino si se capturan fuerzas (Deleuze, *Francis Bacon* 48), tal como ocurre en la *Action Painting.* En ella el pintor invade el lienzo, deviene actor e inscribe su corporeidad el cuadro que habitará como fantasma (Rosen-

[37] Para la relación entre pintura y literatura en la obra de Sarduy remito al texto de Justo C. Ulloa, "Severo Sarduy: pintura y literatura". Son elocuentes, además, las entrevistas que Sarduy concedió a Emir Rodríguez Monegal (*El arte de narrar: diálogos*, 269-92), a Julio Ortega ("Severo Sarduy: escribir con colores") y a Jorge Schwarz ("Con Severo Sarduy en Río de Janeiro").

berg, 23-35). Examinando *Gestos* (1963), la primera novela de Sarduy, Justo C. Ulloa ha hablado de una *Action Writing* a través de la cual se replica en el plano sintáctico del texto la dimensión cinética de la *Action Painting*. Sarduy disuelve objetos en texturas y los recupera en descripciones; utiliza cambios de perspectiva, tal como los cuadros de Jesús Rafael Soto se modifican conforme el espectador se desplaza al contemplarlos. Además, Ulloa expone la sincronía de la obra de Sarduy con Franz Kline, Georges Braque, Jean Dubuffet, Pablo Picasso y Victor Vasarely ("Severo Sarduy: pintura y literatura" 90-3).[38] El carácter productivo del deseo no cesa. Es un proceso maquínico carente de sujeto fijo que prolifera y se ramifica rizomáticamente en una escritura andrógina que escapa a los constreñimientos de la fijeza del sentido, del programa, del avance teleológicamente predeteminado, para estallar y diseminarse en todas direcciones y propiciar una reacción a largo plazo.[39]

> Próximo de la cincuentena, y con más de un cuarto de siglo de textos trabajados por el gris y el exilio, voy creyendo que la escritura no sirve para nada inmediato, que las repercusiones o la impalpable cámara de eco que crea un libro se pierden en una lejanía difusa, o en la memoria de un lector ausente que nunca encontraremos, o en la vaguedad de los comentarios y la persistencia de los detractores (92).

Pero, sobre todo, esa producción artística, esa escritura, esa pintura son agregados sensibles que plasman afectos nada o poco conocidos por el ser humano, o perceptos, devenires no humanos del ser humano en el mundo donde su ego se disuelve (Deleuze y Guattari, *¿Qué es la filosofía?* 164-201), como ocurre en el caso de los tejedores de la cultura Nazca, cuyas gigantescas figuras Sarduy, siguiendo a Henri Stierlin, identifica como "soportes para elaborar hilos larguísimos" (79). Esa disolución impulsa una "iniciativa de salud", pues el escritor y el artista es un médico tanto de sí como del mundo (Deleuze, *Crítica y clínica* 14). Sarduy busca la curación por la palabra pero también mediante la "cromoterapia" (34).

El énfasis sensual en lo corporal –que lo diferencia de un racional Vargas Llosa, quien como buen liberal elide su cuerpo en el recuento de su vida– subraya el proceso de reterritorialización que el escritor cubano creativamente llevó a cabo. Cierto, Sarduy no partió de Cuba forzado, pero no menos cierto es que hubo un momento en que la política cultural del régimen castrista (recuérdese

[38] *Cf.* Leonor A. de Ulloa. "Signos en rotación en el neobarroco pictórico de Severo Sarduy".

[39] De ahí que, en palabras de Sarduy, "La frase barroca no nos lleva a ningún significado neto, sino que, precisamente a través de una serie de zig-zags, de détours, no vehicula más que un significado flotante, vacío, plurivalente" (González Echevarría, "Guapacha Barroco" 39).

el discurso de Fidel Castro de 1961, "Palabras a los intelectuales") y su homofobia hacían inviable un retorno que no fuese algo más que condenarse al ostracismo y al "exilio interior". Es obvio que una vez en el extranjero Sarduy comprendió que el endurecimiento de la revolución trastocaba la naturaleza de la misma y su propio sino, que derivó hacia la línea de fuga del exilio[40] y la implantación en París[41], codiciada meta hispanoamericana desde los tiempos del afrancesado modernismo, no sin antes haberse cerrado el camino de retorno en un *performance* que llevó a cabo en la *Maison de Cuba* donde, replicado humorísticamente el gesto atribuido a Hernán Cortés, quemó una guayabera para cerrarse el retorno a la tierra natal (29).[42] Este gesto fue una inteligente apropiación de un gesto fundacional que revierte el heroísmo del conquistador mediante un acto de "contraconquista" donde es posible leer la huella de la posición periférica del hispanoamericano frente a la metrópoli, lo que obliga a la copia. La exageración paródica es una estrategia poscolonial que revierte el "déficit de originalidad" (Richard, "Cultural Peripheries" 219). Ahora bien, el exilio genera un *impasse* lingüístico a Sarduy, similar al que algunos de sus amigos escritores han vivido. Unos, como Héctor Bianciotti, Jorge Semprún o Fernando Arrabal, lo han resuelto desplazando su escritura al francés. Otros, como Juan Goytisolo, mediante un arraigo mayor en la lengua española (42). Sarduy soluciona el problema por vía de la repetición paródica. Revisita el idioma cubano de los años 50s, los de su juventud en la isla (28) y se reterritorializa en esa lengua y en su propio cuerpo, de donde irradia la escritura. Así, Sarduy se aparta de la falaz prédica de la cancelación de lo nacional que acompañó al fracaso de los proyectos de liberación de cariz socialista y no socialista (Larsen, *Determinations* 48-9) y hace de Cuba uno de los motores de su literatura.

[40] El "exilio" es una de las tres armas de Stephen Dedalus, cosa que Sarduy recuerda en "C'est chez nous..." (27-9).

[41] Se ha celebrado la inserción de Sarduy en el medio parisino y "Telqueliano" (Rodríguez Monegal, *El arte de narrar: diálogos* 291) pero no todos coinciden en la *naturaleza* de ésta. De acuerdo a Edgardo Cozarinsky, Sarduy nunca encajó realmente en el ambiente literario parisino y el entorno telqueliano lo incorporó en calidad de exótica *coqueluche*: "La gracia, la espontaneidad con que en la conversación, aun antes que en la escritura, Sarduy proponía insólitas alianzas entre las letras, la música popular, la lingüística y la digresión sexual, era algo inimitable para su empacado primer público. Sólo Roland Barthes podía, desde otro registro, intuir exactamente la naturaleza de su genio. Para los demás parroquianos de Saint-Germain-des-Prés, ese cubano auténtico fue convirtiéndose en un cubano *di maniera*, diversión de intelectuales que en él festejaban la exhibición de esa misma heterodoxia lúdica que en Cuba lo habría llevado al trabajo forzado en un campo de la UMAP. En Sarduy, esa secta sólo supo ver un reflejo exótico que la confirmaba en su existencia metropolitana" (*El pase del testigo* 125).

[42] Para el tema del *performance* en la obra de Severo Sarduy, véase Francisco Cabanillas *Escrito sobre Severo: una relectura de Sarduy* (77-99).

Lo autorretratos de Sarduy devuelven su imagen como si se tratara de un espejo astillado. La crítica de la cultura, el testimonio personal, la reflexión literaria, las metamorfosis de la imaginación hallan en sus páginas una expresión residual cuyos desplazamientos rápidos se hurtan a la fijeza de la persona *hecha y derecha*. Este tipo de sujeto reaparecerá en *Vivir para contarla*, articulado casi desde el momento postrero, paradójica posición ideal para el discurso autobiográfico.

CAPÍTULO V

Carnaval y documento en *Vivir para contarla*, de Gabriel García Márquez

Vivir para contarla apareció en 2002. Para entonces, Gabriel García Márquez, es obligatorio e inútil recordarlo, era el novelista latinoamericano más famoso a nivel global y su obra, para bien o para mal, uno de los epítomes del "realismo mágico". Para ese entonces también García Márquez, nacido en 1927, se hallaba ya bien entrado en la setentena. Este dato distingue sus "memorias" de los textos vistos hasta ahora en este libro pues, a diferencia de ellos, *Vivir para contarla* es una obra de vejez (el caso de *Confieso que he vivido* es distinto porque el texto incorpora materiales escritos en diversas épocas). Ahora, la vejez parece ser la edad idónea para redactar una autobiografía porque para entonces la vida ya se ha saturado de acontecimientos, ya los vastos palacios de la memoria, como dice san Agustín en el capítulo X de *Confessionum*, se encuentran repletos. Además, resulta sensato anticipar que ya no quedan demasiadas cosas por vivir, la dimensión de lo práctico-inerte del pasado se manifiesta con mayor fuerza en la vejez en tanto que el margen de sorpresas y expectativas que el futuro podría deparar se ha reducido significativamente. Es el momento de revivir. De ahí la importancia de la infancia para el viejo, pues ella le restituye la sensación de porvenir ilimitado justo en el momento en que la muerte deja de ser un destino general y abstracto para convertirse en un evento próximo y personal. Pero, paradoja, la capacidad del recuerdo mengua en la vejez y el pasado se manifiesta, más bien, en la discontinuidad de imágenes, fantasmas y actitudes afectivas (Beauvoir 383-428).[1] Esta constatación se expresa en *Vivir para contarla* bien avanzado el texto, cuando uno de los hermanos del autor, El Cuqui, sostiene que "lo primero que un escritor debe escribir son sus memorias, cuando todavía se acuerda de algo" (480). Este dictamen posee la fuerza epigramática propia del diálogo en la obra de García Márquez, y su humor, ese humor que informa la visión del mundo implícita en *Vivir para contarla*, texto precedido por esta decla-

[1] En su conocido ensayo de 1954, "Altern als Problem für Künstler" Gottfried Benn se refiere a la sorprendente longevidad entre los artistas famosos como consecuencia de que la creación artística constituye un fenómeno de liberación y relajación, catártico, en suma, benéfico al organismo; concomitantemente, la longevidad permitiría mayor tiempo para destacar en el propio arte ("Artists and Old Age" 168).

ración: "La vida no es la que uno vivió, sino la que uno recuerda y cómo la recuerda para contarla" (7).

La memoria es la modalidad de nuestra relación con el pasado; de hecho, es constructora de ese pasado, el cual solamente puede existir como recuerdo. Pero la memoria exige narración, pues coloca el acento en la causalidad, en las secuencias temporales de sentido y la interacción entre sujeto y comunidad, ya que la memoria individual depende del sistema de comunicación de una cultura, y toda cultura requiere un mecanismo supraindividual de creación, transmisión y conservación de ciertos comunicados que posee su particular paradigma de memoria y olvido (Lotman, *La semiósfera I* 159-160). Pero existe, no obstante, un viejo diferendo entre escritura y memoria. En el *Fedro* y en la *Séptima Carta*, Platón objeta la escritura porque ella ubica fuera del pensamiento lo que debería permanecer en éste. La memoria no responde a las interrogantes que se le plantean y, más relevante para lo que aquí importa, destruye las habilidades mnemotécnicas del individuo al hacerlo dependiente de un artilugio. Es decir, la escritura trastorna la forma originaria de la memoria (*anamnesis*) y la substituye por un sistema de recolección externo (*hypomnemata*). Por ello, desde los comienzos de la cultura occidental se sospecha del carácter construido y mediado de la memorización y la rememoración que la escritura hace posible, y a la cual emponzoña (Derrida, *La dissémination* 69-197). Al hablar de *Las genealogías*, de Margo Glantz, se mencionó la comparación entre autobiógrafo y arqueólogo que Walter Benjamin propuso. No hace falta repetir lo que ya se expuso pero sí conviene traer a colación el concepto proustiano de *mémoire involontaire*, que Benjamin entiende como un principio poetológico más próximo al olvido que al recuerdo, este último suministra en su aprehensión del instante una descarga rejuvenecedora que compensa el proceso de envejecimiento. Se trata de un método de actualización, no de reflexión (Benjamin, "On the image of Proust" 244).[2] Es apropiado mencionar al escritor francés si se recuerda la manera proustiana como se produce el recuerdo en *Vivir para contarla*. El protagonista y su madre viajan a Aracataca a vender la casa familiar. Se encuentran con unos antiguos conocidos y comparten una comida con ellos: "Desde que probé la sopa tuve la sensación de que todo un mundo adormecido despertaba en mi memoria" (39), lo que se asemeja al célebre episodio de la *madeleine* en *Du côté de chez Swann*, primer tomo de *À la recherche du temps perdu*.

[2] La divisa que abre *Vivir para contarla* –"La vida no es la que uno vivió, sino la que uno recuerda y cómo la recuerda para contarla"– parece un eco de la manera como Walter Benjamin expone el método de Proust: "We know that in his work Proust described not a life as it actually was [*wie es gewesen ist*] but a life as it was remembered by the one who had lived it" ("On the Image of Proust" 237-8).

Pero si el mecanismo del recuerdo evoca a Proust, la atmósfera de *Vivir para contarla* es muy diferente. En el capítulo sexto, García Márquez evoca una simpática anécdota ocurrida en el *Gato Negro*, un burdel que conoció durante sus años en Barranquilla:

> Una noche histórica en sus anales, Álvaro Cepeda y Quique Scopell no soportaron el racismo de una docena de marinos noruegos que hacían cola frente al cuarto de la única negra, mientras dieciséis blancas roncaban sentadas en el patio, y los desafiaron a trompadas. Los dos contra doce a puñetazo limpio los pusieron en fuga, con la ayuda de las blancas que despertaron felices y los remataron a silletazos. Al final, en un desagravio disparatado, coronaron a la negra en pelotas como reina de Noruega (402).

Esta "coronación burlesca" concita de inmediato la palabra "carnaval", tan usada en los estudios literarios que podría estarse volviendo un significante vacío. Por ello, hay que especificar cómo se emplea en este libro. El carnaval es una vivencia acotada promovida por la Iglesia y el Estado en que se produce una inversión de los valores vigentes y se permite el contacto familiar y libre entre los individuos. La acción carnavalesca posee un carácter funcional, no substantivo, que fomenta la unión y combinación de elementos disímiles, y hasta antagónicos, y la apertura hacia la vivencia corporal gozosa mediante el exceso en la comida, la bebida y el placer sexual (Bakhtin, *Problems of Dostoevsky's Poetics* 122-32). Mencionar el carnaval es inevitable al hablar del Caribe, esa "zona planetaria" cuya unidad histórica proviene del exterminio de la población indígena, el predominio de la producción azucarera sobre la extracción minera, el sistema esclavista y la dependencia económica del mercado internacional (Rodríguez, "The Literature of the Caribbean" 20). En términos geográficos, el epicentro del Caribe son las Antillas; su primera periferia, las islas socioculturales, que no geográficas, de Belice, Guyana, Surinam y la Guyana Francesa, orientadas tanto económica como culturalmente hacia el mar antes que hacia tierra adentro; la segunda periferia la constituyen las franjas costeras de países que no pertenecen en su totalidad al ámbito caribeño como México, Venezuela, Panamá, Costa Rica, Nicaragua, Honduras, Guatemala y Colombia (de Cartagena de Indias a Santa Marta) (Mateo Palmer y Álvarez Álvarez 66-7). En este espacio, la gran fiesta es el carnaval (Benítez Rojo xxxviii) y como *gestus francus* opera una particular forma de humor –choteo, relajo, bachata– que consiste en "la capacidad de burla, de sarcasmo, de autoironía, de resolver en risa, chiste, despego aparencial, todo conflicto, desde la supervivencia, hasta la muerte misma" (Mateo Palmer y Álvarez Álvarez 172-3).

Vivir para contarla crea un universo en que buena parte de los acontecimientos resultan depurados de drama o de carga conflictiva mediante una gozosa festividad caribe tan recurrente que, por momentos, se tiene la impresión (equivocada) de que la vida del autor ha sido, en buena medida, una "parranda perpetua" estorbada apenas por las demandas pedestres de la vida diaria: el protagonista aprende a tocar el tiple gracias a su hermano Luis Enrique, guitarrista de nota junto al cual se convierte en uno de los reyes de las serenatas "con el premio mayor de que algunas agasajadas se vestían a las volandas, abrían la casa, despertaban a las vecinas y seguíamos la fiesta hasta el desayuno" (210). La farra no se interrumpe cuando García Márquez viaja a Bogotá en 1943 porque durante cuatro años recorre la misma ruta en viajes "lentos y sorprendentes" que permite a los viajeros conocerse entre sí. La familiaridad alcanza su apoteosis cuando los buques –*Atlántico, Medellín, Capitán de Caro, David Arango*– encallan en bancos de arena: "Nadie se preocupaba, pues la fiesta seguía, y una carta del capitán sellada con el escudo de su anillo servía de excusa para llegar tarde al colegio" (213). Más adelante, cuando se instale en Barranquilla, García Márquez, de la mano de Alfonso Fuenmayor, Germán Vargas Cantillo y Álvaro Cepeda Samudio, vivirá una suerte *de misère dorée*, como diría su amigo Paul Coulaud (García Márquez, *Notas de prensa* 355), sumergido en parrandas "honradas y fructíferas" (138), muchas veces de viernes a lunes y que serán decisivas en su formación como individuo y escritor (129-33). Esta dimensión afirmativa de la vitalidad popular, que conlleva una firme negativa a incorporarse en la temporalidad del capitalismo centrada en el *tiempo productivo*, alcanza su ápice paradójico en el burdel:

> El barrio chino eran cuatro manzanas de músicas metálicas que hacían temblar la tierra, pero también tenían recodos domésticos que pasaban muy cerca de la caridad. Había burdeles familiares cuyos patrones, con esposas e hijos, atendían a sus clientes veteranos de acuerdo con las normas de la moral cristiana y la urbanidad de don Manuel Antonio Carreño. Algunos servían de fiadores para que las aprendizas se acostaran a crédito con clientes conocidos (401).

En *Vivir para contarla* el prostíbulo posee una dimensión mercantil que no se puede obliterar, al mismo tiempo su ámbito hospitalario se dispone en torno al goce de la fornicación improductiva en que clases sociales distintas convergen y discursos disímiles se rozan, cuando menos de modo efímero. Esta idealización del burdel no es ajena, como se vio, a Mario Vargas Llosa, ni a otro conspicuo miembro del *boom*, Carlos Fuentes, quien expresa simpatías análogas al evocar su juventud en *Myself with Others*.[3] El cuerpo prostibulario en *Vivir para contarla*

[3] "Sex was another story, but Mexico City was then a manageable town of one million people, beautiful in its extremes of colonial and nineteenth-century elegance and the garishness of its

es un cuerpo carnavalesco; es decir, un cuerpo popular, un cuerpo que no es apolíneo ni equilibrado, como el cuerpo clásico, sino grotesco, excesivo, voraz, cuyos actos –comer, beber, fornicar, dar a luz, defecar, crecer y decaer– adquieren primacía y se sujetan a una jerarquización en la que después del vientre y el miembro viril, la boca desempeña el papel más importante del drama corporal, pues ella devora el mundo (Bakhtin, *Rabelais and his World* 316-9). En consonancia, el erotismo se trata desde una perspectiva celebratoria en que se disuelven las tensiones mediante una profusión erótica donde se reactualizan estereotipos de la sensualidad y sexualidad de los cuerpos caribeños. Esta actitud no se limita a la sexualidad pagada. El amorío entre el protagonista y la mujer "de cama alegre y orgasmos pedregosos y atribulados" a la que llama Nigromanta ostenta esos rasgos y aun otros: su vivienda no podría resultar más simbólica, pues se trata de un cuarto con dos puertas, una de las cuales da a la calle y la otra al cementerio, típica zona de umbral donde los amantes se entregan a desaforadas sesiones amorosas que perturban la paz de los vecinos y la de los muertos (260). El romance, no obstante, se ve interrumpido cuando el marido de la muchacha, un sargento con "cuerpo de gigante y voz de niña", como el *Juan Breva* de García Lorca, sorprende a los amantes y desafía infructuosamente al narrador a jugar la ruleta rusa. Conforme a la disposición desdramatizadora del texto, esta historia se disuelve en la broma (el tambor del revólver solo tenía una cápsula vacía) y lo sentimental (el marido explica, entre lágrimas, que no mató al narrador porque el padre de éste fue el único que pudo curarle una gonorrea) (262). Hasta la muerte adopta, a veces, un carácter risueño en *Vivir para contarla*, como ocurre en el caso de la tía Pa, que no ignoraba cuándo iba a morir y viaja a Cartagena para despedirse "alegremente" de la familia (476-7), o en el de Figurita, quien se desnuca en el carnaval de 1960 disfrazado de tigre cubano (531).

Este proceso de carnavalización se refuerza mediante tres estrategias. La primera consiste en el empleo de estructuras antitéticas (el mundo al revés): las seis señoritas Loiseau, inválidas que dan clases de baile sin levantarse de su mecedora (210); Alvaro Cepeda Samudio conduce con mayor seguridad y prudencia cuanto más bebido se halla (401); Barranquilla es la ciudad más hospitalaria del país pero con un crimen atroz cada año (161); *La Magnífica*, oración secreta repudiada por la Iglesia pero admitida por los ateos "cuando ya no les alcanzaban las blasfemias" (366-7); las fieras humanizadas por amor del domador Emilio Raz-

exuberant and dangerous nightlife. My friends and I spent the last years of our adolescence and the first of our manhood in a succession of cantinas, brothels, strip joints, and silver-varnished nightclubs where the bolero was sung and the mambo danced; whores, mariachis, magicians were our companions as we struggled through our first readings of D. H. Lawrence and Aldous Huxley, James Joyce and Andre Gide, T. S. Eliot and Thomas Mann" (21).

zore (398); el poeta Luis Carlos López, apodado "El tuerto", que inventó un modo de estar muerto sin morirse y que ya en el ataúd lucía menos muerto que cuando estaba con vida (407-9); Nanchi, hermano del autor, quien pese a su paso por el ejército, es el hombre más pacífico del mundo (475).

Una adjetivación hiperbólica es la segunda estrategia de que el texto dispone. En una página de *Vivir para contarla*, Gabriel García Márquez, quien siempre se jacta de no haber nacido en el Altiplano sino en el Caribe, alude a la desmesura bogotana como explicación de que cierta esquina de la capital de Colombia fuese bautizada como "la mejor esquina del mundo" (308); pero, precisamente, ese mismo exceso alimenta buena parte de la evocación del autor. Así, las rabias del padre son homéricas (188); los Cotes y los Iguarán, tribus sacramentales (82) y las desgracias de Aracataca, bíblicas (384); Filadelfio Velilla es un sastre mágico (259); el azul de los ojos de Alejandro Obregón, misterioso (127) y el de Germán Vargas peligroso (129); el miedo del autor al avión, legendario (287); el encanto de Alfonso López Michelsen, casi mágico (317); los pescaditos del abuelo, célebres (389); el carpintero Leandro Díaz, un compositor genial (456). En esa misma línea, resulta significativo que un adjetivo recurrente a lo largo de las 579 páginas del texto sea "histórico". Es histórica la travesía que el protagonista efectúa acompañando a su madre para vender la casa (21); la noche en que conoce a Gustavo Ibarra y a Sófocles (395); la camioneta de Cepeda Samudio (449); históricos los retornos a Colombia de Alejandro Obregón (127) y los trechos de la vida en que acompañan al autor Juan B. Fernández y Enrique Scopell (193); históricas las sandalias que, junto con dos mudas de ropa, constituían su única propiedad cuando vivía en Barranquilla durante la década del 50 (452); histórico el hotel que quedaba a cinco cuadras del barrio del Prado, donde vivió por un tiempo (452) y el vale que le aceptó Víctor Cohen, quien luego lo exhibirá como un trofeo (500); histórico el maestro de escuela primaria Bolívar Franco Pareja, a cuya mesa más de una vez se sentó el autor (392). Bien se ve que García Márquez acierta cuando alude a su "defecto incorregible" de no medir los adjetivos (494). De otro lado, lo hiperbólico se manifiesta también en la exacerbación de los afectos. Hay abundantes muestras de ello pero ningún momento más elocuente que la reconstrucción del afligido idilio entre Gabriel Eligio y Luisa Santiago, padres del autor. García Márquez se vale de una paralepsis –proporcionar más información de la que la focalización faculta a dar (Genette, *Figures III* 77-90)– para referir lo que solo podría conocer *a posteriori* y de segunda mano. Se fisura la armazón del relato tanto en ese momento como cuando esa misma omnisciencia se restringe para soslayar el erotismo de los padres (76), pudor que se combina con una involuntaria parodia del estilo romántico: Luisa Santiaga, "arrebatada de amor por el joven y altivo telegrafista de Aracataca" (58), a duras penas resiste "el terror de verlo y el tormento de no poder verlo" (61); "conmovida por la abnegación de aquel amor invencible" desposa a Gabriel Eligio (62) ante la oposición familiar que hizo "saltar los diques del torrente que llevaba reprimido en el corazón" (64) y defiende su amor "con una ferocidad de leona parida" (64).

El tercer recurso consiste en el relato impávido –el adjetivo es de García Márquez– de lo atípico. Dos ejemplos: el grillo amaestrado que tras una performance agradecía los aplausos del público y que Alejandro Obregón devora vivo (127-8); el estudiante que se casó borracho con la primera chica que le gustó en Puerto Berrío y junto a la cual sigue (217). Pero también ocurre que las cosas banales se presentan como extraordinarias: la primera mujer que ve al llegar a Bogotá tiene la prestancia de una reina de luto (221), su hermano Eligio descubre el "milagro" de gatear (414), su enamoramiento de Mercedes Barcha fue el secreto mejor guardado en los primeros veinte siglos de la cristiandad (457-8).

Estos recursos se construyen sobre la base de una saturante, casi mecánica y, en última instancia, monótona excepcionalidad. Ahora bien, puestos a buscar semejanzas para este enfoque en la propia obra del colombiano, viene a la mente de inmediato *Notas de prensa 1980-1984*, la colección de artículos periodísticos en que, a diferencia de sus reportajes de juventud, lo que predomina es el tono y la actitud de una celebridad muy consciente de su rango.[4] La peculiaridad acompaña al autor desde el nacimiento:

> Fue así y allí donde nació el primero de siete varones y cuatro mujeres, el domingo 6 de marzo de 1927, a las nueve de la mañana y con un aguacero torrencial fuera de estación, mientras el cielo de Tauro se alzaba en el horizonte. Estaba a punto de ser estrangulado por el cordón umbilical, pues la partera de la familia, Santos Villero, perdió el dominio de su arte en el peor momento (77).

El registro del tema astrológico asemeja a *Vivir para contarla* con *Dichtung und Wahrheit* (1831) de Johann Wolfgang von Goethe y con *Lebenslauf* (1936) de Thomas Mann, cuyo inicio irónicamente alude al texto de Goethe.[5] *Vivir para contarla* reubica el nacimiento del autor-narrador-personaje, desplazándolo de su ubicación cronológica al inicio del texto, a la vez que concluye en la primera juventud de García Márquez, cuando el joven escritor se apresta a partir hacia Europa. La linealidad de la vida se conjura, escamoteando la muerte del autor del horizonte argumental, lo que manifiesta el deseo de impedir la intrusión de

[4] *Cf.* John Benson, "Notas sobre *Notas de prensa 1980-1984*" así como Gerald Martin, *Gabriel García Márquez. A Life* (398-9).

[5] *Cf.* Johann Wolfgang von Goethe, *Dichtung und Wahreit aus meinem Leben* (9); Roman Karst, *Thomas Mann, oder der deutsche Zwiespalt* (9).

una nota fúnebre en el discurso. Así mismo, el impar destino del autor anunciado desde la infancia se explica en la propensión de la autobiografía a construir prolépticamente al adulto en el niño (Molloy 109-13).

Pero lo atípico puede ser algo más que insólito y descansar en un sistema de creencias colectivas donde cristaliza un espacio de hibridez que se sustrae a los parámetros de la lógica y la racionalidad occidentales. Nada más representativo de ello que la leyenda de Marquesita y su mundo de la Sierpe (417-9), la cual impresiona tanto al joven periodista García Márquez que decide emprender una expedición a la zona. ¿Quién era la Marquesita? Una especie de Mamá Grande con poderes sobrenaturales, salvo el de resucitar a los muertos, prerrogativa de Dios:

> Vivió todos los años que quiso, y se supone que fueron hasta doscientos treinta y tres, pero sin haber envejecido ni un día más después de los sesenta y seis. Antes de morir concentró sus fabulosos rebaños y los hizo girar durante dos días y dos noches alrededor de su casa, hasta que se formó la ciénaga de La Sierpe, un piélago sin límites tapizado de anémonas fosforescentes. Se dice que en el centro de ella hay un árbol con calabazos de oro, a cuyo tronco está amarrada una canoa que cada 2 de noviembre, día de Muertos, va navegando sin patrón hasta la otra orilla, custodiada por caimanes blancos y culebras con cascabeles de oro, donde la Marquesita sepultó su fortuna sin límites (418-9).

En reportajes que redactó en la década de los 50 –"La Sierpe", "La marquesita de la Sierpe", "La herencia sobrenatural de la Marquesita" y "La extraña idolatría de la Sierpe"– García Márquez consignó algunos detalles omitidos en *Vivir para contarla*, como que la Marquesita era una española menuda, blanca, rubia, que jamás tuvo marido.[6] La pérdida del tesoro de la Marquesita, que marca la disyunción entre la acumulación primitiva nunca convertida en capital y el mito en que deviene, así como entre el pasado colonial y la república (Franco, *The Decline and Fall of the Lettered City* 125), sugiere una de las claves de lo que ha sido la exitosa seña del autor: el realismo mágico.[7] Éste es un concepto anfibológico. Se le puede entender como un tipo de relato en cuya diégesis coexisten aproblemáticamente elementos realistas y elementos extraordinarios tomados

[6] *Cf.* los volúmenes I y II de la *Obra periodística* (1983) de Gabriel García Márquez, recopilada por Jacques Gilard.

[7] Sobre el realismo mágico se ha escrito en abundancia. La mejor recopilación de estudios se halla en el volumen editado por Lois Parkinson Zamora y Wendy B. Faris, *Magical Realism: Theory, History, Community*. Así mismo, puede consultarse con provecho: Maggie Ann Bowers, *Magic(al) Realism*; Seymour Menton, *Magic Realism Rediscovered, 1918-1981*. Para un valioso cotejo entre el realismo mágico y lo real maravilloso, véase Irlemar Champi, *O realismo maravilhoso*.

de tradiciones culturales premodernas, lo que evidencia la superposición de rasgos precapitalistas e incipiente desarrollo moderno. Este procedimiento de montaje, que también se emplea en el surrealismo y en el realismo maravilloso de Asturias y Carpentier, provoca un efecto defamiliarizador al remover los objetos cotidianos de su contexto habitual para reubicarlos en un ámbito que le es ajeno. El realismo mágico posee, además, una agencia comunitaria de protesta y rebelión contra poderes imperiales, lo que lo distingue de la literatura fantástica, en la que se produce una rebelión contra la tiranía del *logos* (Chanady, *Magical Realism and the Fantastic* 23; Durix, *Mimesis, Genres and Post-Colonial Discourse* 79-81, Jameson, *Signatures of the Visible* 177, 190; Larsen, *Determinations* 128-32). En una memorable entrevista, García Márquez explicitaba su proyecto:

> La realidad es también los mitos de la gente, es las creencias, es sus leyendas; son su vida cotidiana e intervienen en sus triunfos y en sus fracasos. Me di cuenta de que la realidad no era sólo los policías que llegan matando gente, sino también toda la mitología, todas las leyendas, todo lo que forma parte de la vida de la gente, y todo eso hay que incorporarlo (González Bermejo 23).

El realismo mágico, además (y en esto la figura y la obra de García Márquez son emblemáticas), se ha constituido en uno de los rasgos definitorios de la narrativa hispanoamericana desde que ésta, tras un sostenido desarrollo de medio siglo, ingresó en su fase de internacionalización con el afamado *boom* de la narrativa hispanoamericana durante la década de los 60 del siglo pasado (Martin *Journeys Through the Labyrinth* 311-2). En este período, marcado por el tercermundismo debido, sobre todo, al proceso de descolonización y a la emergencia de nuevos sujetos de la Historia (Jameson, "Periodizing the 60s" 180-6), América Latina se sintetizó mediante la fórmula "realismo mágico" que acoplaba la inventiva "mágica" y el "real" compromiso político. La literatura latinoamericana, así, ostentaba un doble mérito: se enraizaba en la lucha popular y era estéticamente innovadora (Beasley-Murray 21). Pero el triunfo del realismo mágico en Occidente se explica, sobre todo, porque venía a satisfacer una necesidad de reencantar el mundo. Ante la dificultad de lograr esto en Europa o en los Estados Unidos, otros continentes se presentaban como territorios aptos para redescubrir la magia (Moretti, *Modern Epic* 249). Desde una perspectiva latinoamericana, la obra de García Márquez reviste de mayor interés como exponente de una operación que integraba elementos culturales exógenos a matrices narrativas tradicionales, las cuales debían adaptarse plásticamente para ese cometido a nivel de lengua, estructura literaria y cosmovisión. Desde luego, se trata de la conocida propuesta de "transculturación narrativa", en la cual un cierto tipo de letrado (los transculturadores: José María Arguedas, João Guimarães Rosa,

Augusto Roa Bastos, Juan Rulfo) asume una agencia mediadora entre el proceso de modernización y la preservación de lo local a través de operaciones resemantizadoras (Rama, *Transculturación narrativa en América Latina* 47-65).

Volviendo a la leyenda de la Marquesita, *Vivir para contarla* presenta una escisión en el horizonte de creencias. El asombro del narrador ante esa "fantástica" historia sobre la que anhela escribir una crónica de "realismo sobrenatural" (419) demuestra su ajenidad a ese mundo así como su distancia de aquellas personas que creen en la existencia del Basilisco (como la abuela Tranquilina) (94) o que los muertos andan sueltos por las calles durante la noche (como Alfredo Barboza, médico de Aracataca) (39). Se presenta una desconexión similar cuando García Márquez se refiere a la mujer fantasma con que su familia convivió en la casa de Cartagena (471). Que el protagonista no participe sino que se entere de estos eventos, cuya veracidad no duda pero tampoco admite, así como el hecho de que califique a la abuela Tranquilina de "crédula e impresionable", reafirma esa separación. Sin embargo, en otros momentos el narrador parece adherir a ese universo, como lo evidencian las coincidencias fundamentales en su vida, sus facultades premonitorias y la conexión telepática con su hermana Margot (102).[8] Ya en la citada entrevista con González Bermejo, García Márquez se había referido a "presagios, telepatía, creencias premonitorias" como una "pararrealidad" todavía no incorporada al discurso científico, en el cual hallaría, curiosamente, su fuente de validación la "realidad real" (González Bermejo 24). Pero en *Vivir para contarla* se rememoran situaciones más espectaculares, como el individuo que tiene en el abdomen un engendro con vida propia (417), lo que recuerda *Alien* (1979), de Ridley Scott. También se menciona un exorcismo, atestiguado por el autor, en cuyo clímax un pájaro de plumaje tornasolado emerge de entre las sábanas de su tía Wenefrida (94). Estos dos ejemplos se ajustan a la manera como García Márquez ejecuta el realismo mágico: lo extraordinario no se presenta como problemático pues la instancia narrativa acepta la coexistencia antinómica de lo natural y lo sobrenatural. Con todo, hay un pasaje en que esa armoniosa coexistencia colapsa:

> En ésas andaba una noche de domingo en que por fin me sucedió algo que merecía contarse. Había pasado casi todo el día ventilando mis frustraciones de escritor con Gonzalo Mallarino en su casa de la avenida Chile, y cuando regresaba a la pensión en el último tranvía subió un fauno de carne y hueso en la estación de Chapinero. He dicho bien: un fauno. Noté que ninguno de los escasos pasajeros de mediano-

[8] García Márquez gana un premio literario el mismo día y casi a la misma hora en que nace su segundo hijo (272) y su madre muere exactamente el mismo día que él concluyó de escribir el texto: 9 de junio del 2002 (58).

che se sorprendió de verlo, y eso me hizo pensar que era uno más de los disfrazados que los domingos vendían de todo en los parques de niños. Pero la realidad me convenció de que no podía dudar, porque su cornamenta y sus barbas eran tan montaraces como las de un chivo, hasta el punto que percibí al pasar el tufo de su pelambre. Antes de la calle 26, que era la del cementerio, descendió con unos modos de buen padre de familia y desapareció entre las arboledas del parque (322).

La intrusión del elemento asombroso en un contexto cotidiano aquí sí resulta conflictiva. Lo demuestra que el narrador dude en un primer momento de aquello que ve: toma al fauno, a quien nadie más parece haber advertido, por una persona disfrazada. El énfasis "He dicho bien: un fauno", que reafirma lo que ya declaró, anticipa un narratario escéptico, un narratario para quien el evento referido opera como factor disruptivo en la ontología del mundo "real", con el cual la escritura autobiográfica, configurada mediante la cronología y la continuidad implícita de personas y espacios, suele mantener una relación aproblemática (Gilmore, *Autobiographics* 68). Los detalles materiales –cornamenta, barba, hedor del fauno, ubicación del encuentro– refuerzan el "efecto de realidad", intensificando, de este modo, el desequilibrio de las visiones contrapuestas. Esta colisión se halla presente en el propio narrador y es presupuesta en el narratario, cuya posición se expresa después en lo que dice Domingo Manuel Vega al protagonista: el fauno es admisible como elaboración onírica o literaria, no como realidad empírica. Finalmente, García Márquez se convence (¿se quiere convencer?) de que todo fue un sueño muy nítido (322-3).

Conviene distinguir entre lo real, lo verdadero y lo verosímil. Lo real se refiere a la realidad objetiva que es autoevidente y no pasa por una mediación discursiva, lo verdadero consiste en un discurso que se asemeja a lo real y lo verosímil, al que es ajena la distinción verdadero/falso, es un discurso que guarda una relación de conformidad con el discurso de la verdad (Kristeva, *Semiotikè* 150-2). Ahora bien, existe más de un tipo de verosimilitud. Jonathan Culler reconoce cinco. En primer lugar, el texto socialmente dado, o lo que reconoce como "real". Luego, lo que denomina "verosímil cultural", que depende del texto cultural compartido. El tercer nivel es el verosímil que responde a un género literario o a una convención. El cuarto consiste en el verosímil que se consigue cuando el texto mismo expone la artificialidad y convencionalidad de lo que presenta. Por último, el quinto tipo de verosímil, que expande el cuarto, se construye a través de relaciones intertextuales acotadas (*Structuralist Poetics* 140). El fauno resultaría verosímil en el marco del realismo mágico. Por ello, la vacilación del propio narrador ante la anómala presencia del ser mitológico en el tranvía supone salir de ese "verosímil genérico". Significativamente, ese deslizamiento ocurre cuando el elemento mítico se inserta en el espacio urbano; pero más allá de esta dislocación, la comprensión disímil de lo "real" presente en *Vivir para contarla* podría entenderse como isomorfa de la pluralidad cultural de América Latina y sus asincronías en el marco de "sociedades no orgánicamente nacionales" donde coexisten diversos modos de producción y de vida que deben ser reelaborados desde una conciencia hegemónica de modo flexible (Cornejo Polar, "Mestizaje, transculturación, heterogeneidad"; Cueva, *Literatura y conciencia histórica en América Latina* 44-5).[9]

García Márquez descubre la multiplicidad de su país en la escuela –como Vargas Llosa– y en sus viajes. En 1954, llega a Chocó para cubrir como periodista la protesta popular que buscaba impedir la partición del departamento. Conoce, entonces, un país distinto, "Una patria mágica de selvas floridas y diluvios eternos, donde todo parecía una versión inverosímil de la vida cotidiana" (536-7). Pero será, sobre todo, la tensa coexistencia de proyectos políticos contrapuestos lo que deja huella más honda en *Vivir para contarla* a través de la notable renarración del bogotazo, la cual concluye con estas palabras: "En situación tan rara, y a pleno sol, creo haber tomado conciencia de que aquel 9 de abril de 1948 había empezado en Colombia el siglo XX" (363). En efecto, la anarquía política que marcará el Período de la Violencia (un lapso que abarca de 1948 a 1960) se incrusta en el país por obra del tipo de modernidad que se desarrolla en Colombia. Una modernidad que separa lo social de lo político y genera tensiones y desajustes entre diversas regiones geográficas y sectores sociales del país, lo que produjo anarquía política (Rodríguez, *Liberalism at its Limits* 105). En *Vivir para contarla* hay lugar para evocar a los "señores de la tierra" de La Mojana que "se complacían en estrenar a las vírgenes de sus feudos y después de unas cuantas noches de mal uso las dejaban a merced de su suerte" (198), pero se concede mayor atención a dos colectividades que se encuentran en posiciones opuestas: los indígenas y los estadounidenses. Marginados los primeros y en posición de privilegio los segundos, ambos grupos resultan periféricos a la nación colombiana. Los indígenas se ocupan de trabajos pesados –como los indios aruhacos a los que el autor contemplaba desde Aracataca cuando éstos transportaban costales

[9] Jean Franco sintetiza esa trama: "Capitalism in Latin America was articulated with the hacienda and the mine, both of which disciplined the work force not only through direct repression but also by using the paternalistic discourse of the Church. Furthermore, indigenous communes in which symbolic production (artisanry, dance, fiestas), economic production, and reproduction of the labor force were lodged in a single institution, namely the family, coexisted with plantation and mining enclaves in which the family was often broken up altogether. It is only very recently, with the incorporation of new sectors into the labor force and the instrumental use of the mass media, that there has been a concerted attempt to introduce 'modern' values. Thus, the belief systems of the indigenous, blacks, and women were *of necessity* archaic, for no other options were open to them" ("Beyond Ethnocentrism" 505-6).

de jengibre (11-2)– o a la servidumbre. García Márquez recuerda especialmente a Apolinar, Alirio y Meme, tres indígenas que el coronel Márquez, su abuelo, compró a cien pesos cada uno (49), quienes le legaron expresiones como *atunkeshi, jamusaitshi taya, ipuwots, aríjuna*, que hibridan todavía más el español contaminado de caribeñismos y africanismos que se habló en el hogar de Cataca (82-3). Más tarde, esta lengua impura reconoce la dimensión central del lenguaje como ámbito en que se produce la pugna por el poder epistemológico y subvierte la "glotofagia" inherente al colonialismo que impuso la lengua castellana como idioma del imperio a la vez que suprimía o reprimía las lenguas indígenas.[10] Por ello, la "lengua de indio" en que está escrita *La mala hora* será rechazada desde una óptica "castiza" y cuando una editorial de Madrid edite la novela, la traducirá al dialecto madrileño.[11] García Márquez contraviene los buenos modales lingüísticos colombianos al denominar originalmente su novela *Este pueblo de mierda,* título que fue alterado a petición del presidente de la Academia Colombiana de la Lengua (278-9). La "grosería" del autor desafía la ideología conservadora colombiana, la cual ha enarbolado la corrección gramatical como nexo histórico de la clase dominante con el pasado colonial y, por ende, con España (Deas, 46-8). La subversión lingüística fue lo que llevó a García Márquez a interesarse, en un primer momento, por Jorge Eliécer Gaitán, cuya oratoria disloca la lengua española:

> Él mismo [Gaitán], en sus discursos épicos, aconsejaba a sus oyentes en un malicioso tono paternal que regreseran en paz a sus casas, y ellos lo traducían al derecho como la orden cifrada de expresar su repudio contra todo lo que representaban las desigualdades sociales y el poder de un gobierno brutal. Hasta los mismos policías que debían guardar el orden quedaban motivados por una advertencia que interpretaban al revés (331-2).

Gaitán crea "una lengua franca para todos, no tanto por lo que decían las palabras como por la conmoción y las astucias de la voz" con que desborda al "país español" (331), sobre todo gracias a un contradiscurso irónico que recuerda claramente esa doble sintaxis del discurso femenino que se mencionó en el capítulo segundo.

[10] Para el concepto de "glotofagia", véase Louis-Jean Calvet, *Linguistique et colonialisme: petit traité de glottophagie.* En lo que se refiere a las lenguas indígenas en Colombia, remito a *Las lenguas indígenas en la historia social del Nuevo Reino de Granada,* de Humberto Triana y Antorveza.

[11] Véase Thomas Harrington, "Rapping on the Cast(i)le Gates: Nationalism and Culture-Planning in Contemporary Spain" para un análisis del modelo cultural castellano desde Nebrija hasta el gobierno de José María Aznar.

El universo literario de García Márquez posee también raíces indígenas. Recuérdese, si no, que la Guajira descrita por los sirvientes indígenas se impone al autor con tal magnitud que opaca a la Guajira real (495). Esta observación merece destacarse. *Vivir para contarla* rescata a esos indígenas capaces de insuflar aliento mítico a la realidad que el narrador colombiano cifrará para gloria propia y emblema de Colombia, pero lo cierto es que les concede un parvo protagonismo. Quizá ello se explique porque en Nueva Granada la inclusión racial se estableció legalmente durante el período de la primera independencia, contrariamente a lo que ocurrió en el Perú, donde existió el dualismo de una república de indios y otra de españoles. Nueva Granada tuvo pocos enclaves de "indios puros" o "negros puros", y éstos se ubicaron en los márgenes de la nación. Además, la población se involucró en las guerras de independencia al margen de diferencias raciales, desactivando una elaboración ciudadana exclusivista y excluyente. Por último, Colombia no contó con una corriente migratoria europea significativa, de modo que el mestizaje se impuso como factor de cohesión nacional (Helg 240).

En las antípodas de los indígenas se ubican los estadounidenses. Ellos forman parte de la vida del autor desde su temprana infancia en Aracataca, un pueblo construido por la United Fruit Company. Los indígenas eran sirvientes que desaparecieron pronto (aun cuando su huella pueda haber perdurado); los estadounidenses, en cambio, impactan de modo ambivalente: monopolizan el banano (49), alteran el curso natural de las aguas con sus sistemas de regadío artificial y son responsables de la "hojarasca de aventureros" que desplaza a los pobladores originarios (54).[12] Pero la compañía acarrea la modernidad y unos modos de vida apetecibles tras los cercos eléctricos que guarecen sus ciudades privadas. Conviene citar dos pasajes:

> A veces, a través de la cerca de alambre, se veían mujeres bellas y lánguidas, con trajes de muselina y grandes sombreros de gasa, que cortaban las flores de sus jardines con tijeras de oro (27).

> Sin embargo, mi recuerdo más impresionante de esa época fue el paso fugaz del superintendente de la compañía bananera en un suntuoso automóvil descubierto, junto a una mujer de largos cabellos dorados, sueltos al viento, y con un pastor ale-

[12] Catherine C. LeGrand presenta a la *United Fruit Company* bajo una luz más benévola: la economía bananera contribuyó a la privatización de la tierra y de la existencia de un mercado de tierras (la mayoría de los ejidos de la Ciénaga fueron privatizados entre 1890 y 1910) abriendo nuevas oportunidades para la elites locales, las clases medias y los pequeños propietarios (339-40). LeGrand puntualiza, así mismo, que su intervención no supuso una ruptura radical con el pasado sino que las formas de capitalismo desarrolladas en las áreas donde tuvo presencia surgieron de la interacción entre compañías extranjeras, locales, migrantes y autoridades (353).

> mán sentado como un rey en el asiento de honor. Eran apariciones instantáneas de un mundo remoto e inverosímil que nos estaba vedado a los mortales (105).

García Márquez creció pendiente del jardín de al lado cuya naturaleza domesticada contrastaba con el país donde la lluvia desenterraba de raíz las casas, las arrastraba y algunos enfermos se ahogaban en sus camas (362). La vida de García Márquez difería

también de esa existencia cómoda (las bellezas lánguidas) y moderna (el automóvil suntuoso), tan remota que resultaba inverosímil. El pequeño García Márquez no parece haber sido percibido por aquellos a quienes observaba, lo que permitía un examen demorado, atento, de modo que parece válido decir que los ojos pertenecen al autor pero no así la mirada que lo "sujeta". La separación de dos universos que no se mezclan refuerza la pulsión escópica, pues es a través de la mirada que García Márquez transgrede las barreras físicas que lo apartan de ese mundo ajeno. La fascinación se traduce en el deseo erótico insinuado en los dos pasajes por la presencia femenina cuyo "esplendor" se marca isotópicamente en el cabello rubio y las tijeras doradas que no pueden menos de refulgir bajo el sol furioso de Aracataca (12, 282). Esto trae a la mente un tópico de la ansiedad colonial: el deseo por la mujer del dominador.[13] El concepto de raza es un constructo carente de solidez científica que solo tiene sentido a la luz de la experiencia del capitalismo colonial moderno, pues éste es uno de los tres ejes en torno a los cuales se clasificó a las poblaciones (los otros dos fueron el trabajo y el género). El capitalismo se sirvió de la categoría de raza para fundamentar las identidades geoculturales derivadas de las nuevas relaciones de poder a nivel mundial (Quijano, "Colonialidad del poder y clasificación social" 373-4). Pero el dominio colonial no se limitó al control por la violencia sino que se extendió al horizonte cognitivo del dominado, quien internalizó el imaginario del dominador (Quijano, "Colonialidad y modernidad-racionalidad" 438). Así, en aquellas sociedades impactadas por el colonialismo europeo (o que han sido creadas dentro de ese contexto) y cuya población en su mayoría tiene la piel oscura, la blancura no solo se presenta como el pináculo de la pirámide racial (a la vez que funciona como rasgo distintivo y capital simbólico del grupo dominante) sino que organiza la totalidad social. Al devenir un significante trascendente –obliterando su emergencia histórica para convertirse en una *necesidad biológica*, es decir en aspecto prediscursivo– la blancura promete un acceso al "ser", en tanto que lo racial estaría ligado a lo Real, en el sentido lacaniano del término.[14]

[13] *Cf.* Frantz Fanon, *Peau noire, masques blancs* (51-66).

[14] "So-called people of color can be said to have been racialized by a specifically self-constituted group, called 'white people,' that is characterized by its subjection to the law of racial difference.

El aprendizaje de las diferencias de García Márquez pasa por asumir las diversas temporalidades de la vida colombiana, las cuales se integran en su existencia y se nivelan desde su cuerpo hambriento y pobre, tan pobre como lo fue su familia, que "nunca fue protagonista y ni siquiera víctima de algo, sino testigo inútil y víctima de todo" (438). En la mejor tradición de las ficciones orientadoras, su tribu resulta emblemática de la nación. Hay un paralelo entre la violencia que desangraba a su país y los problemas del autor y los suyos: "Las angustias de la familia parecían ser parte de la crisis que vivía el país por la incertidumbre económica y el desangre por la violencia política, que había llegado a Sucre como una estación siniestra, y entró a la casa en puntillas, pero con paso firme" (415). Existe el impulso de leer esta afirmación a la luz de la famosa y controvertida hipótesis de Fredric Jameson según la cual los textos del Tercer Mundo son alegorías nacionales: "The story of the private individual destiny is always an allegory of the embattled situation of the public third-world culture and society" ("Third-World Literature..." 69).[15] Desde luego, sabemos que esta propuesta conlleva la homologación de regiones harto disímiles (el nebuloso Tercer Mundo) así como un reduccionismo retórico (la alegoría nacional); más aún, y pensando ya al caso específico de la literatura latinoamericana, el tropo de la alegoría nacional empobrece una tradición que se caracteriza por la presencia de textos heteróclitos. Con todo, parece interesante pensar que en ciertos momentos, y en cierta medida, *Vivir para contarla* alegoriza no tanto al Estado-Nación como su desborde desde una perspectiva regional, la del Caribe, área transnacional que solo parcialmente conecta con Colombia.

> Colombia fue desde siempre un país de identidad caribe abierto al mundo por el cordón umbilical de Panamá. La amputación forzosa nos condenó a ser lo que hoy somos: un país de mentalidad andina con las condiciones propicias para que el canal entre los dos océanos no fuera nuestro sino de los Estados Unidos (538).

El énfasis localista no debe sobredimensionarse. La "totalidad colombiana" se recupera mediante los viajes del autor como reportero. Los periódicos coad-

The 'contact zone' is already racialized and inscribed within a racial symbolic by the signifier of Whiteness, which largely functions to subsume and homogenize inconmensurable differences. Whiteness, as the structuring principle of race, emerges through a splitting; in other words, it emerges not through a conflict with the alien and the external, but through an internal conflict among national, class and ethnic forces" (Seshadri-Crooks 49).

[15] Es famosa la crítica de Aijaz Ahmad, "Jameson's Rhetoric of Otherness and the 'National Allegory'" en su *In Theory. Nations, Classes, Literatures*; así mismo, véanse Santiago Colás, "The Third-World in Jameson's Postmodernism or the Cultural Logic of Late Capitalism" y Jean Franco, "The Nation as Imagined Community". Para una defensa de Jameson, consúltese Neil Lazarus, "Fredric Jameson on 'Third-World Literature': A Qualified defence".

yuvan a la tarea de hacer imaginable la nación, pues el consumo masivo y sincrónico del mismo producto refuerza la idea de que existe una comunidad de individuos similares, al margen de cuán aislados se encuentren en realidad (Anderson, *Imagined Communities* 35-6). En la línea de alegorización mencionada se explica el inicio del texto: el viaje para vender la casa del abuelo, en la que el autor nació, provoca sendos retornos en el espacio y en el tiempo. El desvalido Aracataca, con sus seres desengañados, pasmados en la ruina de una modernización interrumpida, aviva los recuerdos de García Márquez, prevenido contra la capacidad desfiguradora de la memoria: "La nostalgia, como siempre, había borrado los malos recuerdos y magnificado los buenos" (26). No sorprende, por ello, su atribulada evocación del "abismo de la pobreza" (437) en que estuvo sumergido durante esa juventud vivida junto al grupo de artistas e intelectuales de Barranquilla, entre los cuales existía suficiente solidaridad como para indagar siempre si alguno de ellos atravesaba un estado de extrema necesidad ("¿Almorzamos?") (126); reverso exacto del "filántropo" a cuya caridad García Márquez apeló sin éxito (179).[16] Si, como se veía en *Confieso que he vivido*, la subjetividad se origina en el comer, la incertidumbre alimenticia que padece García Márquez pone en peligro no solo su ser sino también su identidad en la difícil fase de autodescubrimiento (o autoinvención) como escritor:

> Yo era el más desvalido de la cofradía, y muchas veces me refugié en el café Roma para escribir hasta el amanecer en un rincón apartado, pues los dos empleos juntos tenían la virtud paradójica de ser importantes y mal pagados. Allí me sorprendía el amanecer, leyendo sin piedad, y cuando me acosaba el hambre me tomaba un chocolate grueso con un sanduiche de buen jamón español y paseaba con las primeras luces del alba bajo los matarratones floridos del paseo Bolívar (135-6).

Lector glotón, García Márquez se habituó a desplazar el apetito material al consumo cultural en sus años escolares: "Creo haber leído completa la indescriptible biblioteca del liceo, hecha con los desperdicios de otras menos útiles: colecciones oficiales, herencias de maestros desganados, libros insospechados que recalaban por ahí quién sabe de qué saldos de naufragios" (234). La asociación entre palabra y alimento se reitera en un comentario del autor ante el éxito de *Relato de un náufrago*: "se vendió como si fuera para comer" (572). Esta insis-

[16] Se comprueba en *Vivir para contarla* la presencia de un modelo narrativo que propone una educación desde la marginalidad social relatada con gracia. Me refiero, claro está, a la picaresca, primera forma moderna de la novela que consiste en un relato en forma autobiográfica referido por un narrador autodiegético que padece privaciones materiales hambre (enfermedad, carencia de vivienda) y deambula en busca de beneficio a lo largo y ancho de un universo deficitario (Guillén 71-106; Jameson, "De la sustitución de importaciones" 117-34).

tencia en el hambre y la carencia evoca a otra gran figura de la cultura latinoamericana, el brasileño Glauber Rocha, cuyo manifiesto de 1965, "Eztetyka da fome", hacía de ésta la esencia de América Latina, la mayor expresión a su condición neocolonial. Pero las semejanzas no van tan lejos. Rocha reivindica la opción del *cinema novo* por elaborar productos estéticos desde el hambre y la pobreza como maniobra indispensable para dar forma a la brutal carencia de sociedades paupérrimas, alejándose del humanitarismo, del folklore, del primitivismo, así como de la mirada eurocentrista para la cual esta carencia solo es aprehensible como "surrealismo tropical" (Rocha 31). ¿Se podría decir lo mismo de la obra de Gabriel García Márquez?

La incorporación de cuanto parezca satisfacer el impulso de nutrición cultural remedia, hasta cierto punto, la pobreza de bienes que no es privativa de García Márquez –quien en Cartagena llega al extremo de dormir en cualquier sitio y comer lo que se pueda– sino de toda una colectividad indigente (391-2). Y no ha de ser casual la huelga de hambre que alumnos y profesores del Liceo Nacional consideraron llevar a cabo en conjunto para protestar contra la calidad de la comida, se deslice al canibalismo involuntario cuando los cocineros del colegio (el autor cursa el cuarto año) preparan en "salsas exquisitas", por equivocación y ante la necesidad de alimentar a todos, un corazón humano que confunden con un corazón de buey (229-30). La aparición de la actividad caníbal en relación al proceso educativo de un autor caribeño parece congruente con el "tropo caníbal", pues el imaginario colonial europeo inventa el sustantivo "caníbal" a partir de Caribe (Hulme 16-8).[17] Se ha adaptado desde hace tiempo a la economía simbólica latinoamericana la operación del caníbal como emblema de incorporación de lo exógeno, como agencia de deglución cultural y re-invención de lo propio mediante el consumo de lo ajeno, recuérdese, si no, el *Manifesto antropófago* (1928) de Oswald de Andrade. La incorporación del tropo caníbal reencuadra la recreación lingüística con que Gaitán responde al país español o la lengua india de *La mala hora*, malsonante a oídos peninsulares, como parte de la estrategia calibanesca, tal como ella es entendida en lecturas anticolonialistas de *The Tempest* (1610-1), de William Shakespeare, en las que Calibán ha devenido un símbolo del nativo que vuelve en contra del colonizador la lengua que éste le obligó a aprender. Se piensa de inmediato en *Une Tempête: d'après La Tempête de Shakespeare* (1969), de Aimé Césaire, pero, sobre todo, en el que fue el texto clave al respecto en América Latina en la década de los 70s del siglo pasado, "Calibán, apuntes sobre la cultura de nuestra América" (1971), de Roberto Fer-

[17] Para un exhaustivo mapeo del tropo caníbal en América Latina, véase Carlos A. Jáuregui, *Canibalia. Canibalismo, calibanismo, antropofagia cultural y consumo en América Latina.*

nández Retamar. Contrariando la propuesta espiritualista de José Enrique Rodó en *Ariel* (1900), el ensayista cubano convierte esa figura monstruosa en un emblema popular antiimperialista del Caribe e incluso de América Latina[18], símbolo bastante popularizado en los últimos treinta años y ya plenamente desbordado por la exacerbación de los intercambios simbólicos contemporáneos que mixturan las culturas contemporáneas y erosionan dualismos rígidos. Caníbal y Calibán representan respectivamente las etapas y el sujeto histórico del colonialismo y de la descolonización. Pero cabe la posibilidad de pensar un sujeto contemporáneo que responda al nuevo contexto y cuya razón no pivote en los saberes letrados que la oposición Próspero / Calibán no anula, tan solo invierte. Ese sujeto ha sido bautizado con un anagrama de Calibán: *by Lacan*, el cual encarna al sujeto deseante de que habla el psicoanálisis, aquél cuya falta jamás podrá ser satisfecha: el consumidor, no el productor, motivado por el ansia de acceder a bienes simbólicos promocionados por las tecnologías de la información (Beverley, *Against Literature* 4-6). En todo caso, tanto la comparación calibanesca como las manipulaciones verbales que practican Gaitán y García Márquez deben ser entendidas como un *deseo traductivo,* más simbólico que real, de otredades simbólicas.

Algo más: *Vivir para contarla* instaura una suerte de "canibalismo" de la propia obra de García Márquez al incorporar elementos temáticos (previsible en un libro de su naturaleza) y expresivos que provienen de otros textos suyos, como se observa en estos dos pasajes que reenvían a *Cien años de soledad* (capítulos I y XV):

> Hasta la adolescencia, la memoria tiene más interés en el futuro que en el pasado, así que mis recuerdos del pueblo no estaban todavía idealizados por la nostalgia. Lo recordaba como era: un lugar bueno para vivir, donde se conocía todo el mundo, *a la orilla de un río de aguas diáfanas que se precipitaban por un lecho de piedras pulidas, blancas y enormes como huevos prehistóricos* (11). [Énfasis añadido]

> Yo conocía el episodio como si lo hubiera vivido, después de haberlo oído contado y mil veces repetido por mi abuelo desde que tuve memoria; el militar leyendo el decreto por el que los peones en huelga fueron declarados una partida de malhechores; los tres mil hombres, mujeres y niños inmóviles bajo el sol bárbaro después que el oficial les dio un plazo de cinco minutos para evacuar la plaza; la orden de fuego, el

[18] "Nuestro símbolo no es pues Ariel, como pensó Rodó, sino Calibán. Esto es algo que vemos con particular nitidez los mestizos que habitamos estas mismas islas donde vivió Calibán: Próspero invadió las islas, mató a nuestros ancestros, esclavizó a Calibán y le enseñó su idioma para entenderse con él: ¿Qué otra cosa puede hacer Calibán sino utilizar ese mismo idioma para maldecir, para desear que caiga sobre él la 'roja plaga'? No conozco otra metáfora más acertada de nuestra situación cultural, de nuestra realidad" (Fernández Retamar, *Calibán* 42-3).

> tableteo de las ráfagas de escupitajos incandescentes, la muchedumbre acorralada por el pánico mientras la iban disminuyendo palmo a palmo con *las tijeras metódicas e insaciables de la metralla* (22-3). [Énfasis añadido]

El palimpsesto *Vivir para contarla* acoge los materiales que la ficción del autor transmuta poéticamente: la finca bananera llamada Macondo (28); Emilio, el belga lisiado que se suicida con sahumerio de cianuro de oro (34); los pescaditos de oro que fabricaba el abuelo (45) y los animalitos de caramelo que preparaba la abuela (48); el "lance de honor" entre Nicolás Márquez y Medardo Pacheco (49-51); la hojarasca de aventureros que invade Aracataca (54); el daguerrotipo de Margarita María Miniata, que murió muy joven y cuya imagen no coincide con la que se espera de una bisabuela (56); los amores contrariados entre Luisa Santiaga y el telegrafista de Aracataca (58-76); los hijos del coronel Márquez que llevan una cruz de ceniza en la frente (84); la pensión de guerra que no llegó nunca al coronel Márquez (98); la tía Francisca, que muere virgen luego de haber cosido su propia mortaja (149).

Existe en *Vivir para contarla* una leve dimensión intertextual que excede el marco de la propia obra del colombiano: los capitanes "autoritarios y de buena índole" que se asemejan a los de las novelas de Joseph Conrad (212) o la sopa, ya mencionada, que proustianamente aviva los recuerdos (39). Más llamativo resulta que ciertos momentos de *Vivir para contarla* parecen construidos a partir de pasajes de importantes novelas: García Márquez comparte camarote en el *David Arango* con un "ángel de doscientas veinte libras y lampiño de cuerpo entero. Tenía el nombre usurpado de Jack el Destripador. (...) A primera vista me pareció capaz de estrangularme mientras dormía, pero en los días siguientes me di cuenta de que solo era lo que parecía; un bebé gigante con un corazón que no le cabía en el pecho" (212). Este sujeto habla dormido en una "lengua bárbara" y prueba sus cuchillos "siniestros" en su propia lengua, pero, a fin de cuentas, es gentil y bondadoso (215). El encuentro hace pensar el de Ishmael y Queequeg en *Moby Dick, or, The Whale* (1851) de Herman Melville, la gran novela americana, en opinión de García Márquez (Bell-Villada 96). Otra secuencia: el reencuentro entre el protagonista y Martina Fonseca, una mujer mayor a la que él había amado en su juventud. García Márquez experimenta cierta melancolía al ver después de doce años a la que alguna vez fue su amante porque, a pesar del cuidado en el atuendo, la nota envejecida. Ella se muestra contenta del encuentro y hasta en dos oportunidades alude a la diferencia de edad e indica que el protagonista es "como un hijo" para ella (559-61). El pasaje que uno evoca de golpe es la entrevista final entre Frédéric Moreau y la señora Arnoux en *L'Éducation sentimentale* (1869) de Gustave Flaubert. También en esta novela un hombre menor y una mujer mayor se ven por última vez; también la decadencia de la mujer que fue amada perturba al protagonista; también es ésta la historia de un amor que no pudo ser; también aquí el protagonista cree, por un momento, que la mujer desea ofrecérsele; también aquí se alude al incesto.

Vivir para contarla se emparenta con el *Bildungsroman* o novela de formación, paradójica forma surgida durante el iluminismo alemán que se vale del relato de una formación individual para tematizar el derecho del individuo a escoger la forma en que desea realizarse y encontrar su felicidad a la vez que se certifica la exigencia de normalidad a nivel social (Moretti, *The Way of the World* 4-5, 15). Así, se entiende mejor la conclusión del texto cuando el narrador aguarda respuesta de la que se convertirá en su esposa: el matrimonio metaforiza el pacto entre el individuo y el mundo en el cual la obligación no es impuesta desde fuera sino autoimpuesta (Moretti, *The Way of the World* 22). Antonio Benítez Rojo, por su parte, recuerda que el *Bildungsroman* caribeño, texto fugitivo como todo texto del Caribe, no concluye con una cancelación de la etapa de aprendizaje (*La isla que se repite* xxxiii), lo que calza apropiadamente con la "incógnita" que cierra *Vivir para contarla*. La educación de García Márquez proviene solo en parte de la escuela, las bibliotecas y la lectura anárquica; también son decisivos diversos maestros a los que *Vivir para contarla* rinde homenaje. En primer lugar, aquellas mujeres que reelaboran el "torrente de la tradición oral" (113), decisivas para él ("No puedo imaginarme un medio familiar más propicio para mi vocación que aquella casa lunática, en especial por el carácter de las numerosas mujeres que me criaron") (104). Luego, el coronel Nicolás Márquez, abuelo materno del autor, miembro del Partido Liberal Colombiano y veterano de la Guerra de los Mil Días (1899-1902), la cual fue el punto de inflexión histórica en Colombia al convertirse Panamá en nación y desencadenar la hegemonía altiplánica sobre el resto del país. Es el coronel quien cumple el rol de figura paterna y quien lo pone en contacto con la escritura al regalarle, cuando el autor tiene cinco años, el "libro fundamental" en su destino de escritor: un diccionario. "Este libro no sólo lo sabe todo, sino que es el único que nunca se equivoca", declara el coronel y añade que éste contiene todas las palabras (112). García Márquez evoca ese "mamotreto ilustrado con un atlante colosal en el lomo, y en cuyos hombros se asentaba la bóveda del universo. Yo no sabía leer ni escribir, pero podía imaginarme cuánta razón tenía el coronel si eran casi dos mil páginas grandes, abigarradas y con dibujos preciosos" (112). El abuelo no era un hombre culto, ni siquiera había terminado la escuela, pero era consciente de sus lagunas y captaba acertadamente el peso que la escritura tenía en la nación colombiana.[19] Ade-

[19] *Cf.* Malcolm Deas. *Del poder y la gramática. Y otros ensayos sobre historia, política y literatura colombianas*.

más, estimula tempranamente las habilidades de narrador de García Márquez al celebrar las primeras ocurrencias "literarias" del nieto (115) y pedirle con regularidad que narre en la mesa las películas que ha visto (109). Todavía más, un episodio de la vida del coronel, acontecido mucho antes del nacimiento del autor, suscita en García Márquez una primera intuición de la literatura. Se trata del lance que sacó al abuelo del pueblo de Barrancas e inspiró el éxodo de José Arcadio Buendía en *Cien años de Soledad*. El autor admite que existen versiones contradictorias del evento, pero refiere ésta: el coronel dio muerte a un hombre llamado Medardo Pacheco, dieciséis años más joven que él y antiguo soldado suyo. Quien desencadenó el pleito fue la madre de Pacheco, ofendida por un comentario sobre ella que se le atribuyó falsamente al coronel. Éste trató de apaciguar a madre e hijo infructuosamente hasta que harto de los agravios que recibía de Pacheco, y "herido en su honor", desafió a su agresor a un duelo a muerte sin fecha específica. El 12 de octubre de 1908, el coronel Márquez interceptó a Pacheco en un callejón donde los dos hombres armados se enfrentaron sin testigos. Pacheco sucumbió de un disparo de bala y el coronel se puso a disposición de las autoridades. Luego de purgar sentencia de un año, de la cual solo pasó la mitad en régimen de prisión efectiva, el coronel inició un periplo que lo llevó a Ciénaga, a Panamá y, por último, a Aracataca (49-53). Si bien lo que interesa discernir en este estudio es la intencionalidad inscrita en el texto, examinando, para ello, la elección de las acciones que se cuentan y la manera cómo se configuran en el discurso, no resulta desdeñable contrastar la exactitud de los eventos relatados, si es relevante y factible. Ocurre que existe esa posibilidad. *Gabriel García Márquez: A Life*, la exhaustiva biografía de Gerald Martin recientemente publicada, desmonta la narración heroica con que el autor idealiza a su abuelo y el "lance de honor" resulta el asesinato de un hombre desarmado por el coronel, quien se valió al parecer de influencias para lograr la reducción de la pena (17-20). La comparación de las versiones confirma la obvia tendencia de *Vivir para contarla* a sublimar bajo términos amables los hechos desagradables que relata.

El aprendizaje existencial y literario del autor no estaría completo si dejara de lado a los poetas de *Piedra y Cielo* (302-4), que modernizaron la poesía colombiana; a Ramón Vinyes, el "sabio en la penumbra" catalán (388)[20] o a Gustavo Ibarra Merlano, quien le descubrió a Sófocles (393-5), así como a los amigos de Barranquilla, Germán Vargas, Alfonso Fuenmayor, Álvaro Cepeda, junto a los cuales explora la modernidad literaria. Es entonces cuando García Márquez descubre al que será uno de sus maestros, William Faulkner, con quien existe afini-

[20] Para el aporte de Vinyes, revísese *Entre los Andes y el Caribe, la obra americana de Ramón Vinyes*, de Jacques Gilard.

dad cultural: ambos provienen de sociedades estamentales fundadas en economías de plantación y sobre las que gravita el recuerdo de una guerra civil.

En esta evocación de la bohemia vivida junto al grupo de Barranquilla, así como del periodismo, destino natural de letrado desde los tiempos de Darío, García Márquez celebra un momento anterior al de la profesionalización del escritor hispanoamericano, la cual se conseguirá por fin con el auge de ese *boom* de la narrativa del que el autor fue protagonista estelar y a partir del cual el escritor aficionado hispanoamericano deviene escritor profesional, esto es un productor ligado a un mercado en el que coloca objetos con cierta periodicidad, a cuyas fluctuaciones se mantiene atento y en el que existe como "marca" que preside y acoge una obra (Rama, "El boom en perspectiva" 193-206). Este estatuto, como se verá en la controversia en torno a *Relato de un náufrago*, dista de ser sencillo.

Las páginas que García Márquez dedica a relatar su aprendizaje permitirían elaborar una breve lista con sus pareceres sobre la literatura y el oficio de escritor. Algunas no pasan de ser apreciaciones convencionales: solo se debería leer un libro que induce a la relectura (168), todo es útil para un escritor (265), un personaje no se inventa de cero (445) ni se le puede matar sin una razón convincente (277). Otras, más interesantes, revelan rasgos y manías propios: sus dificultades con la ortografía (240), el rechazo a los adjetivos terminados en "mente" (316) y su incomodidad ante dos palabras cercanas que rimen aunque se trate de una rima vocálica (420), declaración esta última que no deja de sorprender si se recuerda el inicio de *Crónica de una muerte anunciada:* "El día que lo iban a *matar*, Santiago *Nasar* se levantó a las 5.30 de la mañana para *esperar* el buque en que llegaba el obispo" [énfasis añadido]. Pero, sobre todo, es la idea de que el aprendizaje de la escritura se beneficia de descifrar los jeroglíficos de la realidad por cuenta propia (485), lo que quizá resulte más original de lo que parece de golpe. García Márquez se hace eco del dictamen de Manuel Zapata Olivella: el periodismo es literatura (380), y evoca la pasión con que la "pandilla de enfermos letrados" del Grupo de Barranquilla intenta desentrañar los ingredientes comunes a la novela y el reportaje (315). Germán Vargas y Álvaro Cepeda admiran particularmente *Hiroshima* (1946), de John Hersey, como modelo de testimonio periodístico directo. García Márquez se inclina, más bien, por *A Journal of the Plague Year* (1722), de Daniel Defoe, un texto excesivo que mezcla lo fáctico y lo imaginario (403). En todo caso, no existe una diferencia de estructura lingüística entre periodismo y literatura. La literatura en prosa se manifiesta como literatura de ficción, de apreciación y de comunicación. La literatura en prosa de apreciación, a su vez, se puede subdividir en: a. literatura en prosa de apreciación de obras (crítica); b. literatura en prosa de apreciación de personas (biografías); c. literatura en prosa de apreciación de acontecimientos (periodismo) (Lima 41).

A muchos periodistas de talento los estropean las ambiciones literarias; pero hay narradores que deben parte substancial de su arte al adiestramiento del periodismo. García Márquez es uno de ellos. Es esta compleja alianza la que fortalecerá el arte del escritor colombiano y ella proviene tanto de sus lecturas como de deambular en calidad de reportero por la tierra colombiana.[21] Deslindar entre información periodística y reelaboración literaria no deja de presentar dificultades. Acaso sea por ello que *Vivir para contarla* integre en sus páginas una transposición del que llegaría a ser el más conocido reportaje de García Márquez, "La verdad sobre mi aventura", reconstrucción de la odisea del marinero Luis Alejandro Velasco, único sobreviviente de los ocho tripulantes del destructor *Caldas* de la Marina de Guerra de Colombia que cayeron al mar Caribe el 28 de febrero de 1955, a 55 millas de Cartagena. El reportaje se publicó en *El Espectador* de Bogotá con mucho éxito y controversia, pues la Marina se vio afectada por la revelación de que el barco transportaba un contrabando de electrodomésticos mal estibados que habría provocado el accidente (561-71). En 1970, la editorial Tusquets de Barcelona reeditó el texto íntegro en un solo volumen con un título que casaba bien con la poética del triunfante autor: *Relato de un náufrago que estuvo diez días a la deriva en una balsa sin comer ni beber, que fue proclamado héroe de la patria, besado por las reinas de la belleza y hecho rico por la publicidad, y luego aborrecido por el gobierno y olvidado para siempre.* La publicación venía precedida por un prólogo, "La historia de esta historia" que concluía con estas palabras: "Hay libros que no son de quien los escribe sino de quien los sufre, y éste es uno de ellos. Los derechos de autor, en consecuencia, serán para quien los merece; el compatriota anónimo que debió padecer diez días sin comer ni beber en una balsa para que este libro fuera posible" (*Relato de un náufrago* 10). Un acento antiguo resuena en la primera oración pero el mismo párrafo acoge la moderna noción de "derechos de autor". De hecho, "La historia de esta historia", no deja duda alguna sobre las pretensiones pecuniarias que abrigaba Velasco al relatar su historia: "Cuando Luis Alejandro llegó por sus propios pies a preguntarnos cuánto le pagábamos por su cuento, lo recibimos como lo que era: una noticia refrita". Además, Velasco ya había venido explotando su "cuento" y amasado "una pequeña fortuna" (*Relato de un náufrago* 8). *Vivir para contarla*, por su parte, tampoco oculta el interés crematístico del diario para el cual García Márquez trabajaba: la lectoría del periódico casi se duplicó, lo que llevó a la decisión de alargar el reportaje. Ahora bien, ¿a quién pertenece *el relato* de la experiencia? Para refrendar su calidad de autor, García Márquez detalla el proceso

[21] Son indispensables los estudios de Jacques Gilard que preceden a su recopilación de la *Obra Periodística* de Gabriel García Márquez. Así mismo, el texto de Juan Nadal Palazón, *El sastre aprendiz y sus costuras: estudio de la narrativa periodística temprana de García Márquez.*

creativo. Velasco y él se reunieron por tres semanas para una serie de "largas y minuciosas" entrevistas en las que no hubo grabaciones pero sí notas. Tuvo que instruir a Velasco para desarrollar sus innatas facultades de narrador.[22] "Los dos primeros días fueron difíciles, *porque el náufrago quería contar todo al mismo tiempo*. Sin embargo, aprendió muy pronto por el orden y el alcance de mis preguntas, y sobre todo por su propio instinto de narrador y su facilidad congénita para entender la carpintería del oficio" [énfasis añadido] (566). El lenguaje es sucesivo, no simultáneo. No se puede contar todo al mismo tiempo por lo que se deduce que García Márquez se refiere a la articulación de las secuencias del relato. Esto se confirma si recordamos que Velasco, de acuerdo a lo que se expone en "La historia de esta historia", había contado su cuento "a pedazos" en muchas ocasiones (*Relato de un náufrago* 8). La tarea del escritor, entonces, consistirá en ensamblar esos fragmentos en un conjunto orgánico.

"La historia de esta historia" y *Vivir para contarla* reconocen a Velasco cierto grado de creatividad que le permitió exceder la mera función de informante:

> Velasco me contó episodios que sospeché inventados por él, y encontró significados simbólicos o sentimentales, como el de la primera gaviota que no se quería ir. El de los aviones, contado por él, era de una belleza cinematográfica. Un amigo navegante me preguntó cómo era que yo conocía tan bien el mar, y le contesté que no había hecho sino copiar al pie de la letra las observaciones de Velasco. A partir de un cierto punto ya no tuve nada que agregar (571).

La asociación de García Márquez y Luis Alejandro Velasco revela la compleja artificiosidad de la "función autor" cuya génesis, hay que recordarlo, es jurídica. En efecto, la noción de autor no ha sido siempre la misma ni ha tenido una validez universal. Los libros y los textos son formas de apropiación, lo que supone un origen histórico de índole jurídica ligado al estatus legal de creación literaria y a los derechos de autor. La noción de autor, además, no se ha formado espontáneamente sino que es el resultado de un complejo proceso por el que se atribuyen características determinadas (capacidad creativa, talento, profundidad) a un individuo concreto. Esos rasgos expresan la manera como una colectividad entiende esa figura en un corte diacrónico antes que características inherentes a la persona específica. En suma, la "función autor" regula y cohesiona el texto al constituirse en el principio que economiza su proliferación (Foucault, "What is an Author?"). Esa función y ese estatuto son los que García Márquez

[22] *Vivir para contarla* retrata a Velasco siempre en posición dependiente: entabla una acción legal contra García Márquez porque el abogado Guillermo Zea Fernández lo persuade a ello antes que por propia decisión (572).

tuvo que defender legalmente contra su "informante", pues en 1983 Luis Alejandro Velasco interpuso sin éxito una acción legal para ser declarado coautor del texto ante el Juzgado 22 Civil del Circuito de Bogotá. La Sala de Decisión Civil del Tribunal Superior de Bogotá declaró en su sentencia del 27 de enero de 1994: "Es preciso analizar que la obra de un autor está compuesta por sus diferentes trabajos, los cuales tienen aceptación en el mercado en razón del autor y de la obra en general considerada". Indicó también que García Márquez había cedido los derechos económicos de edición a Velasco como homenaje, pero que este acto carecía de eficacia jurídica al no constar en escritura pública ni en documento privado reconocido ante notario (Zopó Méndez).[23] Queda claro, entonces, que el texto se leerá como obra de García Márquez[24] pero no el alcance exacto de la cooperación que le dio origen, incertidumbre que trae a la mente el caso del testimonio, pues en varios clásicos de esta modalidad concurren dos individuos.[25]

¿Es *Relato de un náufrago* un testimonio? No parece que sea el caso pues lo que caracteriza el destino de Velasco es justamente su excepcionalidad (Mudrovcic "Nombres en litigio" 169). Además, algo que se echa en falta en *Relato de un náufrago* es el intento de suprimir la distancia cultural que existe entre quien testimonia y quien redacta, de donde proviene la oralidad testimonial, creadora del "efecto de realidad" (Beverley, "Anatomía del testimonio" 13). La dicción literaria en *Relato de un náufrago* es tan obvia, en cambio, que socava la presunción de que la voz pertenece al marinero Velasco: "El chorro de sangre en la balsa soli-

[23] Como corolario a su victoria, García Márquez cedió los derechos económicos sobre el texto a una fundación docente (573).

[24] En un excelente análisis que ha sido particularmente iluminador para esta parte de nuestro capítulo, María Eugenia Mudrovcic indica: "Al escribir su nombre en la portada y en el prólogo del *ready-made* que es *Relato de un náufrago* en 1970, García Márquez le confiere al libro un precio que no guarda proporción con su 'costo de fabricación'. Esta asimetría está en la base de la eficacia mágica que suscita el nombre de un autor y que domina el universo de oficiantes y creyentes dispuestos a dotar ese nombre de valor y crédito" ("Nombres en litigio" 165).

[25] Así pasa en *Biografía de un cimarrón* (1968), recuento de la vida del exesclavo cubano Esteban Montejo "compilado" por el escritor Miguel Barnet, o en *Hasta no verte Jesús mío* (1969), "novela testimonial" de la escritora y periodista mexicana Elena Poniatowska que recoge la "voz" de la lavandera Josefina Bórquez, a quien rebautiza como Jesusa Palancares. Esta asociación no se encuentra exenta de problemas. Recordemos otro testimonio célebre, *Me llamo Rigoberta Menchú y así me nació la conciencia* (1983), relato de la activista quiché Rigoberta Menchú Tum que recopiló la científica social venezolana Elizabeth Burgos. También esta relación se ha visto afectada por la reivindicación de la autoría compartida que la primera planteó a la segunda. A este respecto, véase la entrevista de Alice Brittin y Kenya Dworkin a Rigoberta Menchú: "Rigoberta Menchú: los indígenas no nos quedamos como bichos aislados, inmunes, desde hace 500 años" (1993). Así como las respuestas de Elizabeth Burgos: "Las verdades de Rigoberta Menchú" (1999), "The Story of a Testimonio" (1999).

vianto a los peces" (89), "Sin embargo, el apremio del hambre era entonces superior a todo. Apreté el pescado entre las piernas y me apliqué, tambaleando, a la difícil tarea de equilibrar la balsa cada vez que sufría una nueva arremetida de las fieras" (102). Esto resulta más patente cuando se cotejan pasajes como los que se acaban de citar con la elemental entonación de los enunciados que encabezan los capítulos y subcapítulos del texto: "Cómo eran mis compañeros muertos en el mar", "Mi primera noche solo en el Caribe", "Mi pobre cuerpo", "Mi buena estrella", por mencionar solo algunos. Así mismo, la gradación de efectos, las prefiguraciones, los paralelismos de acciones evidencian orfebrería literaria.[26] Gisle Selnes ha planteado persuasivamente que *Relato de un náufrago* constituye "el primer injerto del naufragio genérico en las letras hispánicas" (275), al establecer vínculos intertextuales con relatos tan notables como *Naufragios*, de Álvar Núñez Cabeza de Vaca; los naufragios de Cristóbal Colón en la *Relación* del cuarto viaje; el de Pedro Serrano, según lo refiere el Inca Garcilaso de la Vega en *Comentarios Reales*; los que narra Gonzalo Fernández de Oviedo en *Historia general y natural de las Indias*; los que recoge Bernardo Gomes de Britto en *História Trágico-Marítima* o, incluso, *Infortunios de Alonso de Ramírez*, de Carlos de Sigüenza y Góngora, narración con la que *Relato de un náufrago* comparte, en opinión de Selnes, la desacreditación de las autoridades de la época y el cambio de *ethos* del protagonista a raíz de su experiencia (282).

Si el examen de *Relato de un náufrago* se ha prolongado ello se debe a tres razones: la primera es que el conflicto sobre su autoría remarca la apropiación culta de una microhistoria "popular", lo que ya debería advertir sobre los límites del proceso traductivo letrado. La segunda razón reside en la importancia que el propio autor le otorga en sus recuerdos y, finalmente, porque ese texto subraya el cariz literario que hay en el reportaje, hermano de la novela que se construye mediante el acopio de materiales que provienen de distintas fuentes y son reelaborados por el autor (315). Un ejemplo claro lo proporcionará el examen de lo que es la médula del notable capítulo quinto de *Vivir para contarla*: la reconstrucción del Bogotazo.[27] El terrible estallido es precedido por eventos graves, como el desfile de sesenta mil personas que marchan en silencio el 7 de febrero de 1948 en protesta contra la violencia oficial en Colombia (332-3) o la ominosa corrida de toros en que los espectadores descuartizan vivo a un animal cuya mansedumbre arruinaba el espectáculo (334). El Bogotazo no se relata de principio a fin sino desde el centro hacia la periferia, como suele ocurrir en *Cien años de soledad* (Todorov, "Macondo en París" 107). La voz narrativa pasa de lo autodiegético a

[26] *Cf.* G. McMurray, "The Nonfictional Novel and García Márquez's *Relato de un náufrago*".

[27] El libro de Arturo Alape, *El Bogotazo: memorias del olvido*, forma parte esencial del intertexto de ese segmento.

lo homodiegético, como corresponde en el relato de acontecimientos que el narrador no protagoniza. En un primer momento, la narración sigue las andanzas del propio García Márquez y el relato se focaliza desde su perspectiva. El 9 de abril de 1948 se halla en la pensión donde vive, muy cercana al despacho de Jorge Eliécer Gaitán, líder del Partido Liberal y potencial presidente de Colombia, cuando le informan que éste ha sido asesinado. García Márquez se dirige al lugar del crimen, "Apenas si tuve alientos para atravesar volando la avenida Jiménez de Quesada y llegar sin aire frente al café El Gato Negro, casi en la esquina con la carrera Séptima" (335), donde advierte la participación de un "hombre alto y muy dueño de sí, con un traje gris impecable como para una boda" (335-6) que instigaba a la multitud. La turba da muerte al presunto asesino, a quien García Márquez nunca podrá olvidar: "Tenía el cabello revuelto, una barba de dos días y una lividez de muerto con los ojos sobresaltados por el terror" (336). Luego, el narrador relata algo que solo pudo conocer *a posteriori*: el presidente de la república, Mariano Ospina Pérez, y su esposa, no estaban al tanto de lo que había pasado cuando llegaron al Palacio Presidencial (337). García Márquez retoma el protagonismo del relato, "Permanecí en el lugar del crimen unos diez minutos más", y escucha diferentes versiones del magnicidio (337). El relato se enriquece con los datos que ofrecen Plinio Mendoza Neira y Plinio Apuleyo Mendoza. El primero fue testigo del asesinato: "Mendoza oyó el primer disparo antes de ver frente a ellos al hombre que apuntó con el revólver y disparó tres veces a la cabeza del líder con la frialdad de un profesional" (337). Esto se complementa con una descripción de Gaitán ya muerto que Plinio Apuleyo Mendoza provee: "No parecía muerto –me contó años después–. Era como una estatua imponente tendida bocarriba en el andén, junto a una mancha de sangre escasa y con una gran tristeza en los ojos abiertos y fijos" (338). Oportunamente agregada, la prolepsis quiebra una vez más la linealidad de la crónica pero ello ocurre de manera tan rápida y funcional que ese salto en el tiempo no perturba sino que enriquece la recreación de los sucesos, de la misma manera que lo hacen ciertas escenas, como la visita de un grupo de dirigentes liberales al presidente de la República, cuya cabeza platinada resplandece por la luminosidad de la ciudad en llamas (350). García Márquez comparte con el lector los recuerdos de otro testigo: Fidel Castro. Éste, en aquel entonces un joven delegado de la Universidad de La Habana, visitaba Bogotá como para asistir a un congreso de estudiantes (339). Castro debía entrevistarse con Gaitán el día que lo mataron. Cuando se hubo desatado el pandemonio, trató de convencer a la guarnición de la Quinta División de la Policía Nacional, acuartelada e insurrecta, de que toda fuerza acantonada está perdida. García Márquez agrega: "Hay que conocerlo para imaginarse lo que fue su desesperación en la fortaleza sublevada donde parecía imposible imponer un criterio común" (356). Efectivamente, hay que conocerlo:

> Lo conocí once años después, cuando acudí como reportero a su entrada triunfal en La Habana, y con el tiempo logramos una amistad personal que ha resistido a través de los años a incontables tropiezos. En mis largas conversaciones con él sobre todo lo divino y lo humano, el 9 de abril ha sido un tema recurrente que Fidel Castro no acabaría de evocar como uno de los dramas decisivos de su formación (357).

Éste es un privilegio del que sí goza el célebre escritor.[28] Así, la superposición del "yo" que escribe *Vivir para contarla* al "yo" que experimenta los acontecimientos introduce una distancia que el texto difícilmente ha podido reducir y explica, quizá, el talante de los

recuerdos, porque si hay un supuesto implícito en cada uno de los textos que se examinan en este libro, pero más acusado en éste, es que las penurias y dificultades que atraviesa el protagonista son sublimadas o relativizadas a la luz del éxito que el joven periodista enviado a Ginebra en las páginas finales del texto ni sospecha siquiera que alguna vez alcanzará, pero que ningún lector de García Márquez podría desconocer.

Vivir para contarla reproduce dos modelos discursivos: el de la abundancia y el de la carencia.[29] En el primero la realidad es traducida a los registros de lo insólito y lo exagerado, de lo sobrenatural, del carnaval, del humor y la exuberancia gozosa en que se afirma la vida incluso en momentos penosos; en suma, el modelo que predomina en su obra mágico realista. Sin duda, ésta es una aproximación literaria al Caribe tan válida como la opuesta, la que se encuentra, digamos, en algunos textos de V. S. Naipaul –*The Middle Passage, The Overcrowded Barracoon, Guerrillas*– aunque no necesariamente más "cierta". El segundo modelo se manifiesta no solo en la representación de la pobreza y la necesidad, sino que halla su correlato discursivo en aquellos segmentos que rechazan la hiperbólica sensualidad de la prosa y optan por la precisión nítida y despojada. Es obvio que la primera retórica predomina y sofoca el texto atrapando al autor en su exitoso código estético, del cual no parece capaz de distanciarse críticamente y cuya novedad y poder subversivo han disminuido grandemente, en parte por la extenuación misma de sus posibilidades innatas. Igualmente, no cabe ver ya el carnaval como políticamente progresista pues su *ethos* libérrimo, popular y antijerárquico conlleva una *aparente* voluntad transgresora. Para que el carnaval funcione, las regulaciones y rituales que parodia deben tener validez, de modo que el carnaval las refuerza al contravenirlas programadamente (Eco,

[28] Sobre la amistad entre estas dos figuras, véase Ángel Esteban y Stéphanie Panichelli. *Fidel and Gabo: A Portrait of the Legendary Friendship between Fidel Castro and Gabriel García Márquez.*

[29] Se emplea libremente la distinción que establece Julio Ortega en "El lector en su laberinto" (168).

Carnival 6). De otro lado, la exuberante celebración de lo popular en *Vivir para contarla* ostenta, por momentos, desagradables matices populistas.[30]

Al inicio de este capítulo se puntualizaba que *Vivir para contarla* era una obra de vejez.

Herman Broch habla de estilo de la vejez para referirse a una fase en la que se produce un cambio radical en la manera de un artista, quien opta por una depuración expresiva y así altera su producción de modo radical (98-99). Edward Said, partiendo de Broch, desarrolla la noción de "estilo tardío", un nuevo idioma que expresa reconciliación y serenidad, gozo muchas veces, como una suerte de apoteosis creativa de algunos artistas cuando se acercan al final de su vida (*On Late Style* 6-7). ¿Se puede decir que *Vivir para contarla* corresponde a un estilo tardío de García Márquez? La respuesta no puede ser rotunda. Las últimas obras del autor colombiano no ostentan un cambio radical en la dirección de su poética, no adquieren ese "nuevo idioma" que menciona Said, y *Vivir para contarla* no es la excepción; pero no menos cierto es que el texto desborda una atmósfera de serenidad incluso en sus momentos más brutales. En todo caso, el otrora triunfante código del realismo mágico y el discurso de la abundancia se muestran agotados, pues carecen de inventiva y novedad y son tan previsibles y reiterativos como reiterativos son los adjetivos del texto. La canibalización misma de la propia obra que *Vivir para contarla* ejecuta indica esa extenuación, más allá del trazado genealógico de algunos textos de García Márquez que cierto tipo de crítica habrá de agradecer. El desgaste del modelo puede explicarse por su reiteración epigonal con mayor o menor fortuna, así como por la emergencia del testimonio hispanoamericano –consolidado como género desde que en 1970 *Casa de las Américas* creó un rubro especial para éste en sus premios–, pues si el realismo mágico correspondía a un tipo de aprehensión capaz de incoporar y reelaborar literariamente elementos heterogéneos, entre ellos, los que provienen de tradiciones y grupos menoscabados en el espacio de las naciones, el testimonio daba un paso más en esa dirección, al ofrecerse como discurso representativo de una colectividad marginada, pues su voz narrativa es un dispositivo lingüístico, un *shifter*, que puede ser llenado por cualquier persona de la misma condición antes

[30] Populismo es un término polisémico, por lo que me apresuro a especificar de qué manera lo entiendo. El populismo es una ideología débil, moralista antes que programática, que considera a la sociedad dividida en dos bandos antagónicos homogéneos: una elite y el pueblo. La política debería ser una expresión de la voluntad de este último actor, al cual se concibe de manera vaga y mítica antes que empírica. Desde esta perspectiva, lo contrario del populismo es el elitismo pero también el pluralismo. El primero es como su negativo fotográfico, solo que desplaza el valor positivo a la elite. El populismo colisiona con el segundo, en cambio, porque el pluralismo rechaza su visión homogeneizadora de la sociedad (Mudde 543-7).

que la expresión de un individuo autónomo. Pero todavía más: la operación transculturadora resulta obsoleta como modelo narrativo y apropiación cultural ya que jamás rebasó la reformulación populista de materiales nativos subordinados a un constructo occidentalista incapaz de suturar la fractura cultural originaria de América Latina.[31] Es por su adhesión a esta poética que *Vivir para contarla* se define en consonancia con lo que cabe denominar "macondismo": el gesto nostálgico de un continente semidesarrollado confrontado con una modernidad a cuyas lógicas opone la metáfora de su misterio esencial, incognoscible y poético.[32]

[31] En su lectura de *Cien años de soledad* Franco Moretti observa que el realismo mágico ha sido secretamente cómplice con la modernización, a la cual presenta como una empresa deleitable (*Modern Epic* 249-50). De otro lado, para Alberto Moreiras, el 28 de noviembre de 1969, día en que se mata José María Arguedas y de esa manera pone punto final a su novela *El zorro de arriba y el zorro de abajo*, la transculturación alcanza su momento teórico final y concluye el realismo mágico, pues Arguedas demuestra que la alegoría nacional implícita en éste acoge un substrato colonial: "Arguedas shows how magical realism is an impossible scene of emancipatory representation staged from a colonizing perspective" (*The Exhaustion of Difference* 206).

[32] Tal es el núcleo de "La soledad de América Latina", conferencia que Gabriel García Márquez dio el 8 de diciembre de 1982 en Estocolmo, con motivo de recibir el Premio Nobel de Literatura. Para el concepto de "macondismo", véase José Joaquín Brunner, "Tradicionalismo y modernidad en la cultura latinoamericana" (63-8).

BIBLIOGRAFÍA

AGAMBEN, Giorgio. *The Open: Man and Animal*. Stanford: Stanford University Press, 2004.

— *Remnants of Auschwitz: the Witness and the Archive*. New York: Zone Books, 1999.

— *Estancias. La palabra y el fantasma en la cultura occidental*. Valencia: Pre-Textos, 1995.

AGOSÍN, Marjorie. "Dialogando *Las Genealogías* de Margo Glantz." *Las hacedoras: mujer, imagen, escritura*. Santiago: Editorial Cuarto Propio, 1993. 171-83.

— (ed.). *Memory, Oblivion, and Jewish Culture in Latin America*. Austin: University of Texas Press, 2005.

— *Passion, Memory, Identity. Twentieth-Century Latin American Jewish Women Writers*. Albuquerque: University of New Mexico Press, 1999.

AGUILAR MORA, Jorge, *et al*. *Severo Sarduy*. Madrid: Editorial Fundamentos, 1976.

AGUIRRE, Margarita. *Las vidas de Pablo Neruda*. México: Grijalbo, 1973.

AGUSTINE, Saint. *The Confessions*. New York: Knopf, 2001.

AHMAD, Aijaz. *In Theory: Nations, Classes, Literatures*. London; New York: Verso, 2008.

ALAPE, Arturo. *El bogotazo: memorias del olvido*. La Habana: Ediciones Casa de las Américas, 1983.

ALBERCA, Manuel. "Escrito sobre una piel de Severo Sarduy." *Anales de Literatura Hispanoamericana* 19 (1990): 199-206.

ALBERT SANTOS, Eduardo. "Un heredero del barroco." Oneyda González 110-27.

ALBERTI, Rafael. *La arboleda perdida: libros I y II de memorias*. Barcelona: Seix Barral, 1975.

ALEGRÍA, Fernando. *Walt Whitman en Hispanoamérica*. México: Galeza, 1954.

— "Memoria creadora y autobiografía en Latinoamérica. Darío y Neruda." Lara Pozuelo 11-25.

— "*Confieso que he vivido*: aciertos y fallos de la memoria." *Homenaje a Luis Leal*. Madrid: *Ínsula*, 1978.

ALEMANY BAY, Carmen (ed.). *Narradoras hispanoamericanas desde la independencia a nuestros días. Anales de la literatura española Nº 16*. Alicante: Universidad de Alicante.

ALONSO, Amado. *Poesía y estilo de Pablo Neruda. Ensayo de interpretación de una poesía hermética*. Buenos Aires: Losada, 1940.

ALTAMIRANO, Carlos. "Introducción general." *Historia de los intelectuales en América Latina. I. La ciudad letrada, de la conquista al modernismo*. Buenos Aires: Katz, 2008. 9-27.

ALTHUSSER, Louis. *Lenin and Philosphy and other Essays*. New York; London: Monthly Review Press, 1971.

ÁLVAREZ ÁLVAREZ, Luis. "Sarduy y el neobarroco." Oneyda González 102-9.

Anderson, Benedict.*The Spectre of Comparisons: Nationalism, Southeast Asia, and the World*. London: Verso, 1998.

— *Imagined Communities: Reflections on the Origin and Spread of Nationalism*. London: Verso, 1991.

ANDERSON, Linda. *Autobiography*. London; New York: Routledge, 2001.

ANDERSON, Perry. "Tropical Recall: Gabriel García Márquez." *Spectrum*. London; New York: Verso, 2005. 210-19.

— "Modernity and Revolution." Nelson y Grossberg 317-338.

ANGVIK, Birger. *La narración como exorcismo: Mario Vargas Llosa, obras (1963-2003)*. Lima: Fondo de Cultura Económica, 2004.

APPADURAI, Arjun. *Modernity at Large. Cultural Dimensions of Globalization*. Minneapolis: University of Minnesota Press, 1996.

ARACIL VARÓN, Beatriz. "Margo Glantz: el rastro de la escritura." Alemany 279-88.

ARCHARD, David. *Children: Rights and Childhood*. London; New York: Routledge, 2004.

ARCE, Homero. *Los libros y los viajes. Recuerdos de Pablo Neruda*. Santiago de Chile: Nascimiento, 1980.

ARGAND, Catherine. "L'entretien: Mario Vargas Llosa (*Le poisson dans l'eau*)." *Lire* 232 (1995): 36-41.

ARIÈS, Philippe. *L'enfant et la vie familiale sous l'Ancien Régime*. Paris: Plon, 1960.

ARISTÓTELES. *Retórica*. Madrid: Alianza, 1998.

— *Poética*. Madrid: Gredos, 1974.

ARMAS MARCELO, J. J. *Vargas Llosa: el vicio de escribir*. Madrid: Ediciones Temas de Hoy, 1991.

ARMSTRONG, Nancy. *Fiction in the Age of Photography. The Legacy of British Realism*. Cambridge; London: Harvard University Press, 1999.

ARNAU, Juan. "Lenguaje y silencio en las tradiciones budistas". *Llu. Revista de ciencias de las religiones* XIX (2007): 85-105.

ASHLEY, Kathleen, Leigh GILMORE y Gerald PETERS (eds.). *Autobiography and Postmodernism*. Amherst: The University of Massachusetts Press, 1994.

ASTURIAS, Miguel Ángel y Pablo NERUDA. *Comiendo en Hungría*. Barcelona: Editorial Lumen, 1969.

ATTALI, Jacques. *The Economic History of the Jewish People*. Portland: Eska Publishing, 2010.

— *Dictionaire amoureux du judaïsme*. Paris: Plon / Fayard, 2009.

ATTRIDGE, Derek (ed.). *The Cambridge Companion to James Joyce*. Cambridge; New York: Cambridge University Press, 1990.

AUMONT, Jacques. *El ojo interminable: cine y pintura*. Barcelona: Paidós, 1997.

— *et al. Historia general del cine*. Vol X. Madrid: Cátedra, 1985-1988.

AVELAR, Idelber. *The Untimely Present. Postdictatorial Latin American Fiction and the Task of Mourning*. Durham; London: Duke University Press, 1999.

AVERY-PECK, Alan. "Idolatry in Judaism." Neusner 1079-1088.

BAER, Ulrich. *Spectral Evidence. The Photography of Trauma*. Cambridge; London: The MIT Press, 2002.

BAKHTIN, Mikhail. *Rabelais and his World*. Bloomington: Indiana University Press, 1984.

— *Problems of Dostoevsky's Poetics*. Minneapolis: University of Minnesota Press, 1984.

BALDERSTON, Daniel (ed.). *Sexualidad y nación*. Pittsburgh: IILI, 2000.

BALDERSTON, Daniel y Donna J. GUY (eds.). *Sex and Sexuality in Latin America*. New York: New York University Press, 1997.

BALTRUŠAITIS, Jurgis. *Anamorphic Art*. New York: Harry N. Abrams, INC, 1969.

BARCHINO, Matías. "Mario Vargas Llosa y la nueva autobiografía." *Conversación de otoño: Homenaje a Mario Vargas Llosa*. Murcia: Caja de Ahorros del Mediterráneo, 1997. 203-15.

BARQUET, Jesús J. "Suicidio y rebeldía: Reinaldo Arenas habla sobre el suicidio." Sánchez y López Cruz 111-6.

BARROS, Cristián. "Las puertas de Oriente. Neruda en Birmania." Revista de Libros de *El Mercurio* (2006): 14 de julio.

BARTHES, Roland. *Fragmentos de un discurso amoroso*. Buenos Aires: Siglo XXI, 2006.

— *The Neutral. Lecture Course at the Collège de France (1977-1978)*. New York: Columbia University Press, 2005.

— *La cámara lúcida. Nota sobre la fotografía*. Barcelona: Paidós, 1997.

— "El efecto de realidad." *El susurro del lenguaje. Más allá de la palabra y la escritura*. Barcelona: Paidós, 1994. 179-87.

— "Introducción al análisis estructural de los relatos." *La aventura semiológica*. Barcelona: Paidós, 1993. 163-201.

— "El mensaje fotográfico." *Lo obvio y lo obtuso. Imágenes, gestos, voces*. Barcelona: Paidós, 1986. 11-27

— "El grano de la voz." *Lo obvio y lo obtuso. Imágenes, gestos, voces*. Barcelona: Paidós, 1986. 262-71.

— *Mitologías*. México: Siglo XXI 1981.

— "Sarduy: la faz barroca."Aguilar Mora 109-12.

— *Roland Barthes/par Roland Barthes*. Paris: Éditions du Seuil, 1971.

— *Sade, Fourier, Loyola*. Paris: Éditions du Seuil, 1971.

— *S/Z*. Paris: Éditions du Seuil, 1970.

BARTRA, Roger. *The Cage of Melancholy. Identity and Metamorphosis in the Mexican Character*. New Brunswick: Rutgers University Press, 1992.

BATCHEN, Geoffrey. *Burning with Desire. The Conception of Photography*. Cambridge: The MIT Press, 1997.

BAUDELAIRE, Charles. *Salon de 1859: texte de la Revue Française*. Paris: H. Champion, 2006.

BAUDRILLARD, Jean. *Écran total*. Paris: Éditions Galilée, 1997.

— "Death in Bataille." Botting y Wilson 139-45.

— "The Art of Disappearance." Zurbrugg 28-31.

BAUMAN, Zygmunt. "The Uniqueness and Normality of the Holocaust." Levi y Rothberg 82-8.

BAZIN, André. "The Ontology of the Photographic Image." *What is Cinema?* Berkeley: University of California Press, 1967. 9-16.

BEAUJOUR, Michel. *Miroirs d'encre: rhétorique de l'autoportrait*. Paris: Seuil, 1980.

BEASLEY-MURRAY, Jon. "Against (In)equality. Bad Latin American Literature." LASA Forum XL. I (2009): 20-4.

BEAUVOIR, Simone de. *La vieillese*. Paris: Gallimard, 1970.

BECK, F. and W. GODIN. *Russian Purge and the Extraction of Confession*. New York: The Viking Press, 1951.

BEJAR, Héctor. *Las guerrillas del 65: balance y perspectiva*. Lima: Peisa, 1973.

BEJEL, Emilio. *Gay Cuban Nation*. Chicago; London: The University of Chicago Press, 2001.

BELL-VILLADA, Gene H. *García Márquez. The Man and his Work*. Chapel Hill: The University of North Carolina Press, 2010.

— *Conversations with Gabriel García Márquez*. Jackson: University Press, 2004.

BELLI, Gioconda. "Reseña a *Confieso que he vivido*." *Pensamiento Centroamericano* 146 (1975): 60-1.

BENEDETTI, Mario. "Vallejo y Neruda: dos modos de influir." *Letras del continente mestizo*. Montevideo: Arca Editorial, 1974. 65-9.

— *Cuaderno Cubano*. Montevideo: Arca, 1969.

BENÍTEZ ROJO, Antonio. *La isla que se repite. El Caribe y la perspectiva posmoderna*. Hanover: Ediciones del Norte, 2009.

BENJAMIN, Walter. "Little History of Photography." *The Work of Art in the Age of its Technological Reproducibility and Other Writings on Media*. Cambridge; London: The Belknap Press of Harvard University Press, 2008. 274-98.

— "Letter from Paris (2). Painting and Photography." *The Work of Art in the Age of its Technological Reproducibility and Other Writings on Media*. Cambridge; London: The Belknap Press of Harvard University Press, 2008. 299-311.

— "Review of Freund's *Photographie en France au dix-neuvième siècle*". *The Work of Art in the Age of its Technological Reproducibility and Other Writings on Media*. Cambridge; London: The Belknap Press of Harvard University Press, 2008. 312-4.

— "The Task of the Translator." *Selected Writings: Volume 1, 1913-1926*. Cambridge: Belknap Press of Harvard University Press, 1999. 253-263.

— "On the Image of Proust." *Selected Writings: Volume 2, Part 1, 1927-1930*. Cambridge: Belknap Press of Harvard University Press, 1999. 237-47.

— "Unpacking my Library. A Talk about Collecting." *Selected Writings: Volume 2, Part 2, 1931-1934*. Cambridge: Belknap Press of Harvard University Press, 1999. 486-93.

— "Excavation and Memory." *Selected Writings: Volume 2, Part 2, 1931-1934*. Cambridge: Belknap Press of Harvard University Press, 1999. 576.

BENN, Gottfried. "Artists and Old Age." *Prose, Essays, Poems*. New York: Continuum, 1987. 161-84.

BENNINGTON, Geoffrey y Jacques DERRIDA. *Jacques Derrida*. Madrid: Cátedra, 1994.

BENSON, John. "Nota sobre *Notas de Prensa 1980-1984*." *Revista de Estudios Colombianos* 18 (1998): 27-37.

BENSTOCK, Shari. *The Private Self: Theory and Practice of Women's Autobiographical Writings*. Chapel Hill: University of North Carolina Press, 1988.

BERENGUER, Carmen, *et al. Escribir en los bordes*. Santiago: Editorial Cuarto Propio, 1994.

BERGER, John. *About Looking*. New York: Pantheon Books, 1980.

BERMAN, Marshall. *All That is Solid Melts into Air: the Experience of Modernity*. New York: Viking Penguin, 1988.

BERGMAN, David (ed.). *Camp Grounds: Style and Homosexuality*. Amherst: The University of Massachusetts Press, 1993.

BERGSON, Henri. *L'évolution créatrice*. Paris: Librairie Félix Alcan, 1934.

BEVERLEY, John. "Rethinking the Armed Struggle in Latin America." *Boundary* 2 (2009): 47-59.

— *Testimonio. On the Politics of Truth*. Minneapolis; London: University of Minnesota Press, 2004.

— *Una modernidad obsoleta: estudios sobre el barroco*. Los Teques: Fondo Editorial A.L.E.M., 1997.

— "The Margin at the Center: On *Testimonio*." Gugelberger 23-41.

— *Against Literature*. Minneapolis: University of Minnesota Press, 1993.

— "Anatomía del testimonio." *Revista de Crítica Literaria Latinoamericana* 25 (1987): 7-16.

BEVERLEY, John, José OVIEDO y Michael ARONNA (eds.). *The Postmodernism Debate in Latin America*. Durham: Duke University Press, 1995.

BHABHA, Homi (ed.). *Nation and Narration*. London: Routledge,1990.

— *The Location of Culture*. London: Routledge, 1994.

BLANCHARD, Marc. "Site Unseen: Cuba on the Rue Jacob". *Contemporary French and Francophone Studies* 5, 1 (2001):79-88.

BOBES NAVES, María del Carmen. "El silencio en la literatura." Castilla del Pino 99-123.

BOERO VARGAS, Mario y Luis CABRERA. "La religión en las *Memorias* de Neruda." *Cuadernos Hispanoamericanos* 417 (1985): 155-9.

BOGUE, Ronald. *Deleuze on Literature*. New York; London: Routledge, 2003.

— "Gilles Deleuze: The Aesthetics of Force." Patton 257-69.

BOOKER, M. Keith. *Vargas Llosa among the Postmodernists*. Gainesville: University Press of Florida, 1994.

BONILLA, Heraclio (ed.). *Los conquistados.1492 y la población indígena de las Américas*. Bogotá: Tercer Mundo-Libri Mundi, 1992.

BORGES, Jorge Luis. *Obras completas I: 1923-1949*. Buenos Aires: Emecé, 2010.

— *Otras inquisiciones*. Buenos Aires: Emecé Editores, 1960.

BORINSKY, Alicia. "Pablo Neruda: el poeta y su monumento." *Estudios Públicos* 94 (2004): 151-64.

BOSCH, Juan. *De Cristóbal Colón a Fidel Castro: el Caribe, frontera imperial*. Madrid: Ediciones Alfaguara, 1979.

BOTTING, Fred. *Gothic*. London; New York: Routledge, 1996.

BOTTING, Fred and Scott WILSON (eds.). *Bataille: A Critical Reader*. Oxford; Malden.: Blackwell, 1998.

BOURDIEU, Pierre, *et al*. *Photography. A Middle-Brow Art*. Stanford: Stanford University Press, 1990.

BOURKE, John G. *Scatologic Rites of All Nations. Selections*. New York: W. Morrow, 1994.

BOWERS, Maggie Ann. *Magic(al) realism*. London; New York: Routledge, 2004.

BRAVO, María Dolores y Blanca Estela TREVIÑO (coord.). *Margo Glantz: 45 años de docencia*. México: Facultad de Filosofía y Letras, UNAM, 2006.

BRENNAN, Tim. "The National Longing for Form." Bhabha *Nation and Narration* 44-70.

BRILLAT-SAVARIN, Jean Anthèlme. *Physiologie du goût*. Paris: Herman, 1975.

BRITTIN, Alice y Kenya C. DWORKIN. "Rigoberta Menchú: 'los indígenas no nos quedamos como bichos aislados, inmunes, desde hace 500 años'". *Nuevo Texto Crítico* 6, 11 (1993): 207-220.

BROCH, Hermann. "The Style of the Mythical Age." *Geist and Zeitgeist. The Spirit in an Unspiritual Age*. New York: Counterpoint, 2002. 97-114.

BROOKER, Peter (ed.). *A Glossary of Cultural Theory*. London: Arnold, 2002.

— *Modernism/Postmodernism*. London; New York: Longman, 1992.

— *Reading for The Plot. Design and Invention in Narrative*. New York: Alfred A. Knopf, 1984.

— *The Melodramatic Imagination. Balzac, Henry James, Melodrama and the Mode of Excess*. New Haven: Yale University Press, 1976.

BROWN, James W. "El síndrome del expatriado: Mario Vargas Llosa y el racismo peruano." Oviedo 15-24

BRUCE, Jorge. *Asuntos personales. La experiencia interior en la vida contemporánea*. Lima: Peisa, 1995.

— "La premodernidad reflejada en el agua." *Márgenes* 12 (1994): 55-74.

BRUNNER, José Joaquín. "Notes on Modernity and Postmodernity in Latin American Culture." Beverley, Oviedo y Aronna 34-54.

— "Tradicionalismo y modernidad en la cultura latinoamericana." Herlinghaus y Walter 48-82.

BRUSS, Elizabeth W. *Autobiographical Acts: The Changing Situation of a Literary Genre*. Baltimore: Johns Hopkins University Press, 1976.

BUESA, José Ángel. "Memorias de Pablo Neruda." *Aula 43* (1982): 153-8.

BURGOS, Elizabeth. "Las verdades de Rigoberta Menchú." *Lateral* 52 (1999).

— "The Story of a Testimonio." *Latin American Perspectives* 26 (1999): 53-63.

BURKE, Kenneth. "Literature as Equipment for Living." Adams 920-4

BUTLER, Judith. "Imitation and Gender Insubordination." *The Judith Butler Reader*. Malden: Blackwell, 2003. 119-38.

— *Bodies that Matter: On the Discursive Limits of 'Sex'*. New York: Routledge, 1993.

— "Performative Acts and Gender Constitution: An Essay in Phenomenology and Feminist Theory." Case 270-82.

CABANILLAS, Francisco. *Escrito sobre Severo: una relectura de Sarduy*. Miami: Ediciones Universal, 1995.

CALABRESE, Omar. *Neo-Baroque: A Sign of the Times*. New Jersey: Princeton University Press, 1992.

CALVET, Louis-Jean. *Linguistique et colonialisme: petit traité de glottophagie*. Paris: Payot, 1974.

CÁNOVAS, Rodrigo. "Cuaderno de notas sobre *Las genealogías*, de Margo Glantz." *Revista Chilena de Literatura* 72 (2008): 115-25.

CARDONA PEÑA, Alfredo. *Pablo Neruda y otros ensayos*. México: Ediciones de Andrea, 1955.

CARRERAS, Sandra E. (ed.). *Der Nationalsozialismus und Lateinamerika. Institutionen, Repräsentationen, Wissenskonstrukte II*. IBERO-ONLINE.DE. Instituto Ibero-Americano Fundación Patrimonio Cultural Prusiano, 2005. Web. <http://www./ibero-online.de>.

"Carta abierta a Pablo Neruda." La Habana: *Casa de las Américas* 38 (1966):131-5.

CASE, Sue-Ellen (ed.). *Performing Feminisms: Feminist Critical Theory and Theatre*. Baltimore: Johns Hopkins University Press, 1990.

CASETTI, Francesco. *El film y su espectador*. Madrid: Ediciones Cátedra, 1996.

CASTILLA DEL PINO, Carlos (comp.). *El silencio*. Madrid: Alianza, 1992.

CASTRO, Baltazar. *Le llamaban Pablito*. Santiago de Chile: Cerro Hueleón, 1982.

CASTRO-KLARÉN, Sara (ed.). *Narrativa femenina en América Latina/Latin American Women's Narrative*. Madrid; Frankfurt am Main: Iberoamericana/ Vervuert, 2003.

CATELLI, Nora. *El espacio autobiográfico*. Barcelona: Lumen, 1991.

CAVARERO, Adriana. *For More Than One Voice*. Stanford: Stanford University Press, 2005.

— *Stately Bodies. Literature, Philosophy, and the Question of Gender.* Ann Arbor: The University of Michigan Press, 2002

— *Relating Narratives. Storytelling and Selfhood*. London/New York: Routledge, 2000.

CHANADY, Amaryll (ed.). *Latin American Identity and Constructions of Difference*. Minneapolis: University of Minnesota Press, 1994.

— *Magical Realism and the Fantastic. Resolved Versus Unresolved Antinomy*. New York; London: Garland Publishing INC, 1985.

CHANDELIER, Henri. *Riohacha y los indios guajiros*. Bogotá: ECOE Ediciones, 1994.

CHIAMPI, Irlemar. *O realismo maravilhoso: forma e ideologia no romance hispano-americano*. São Paulo: Perspectiva, 2008.

— "El neobarroco en América Latina y la visión pesimista de la historia." Massuh y Fehrmann 139-49.

CHOW, Rey. "Where Have All the Natives Gone?" Mongia 122-46.

CIORDA, Javier. "Neruda: teoría y praxis poética." Flores 13-25.

CLASSEN, Constance, *et al. Aroma: The Cultural History of Smell*. London; New York: Routledge, 1994.

CLYNES, Manfred E. y Nathan S. KLINE. "Cyborgs and Space." *The Cyborg Handbook*. Ed Chris Hables Gray. New York: Routledge, 1995. 29-33.

COE, Richard N. *When the Grass Was Taller. Autobiography and the Experience of Childhood.* New Haven; London: Yale University Press, 1984.

COLÁS, Santiago. "The Third-World in Jameson's Postmodernism or the Cultural Logic of Late Capitalism." *Social Text* 31/32 (1992): 258-70.

COMTE-SPONVILLE, André. *Diccionario Filosófico*. Barcelona: Ediciones Paidós Ibérica, 2003.

CONCHA, Jaime. "Neruda, poeta del siglo XX." *Casa de las Américas* 235 (2004): 17-24.

— "Neruda, desde 1952." Flores 199-222.

— *Neruda (1904-1936)*. Santiago de Chile: Editorial Universitaria, 1972.

CORNEJO POLAR, Antonio. "El comienzo de la heterogeneidad en las literaturas andinas: Voz y letra en el 'diálogo' de Cajamarca." *Escribir en el aire. Ensayo sobre la heterogeneidad socio-cultural en las literaturas andinas*. Lima: CELACP; Latinoamericana Editores, 2003.19-80.

CORTÁZAR, Julio. "Carta abierta a Pablo Neruda". Eds. Rodríguez Monegal y Santi 31-6.

CORTINA, Guadalupe. *Invenciones multitudinarias: escritoras judiomexicanas contemporáneas*. Newark: Juan de la Cuesta, 2000.

— *Invenciones multitudinarias. Escritoras judíomexicanas contemporáneas*. Newark, 2000.

COSÍO VILLEGAS, Daniel (ed.). *Historia General de México*, Vol IV. México: El Colegio de México, 1976.

COSTA, Horacio. "Sarduy: la escritura como *épure*." *Revista Iberoamericana* 154 (1991): 275-300.

COUSER, Thomas. *Altered Egos: Authority in American Autobiography*. New York: Oxford UP, 1989.

COWIE, Elizabeth. "Seeing and Hearing for Ourselves: The Spectacle of Reality in the Holocaust Documentary." Haggith y Newman 182-8

COX, Gary. *The Sartre Dictionary*. London; New York: Continuum, 2008.

COZARINSKY, Edgardo. "Sarduy, prisionero de Saint-Germain-des-Prés." *El pase del testigo*. Buenos Aires: Editorial Sudamericana, 2000. 121-32.

CROWE, David M. *The Holocaust. Roots, History, and Aftermath*. Boulder: Westview Press, 2008.

CUARTAS, Juan Manuel. "Las vidas de García Márquez." *Diálogos Latinoamericanos* 6 (2002): 1-10.

CUETO, Alonso. *Mario Vargas Llosa, la vida en movimiento*. Lima: Universidad Peruana de Ciencias Aplicadas, 2003.

CUEVA, Agustín. *Literatura y conciencia histórica en América Latina*. Quito: Editorial Planeta, 1993.

CULLER, Jonathan. *On Deconstruction. Theory and Criticism after Structuralism*. Ithaca: Cornell University Press, 2007.

— *Structuralist Poetics: Structuralism, Linguistics, and the Study of Literature*. Ithaca: Cornell University Press, 1975.

CUNNINGHAM, Hugh. *Children and Childhood in Western Society Since 1500*. Harlow; New York: Pearson Longmann, 2005.

CURTI, Lidia. *Female Stories, Female Bodies: Narrative, Identity and Representation*. London: Macmillan, 1998.

DAWES, Greg. *Verses Against the Darkness: Pablo Neruda's Poetry and Politics*. Lewisburg: Bucknell University Press, 2006.

DEAS, Malcolm. *Del poder y la gramática. Y otros ensayos sobre historia, política y literatura colombianas*. Santafé de Bogotá: Tercer Mundo Editores, 1993.

DEBRAY, Régis. *Vida y muerte de la imagen. Historia de la mirada en Occidente*. Barcelona: Paidós, 1994.

DE CAMPOS, Haroldo. *Três (re)inscrições para Severo Sarduy*. San Pablo: Fundação Memorial da América Latina, 1995.

DE CERTEAU, Michel. *Culture in the Plural*. Minneapolis: University of Minnesota Press, 1998.

— "Mysticism." *Diacritics* 22 (1992): 11-25.

DEGREGORI, Carlos Iván y Romeo GROMPONE. *Elecciones 1990. Demonios y redentores en el Nuevo Perú. Una tragedia en dos vueltas*. Lima: IEP Ediciones, 1991.

De Lange, Nicholas. *Penguin Dictionary of Judaism*. London; New York: Penguin Books, 2008.

De Lauretis, Teresa. *The Practice of Love: Lesbian Sexuality and Perverse Desire*. Bloomington: Indiana University Press, 1996.

— *Alice Doesn't: Feminism, Semiotics, Cinema*. Bloomington: Indiana University Press, 1984.

— *Technologies of Gender. Essays on Theory, Film, and Fiction*. Bloomington: Indiana University Press, 1987.

De Man, Paul. *The Rhetoric of Romanticism*. New York: Columbia University Press, 1984.

— *Blindness and Insight*. Minneapolis: The University of Minnesota Press, 1983.

— *Allegories of Reading: Figural Language in Rousseau, Nietzsche, Rilke, and Proust*. New Haven; London: Yale UP, 1979. .

Del Castillo, Daniel. "Lo autobiográfico en el Perú contemporáneo."*Márgenes* 12 (1994): 37-54.

Deleuze, Gilles. *Nietzsche and Philosophy*. London; New York: Continuum, 2006.

— *Lógica del sentido*. Barcelona: Paidós, 2005.

— *Francis Bacon. The Logic of Sensation*. Minneapolis: University of Minnesota Press, 2003.

— *Diferencia y repeticion*. Buenos Aires: Amorrortu, 2002.

— *Crítica y clínica*. Barcelona: Editorial Anagrama, 1996.

— *Pourparlers. 1972-1990*. Paris: Les Editions de Minuit, 1990.

Deleuze, Gilles y Félix Guattari. *Anti-Oedipus*. London; New York: Continuum, 2004.

— *A Thousand Plateaus: Capitalism and Schizophrenia*. Minneapolis: University of Minnesota Press, 1998.

— *¿Qué es la filosofía?* Barcelona: Editorial Anagrama, 1993.

— *The Fold. Leibniz and the Baroque*. Minneapolis: University of Minnesota Press, 1993.

— *Kafka: Toward a Minor Literature*. Minneapolis: University of Minnesota Press, 1986.

DeMause, Lloyd (ed.). *The History of Childhood*. New York: Psicohistory Press, 1974.

Derrida, Jacques. *De la gramatología*. México: Siglo XXI Editores, 2005.

— *Papel máquina: la cinta de máquina de escribir y otras respuestas*. Madrid: Editorial Trotta, 2003.

— *The Truth in Painting*. Chicago; London: The University of Chicago Press, 1987.

— *The Ear of the Other: Otobiography, Transference, Translation*. New York: Shocken Books, 1985.

— *Signéponge/Singsponge*. New York: Columbia University Press, 1984.

— *Margins of Philosophy*. Chicago: University of Chicago Press, 1984.

— *Dissemination*. Chicago: University of Chicago Press, 1981.

— *La voix et le phénomène. Introduction au probléme du signe dans la phénoménologie de Husserl*. Paris: Quadrige; PUF, 1967.

Dever, Susan. *Celluloid Nationalism and Other Melodramas. From Post-Revolutionary Mexico to fin de siglo Mexamérica*. Albany: State University of New York Press, 2003.

Didi-Huberman, Georges. *Images malgré tout*. Paris: Minuit, 2003.

Dixon, Paul B. "Balances, Pyramids, Crowns, and the Geometry of Sor Juana Inés de la Cruz." *Hispania* 67 (1984): 560-66.

DOLLE, Verena. "La construcción del sí mismo: memoria cultural e identidad en *Las Genealogías* de Margo Glantz." Maihold y Steckbauer 151-62.

DORE, Elizabeth y Maxine MOYLNEUX (eds.). *Hidden Stories of Gender and the State in Latin America*. Durham: Duke University Press, 2000.

DOW ADAMS, Timothy. *Light Writing and Life Writing. Photography in Autobiography*. Chapell Hill; London: The University of North Carolina Press, 2000.

DUBOIS, Phillipe. *El acto fotográfico*. Barcelona: Paidós, 1994.

DUNCAN, Cynthia. "Reading against the Grain of Pablo Neruda's Love Poetry: A Feminist Perspective." *Romance Languages Annual* 4 (1992): 431-7.

DUNKERLEY, James. "Mario Vargas Llosa: Parables and Deceits." *New Left Review* 162 (1987):112-22.

DURIX, Jean-Pierre. *Mimesis, Genres and Post-Colonial Discourse. Deconstructing Magic Realism*. Houndmills; New York: Macmillan/St. Martin's Press, 1998.

DUSSEL, Enrique. *The Invention of the Americas. Eclipse of the "Other" and Myth of Modernity*. New York: Continuum, 1995.

EAGLETON, Terry. "Edible écriture." Griffiths y Wallace 203-8.

— *Literary Theory: An Introduction*. Minneapolis: University of Minnesota Press, 1996.

EAKIN, John Paul. *Living Autobiographyically. How We Create Identity in Narrative*. Ithaca; London: Cornell University Press, 2008.

— "Breaking Rules: The Consequences of Self-Narration." *Biography* 24.1 (2001): 113-127.

— *Touching the World: Reference in Autobiography*. Princeton: Princeton University Press, 1992.

— *Fictions in Autobiography: Studies in the Art of Self-Invention*. New Jersey: Princeton University Press, 1985.

EARLE, Peter G. (ed.). *Gabriel García Márquez*. Madrid: Taurus Ediciones, 1982.

EASTHOPE, Antony. *Literary into Cultural Studies*. London; New York: Routledge, 1991.

EASTON, Loyd D. y Kurt H. GUDDAT (eds.). *Writings of the Young Marx on Philosophy and Society*. Indianapolis; Cambridge: Hackett Publishing Company, 1997.

ECO, Umberto, *et al*. *Carnival!* Berlin; New Cork; Amsterdam: Mouton, 1984.

ECHEVERRÍA, Bolívar. "El *ethos* barroco." Ed. Bolívar Echeverría. *Modernidad, mestizaje cultural, ethos barroco*. México: UNAM/El Equilibrista, 1994.13-36.

EDGAR, Andrew and Peter SEDGWICK (eds.). *Cultural Theory. The Key Concepts*. London; New York: Routledge, 2002.

EDWARDS, Jorge. *Adiós, poeta*. Barcelona: Tusquets, 1990.

EGIDO, Aurora. "La poética del silencio en el Siglo de Oro." *Bulletin Hispanique* LXXXVIII (1986): 93-120.

EHRENBURG, Ilya. *Eve of war, 1933-1941*. London: MacGibbon & Kee, 1963.

ELKIN, Judith Laikin y Gilbert W. MERKX (eds.). *The Jewish Presence in Latin America*. Boston: Allen & Unwin, 1987.

ELLEN, Roy. "Fetishism." *Man* 2 (1988): 213-35.

ELLIS, John. *Visible Fictions: Cinema, Television, Video*. London: Routledge, 1982.

ELLMANN, Maud. *The Hunger Artists: Sarving, Writing, and Imprisonment*. Cambridge: Harvard University Press, 1993.

ELMAN, Yaakov e Israel GERSHONI (eds.). *Transmiting Jewish Traditions: Orality, Textuality and Cultural Difference*. New Haven; London: Yale University Press, 2000.

ENTWISTLE, Joan. *The Fashioned Body. Fashion, Dress and Modern Social Theory*. Cambridge; Malden: Polity Press / Blackwell, 2000.

ESCÁRZAGA NICTÉ, Fabiola. "La utopía liberal de Vargas Llosa." *Política y Cultura* 17 (2002): 217-40.

ESPARZA, Cecilia. *El Perú en la memoria. Sujeto y nación en la escritura autobiográfica*. Lima: Red para el desarrollo de las Ciencias Sociales en el Perú, 2006.

ESPMARK, Kjell. *The Nobel Prize in Literature: A Study of the Criteria behind the Choices*. Boston: G.K. Hall, 1991.

ESTEBAN, Ángel y Ana GALLEGO. *De Gabo a Mario: la estirpe del boom*. Madrid: Espasa Calpe, 2009.

— "Ribeyro por Vargas Llosa." *Identidades* 21 (2002): 10-11.

ESTEBAN, Ángel y Stéphanie PANICHELLI. *Gabo y Fidel: el paisaje de una amistad*. Madrid: Espasa, 2004.

EVANS, Dylan. *An Introductory Dictionary of Lacanian Psychoanalysis*. East Sussex; Philadelphia: Brunner-Routledge, 2001.

FACKENHEIM, Emil L. *What is Judaism? An Interpretation for the Present Age*. Syracuse: Syracuse University Press, 1999.

FALK, Pasi. *The Consuming Body*. London: Sage, 1994.

FANON, Frantz. *Peau noire masques blancs*. Paris:Éditions du Seuil, 1952.

FARIS, Wendy B. *Ordinary Enchantments. Magical Realism and the Remystification of Narrative*. Nashville: Vanderbilt University Press, 2004.

FEAL, Rosemary Geisdorfer. *Novel Lives: the Fictional Autobiographies of Guillermo Cabrera Infante and Mario Vargas Llosa*. Chapel Hill: University of North Carolina at Chapel Hill, 1986.

FEINSTEIN, Adam. *Pablo Neruda: A Passion for Life*. New York: Bloomsbury, 2004.

FELDMAN, Burton. *The Nobel Prize; a History of Genius, Controversy, and Prestige*. New York: Arcade Pub, 2000.

FELMAN, Soshana y D. LAUB. *Testimony: Crises of Witnessing in Literature, Psychoanalysis and History*. London; New York: Routledge, 1992.

FELSKI, Rita. *Literature after Feminism*. Chicago: University of Chicago Press, 2003.

— *Doing Time: Feminist Theory and Postmodern Culture*. New York: New York University Press, 2000.

— *The Gender of Modernity*. Cambridge; London: Harvard University Press, 1995.

— *Beyond Feminist Aesthetics. Feminist Literature and Social Change*. Cambridge: Harvard University Press, 1989.

FELSTINER, John. "A Feminist Reading of Neruda." *Parnassus* 3.2 (1974): 90-112.

FERNÁNDEZ, James. *Apology to Apostrophe: Autobiography and the Rhetoric of Self-Representation in Spain*. Durham; London: Duke University Press, 1992.

FERNÁNDEZ, Nancy. *Fumarolas de jade: las poéticas neobarrocas de Severo Sarduy y Arturo Carrera*. Mar del Plata: E. Balder, 2002.

FERNÁNDEZ RETAMAR, Roberto. *Todo Calibán*. San Juan: Ediciones Callejón, 2003.

— *Recuerdo a*. Ciudad de la Habana: Ediciones UNION, 1998.

FERRERO, Raúl. *El liberalismo peruano: contribución a una historia de las ideas: ensayo, textos y notas; el Perú y los peruanos: ensayos, escritos, semblanzas y apuntes históricos*. Lima: Universidad Nacional Mayor de San Marcos; Universidad de Lima, 2003.

FERRO, Marc. *Histoire des colonisations: des conquêtes aux indépendances (XIIIe-XXe siècle)*. Paris: Éditions du Seuil, 1994.

FLAUBERT, Gustave. "L'Éducation sentimentale. Histoire d'un jeune homme." *Œuvres* II. Paris: Editions Gallimard, 1952. 2-571.

FLEISCHMAN, Avrom. *Figures of Autobiography: The Language of Self Writing in Victorian and Modern England*. Berkeley: University of California Press, 1983.

FLORES, Ángel (ed.). *Nuevas aproximaciones a Pablo Neruda*. México: Fondo de Cultura Económica, 1987.

FORD, Hugh (ed.). *Nancy Cunard: Brave Poet, Indomable Rebel, 1896-1965*. Philadelphia: Chilton Book Co., 1968.

FOSTER, David William. *Gay and Lesbian Themes in Latin American Writing*. University of Texas Press, 1991.

FOSTER, David William y Daniel ALTAMIRANDA (eds.). *Spanish American Literature: A Collection of Essays*. New York: Garland, 1977.

FOSSEY, Jean Michel. "Severo Sarduy: máquina barroca revolucionaria." Aguilar Mora 15-24.

FOUCAULT, Michel. *Psychiatric Power: Lectures at the Collège de France, 1973-1974*. New York: Picador, 2008.

— "The Birth of Biopolitics." Rabinow y Rose 202-7.

— "A Preface to Transgression". *Aesthetics, Method, and Epistemology*. New York: New Press, 1998. 69-87.

— "Nietzsche, Genealogy, History." *Aesthetics, Method, and Epistemology*. New York: New Press, 1998. 369-91.

— "What is an Author?" *Aesthetics, Method, and Epistemology*. New York: New Press, 1998. 205-22.

— *Genealogía del racismo*. La Plata: Editorial Altamira, 1996.

— *Foucault Live (Interviews, 1961- 1974)*. New York: Semiotext(e), 1995.

— *History of Sexuality. Vol. I: An Introduction*. New York: Vintage Books, 1990.

FRANCO, Jean. "Alien to Modernity: The Rationalization of Discrimination." *A Contracorriente* 3 (2006) 1-16.

— "The Nation as Imagined Community." McClintock, Mufti y Shohat 130-7.

— *The Decline and Fall of the Lettered City: Latin America in The Cold War*. Cambridge: Harvard University Press, 2002.

— *Plotting Women. Gender and Representation in Mexico*. New York: Columbia University Press, 1989.

— "Beyond Ethnocentrism: Gender, Power, and the Third World Intelligentsia." Nelson y Grossberg 503-15.

— "Orfeo en Utopía: el poeta y la colectividad en Canto General." *Simposio Pablo Neruda 1974*. Universidad de South Carolina, Las Américas, 1975. 269-89.

FRANCO, Sergio R. "Cultura visual y escritura autobiográfica en Hispanoamérica: tres usos de lo fotográfico." Moraña, *Cultura y cambio social* 403-20.

— Reseña a *El lenguaje de la pasión*, de Mario Vargas Llosa. *Revista de Crítica Literaria Latinoamericana* 56 (2002): 273-76.

FRANK, Joseph. *The Idea of Spatial Form*. New Brunswick; London: Rutgers University Press, 1991.

FREADMAN, Richard. *Threads of Life: Autobiography and the Will*. Chicago: University of Chicago Press, 2001.

FREEMAN, Mark. *Rewriting the Self: History, Memory, Narrative*. London: Routledge, 1993.

FRENK, Margit. "*Las genalogías* de Margo." Bravo y Treviño 61-5.

FREUD, Sigmund. *The Standard Edition of the Complete Psychological Works of Sigmund Freud*. London: The Hogarth Press and The Institute of Psycho-Analysis, 1957. (= *CW*)

— "Beyond the Pleasure Principle." En *CW* 18.

— "Character and Anal Erotism." En *CW* 9.

— "Fetishism." En CW 21.

— "From the History of an Infantile Neurosis." En *CW* 17.

— "Jokes and their Relation to the Unconscious." En *CW* 8.

— "Moses and Monotheism: three Essays." En *CW* 23.

— "Notes Upon a Case of Obsessional Neurosis." En *CW* 10.

— "On Narcissism." En *CW* 14

— "Psychopatology of Everydad Life." En *CW* 6.

— "Screen Memories." En *CW* 3.

— "The Uncanny." En *CW* 17.

— "Three Essays on Sexuality." En *CW* 7.

FRISBY, David y Mike Featherstone (eds.). *Simmel on Culture*. London; Thousand Oaks, New Dehli: Sage Publications, 1997.

FUENTES, Carlos. "Las memorias de Gabo." Ortega, *Gaborio* 247-52.

— *Myself with Others. Selected Essays*. New York: Farrar, Straus & Giroux, 1988.

— *La nueva novela hispanoamericana*. México: Joaquín Mortiz, 1969.

— "El P.E.N.: Entierro de la gruerra fría en la literatura." *Life en español* 28.3 (1966): 54-61.

FURET, Francois. *The Passing of an Illusion: The Idea of Communism in the Twentieth Century*. Chicago: Chicago University Press, 1999.

GALLO, Rubén. "Sarduy avec Lacan: The Portrayal of French Psychoanalysis in *Cobra* and *La simulación*." *Revista Hispánica Moderna* 60.1 (2007): 35-60.

— "Severo Sarduy, Jacques Lacan y el psicoanálisis. Entrevista con François Wahl." *Revista Hispánica Moderna* 59. 1/2 (2006): 51-9.

GÁLVEZ BARRAZA, Julio. *Neruda y España*. Santiago: RIL editores, 2003.

GARCÍA, Gustavo. "Melodrama: The Passion Machine." Paranagua, *Mexican Cinema* 153-62.

GARCÍA BERRIO, Antonio. *Teoría de la literatura (La construcción del significado poético)*. Madrid: Cátedra, 1994.

GARCÍA BERRIO, Antonio y Javier HUERTA CALVO. *Los géneros literarios. Sistema e Historia*. Madrid: Cátedra: 1992.

GARCÍA MÁRQUEZ, Gabriel. *Crónica de una muerte anunciada*. Nueva York: Vintage, 2003.

— *Vivir para contarla*. Bogotá: Editorial Norma, 2002.

— "Cuba de cabo a rabo." *Por la libre. Obra periodística 4 (1974-1995)*. Santafé de Bogotá: Editorial Norma, 1999. 61-90.

— *Relato de un náufrago que estuvo diez días a la deriva en una balsa sin comer ni beber, que fue proclamado héroe de la patria, besado por las reinas de la belleza y hecho rico por la publicidad, y luego aborrecido por el gobierno y olvidado para siempre*. Barcelona: Mondadori, 1999.

— *Notas de prensa 1980-1984*. Madrid: Mondadori, 1991.

— *El olor de la guayaba: conversaciones con Plinio Apuleyo Mendoza*. Bogotá: Editorial La Oveja Negra, 1982.

— *Obra periodística*. 4 volúmenes. Barcelona: Bruguera, 1981-3.

GARCÍA PINTO, Magdalena. "La vida escandalosa de César Moro: autorrepresentación, exilio y homosexualidad." Balderston, *Sexualidad y nación* 283-94.

— "Conversación con Margo Glantz." *Historias íntimas: conversaciones con diez escritoras latinoamericanas*. Hanover: Ediciones del Norte, 1988.105-22.

GARCÍA USTA, Jorge. *García Márquez en Cartagena: sus inicios literarios*. Bogotá: Editorial Planeta Colombiana, 2007.

GARGANO, Elizabeth. "«English Sheiks» and Arab Stereotypes: E.M. Hull, T.E. Lawrence, and the Imperial Masquerade." *Texas Studies in Literature and Language* 48. 2 (2006): 171-86.

GENETTE, Gérard. *Figures III*. Paris: Éditions du Seuil, 1972.

GERROD PARROT, W. y Patricia M. RODRÍGUEZ MOSQUERA. "On the Pleasures and Displeasures of Being Envied." Smith 117-32.

GIDDENS, Anthony. *Modernity and Self-Identity. Self and Society in the Late Modern Age*. Stanford: Stanford University Press, 1991.

GILARD, Jacques. *Entre los Andes y el Caribe, la obra americana de Ramón Vinyes*. Medellín: Universidad de Antioquia, 1989.

GILMAN, Sandor L. "The Jew's Body. Thoughts on Jewish Physical Difference." Kleeblatt 60-73.

GILMORE, Leigh. *The Limits of Autobiography: Trauma and Testimony*. Ithaca, N.Y.: Cornell University Press, 2001.

— "Limit-Cases: Trauma, Self-Representation, and the Jurisdictions of Identity." *Biography* 24, 1 (2001): 128-39.

— *Autobiographics: A Feminist Theory of Women's Self-Representation*. Ithaca; London: Cornell University Press, 1994.

GINESTA, Jean-Marie. "El pez en el agua: circunstancias personales, compromiso político y creación literaria." *Conversación de otoño: Homenaje a Mario Vargas Llosa*. Murcia: Caja de Ahorros del Mediterráneo, 1997. 113-26.

GIRONA, Nuria y Manuel ASENSI (eds.). *Tropos del cuerpo*. Valencia: Universitat de València, 2004.

GLANTZ, Margo. "Siempre es posible lo peor (políticas de la memoria)." *La polca de los osos*. Oaxaca: Almadía, 2008. 241-62.

— "Harapos y tatuajes." *La polca de los osos*. Oaxaca: Almadía, 2008. 263-89.

— *La desnudez como naufragio. Borrones y borradores*. Madrid; Frankfurt am Main: Iberoamericana / Vervuert, 2005.

— "Zapatos: Andante con variaciones." *Zona de derrumbe*. Rosario: Beatriz Viterbo Editora, 2001. 1972-207.

— *Las genealogías*. Mexico: Alfaguara, 1996.

— "Sobre el Sueño." *Colonial Latin America Review* 4. 2 (1995): 51-62.

— "Nocturna, mas no funesta." Echeverría 213-29.

— "Mi escritura tiene." *Revista Iberoamericana* 51(1985): 475-8.

— *De la amorosa inclinación a enredarse en cabellos*. México: Ediciones Océano, 1984.

— *La lengua en la mano*. Puebla: Premiá, 1983.

— *Las genealogías*. México: Martín Casillas Editores, 1981.

— *No pronunciarás*. México: Premia Editora, 1980.

GLIEMMO, Graciela. "Señales de una autobiografía: *Las genealogías* de Margo Glantz." *Revista Monográfica* 9 (1993):189-98.

GOETHE, Johann Wolfgang von. *Dichtung und Wahrheit aus meinem Leben*. München: Carl Hanser Verlag, 1950.

GONZÁLEZ, Oneyda. *Severo Sarduy: escrito sobre un rostro*. Camagüey: Editorial Acana, 2003.

GONZÁLEZ BERMEJO, Ernesto. "Con Gabriel García Márquez. Ahora doscientos años de soledad". *Cosas de escritores; Gabriel García Márquez, Mario Vargas Llosa, Julio Cortázar*. Montevideo: Biblioteca de Marcha, 1971. 11-51.

GONZÁLEZ BOIXO, José Carlos (ed.). *Tendencias de la narrativa mexicana actual*. Madrid; Frankfurt am Main: Iberoamericana / Vervuert, 2009.

GONZÁLEZ ECHEVARRÍA, Roberto. *Myth and Archive: A Theory of Latin American Narrative*. Durham: Duke University Press, 1998.

— "Severo Sarduy (1937-1993)." *Revista Iberoamericana* 164-165 (1993): 755-60.

— "An Outcast of the Islands." New York Times 24 Oct. 1993: 1+

— *La ruta de Severo Sarduy*. Hanover: Ediciones del Norte, 1987.

— *The Voice of the Masters: Writing and Authority in Modern Latin American Literature*. Austin: University of Texas Press, 1985.

— "Guapacha barroco. Conversación con Severo Sarduy." *Papeles* 16 (1972): 25-47.

GOODWIN, James. *Autobiography. The Self Made Text*. New York: Twayne Publishers; Toronto: Maxwell Macmillan Canada; New York: Maxwell Macmillan International, 1993.

GORDON, Lois G. *Nancy Cunard: Heiress, Muse, Political Idealist*. New York: Columbia University Press, 2007.

GOTERA, Johan. *Severo Sarduy: alcances de una novelística y otros ensayos*. Caracas: Monte Ávila Editores, 2005.

GOWLAND DE GALLO, María. "Neruda on Neruda." *Americas* 10 (1976): 25-6.

GRACIA, Mariano. "El mudo simulacro de la nada (en torno a *Los matadores de hormigas* y *El Cristo de la Rue Jacob*, de Severo Sarduy)." *Anales de Literatura Hispanoamericana* 26.1 (1997): 173-88.

GRAHAM-YOOLL, Andrew. *After the Despots. Latin American Views and Interviews*. London: Bloomsbury, 1991.

GRAMSCI, Antonio. "The Intellectuals." *Selections From the Prison Notebooks of Antonio Gramsci*. New York: Internacional Publishers, 1971. 3-23.

GRIFFITHS, Sian y Jennifer WALLACE. *Consuming Passions. Food in the Age of Anxiety*. Manchester; New York: Manchester University Press, 1998.

GROSZ, Elizabeth. *Jacques Lacan: A Feminist Introduction*. London: Routledge, 1990.

GRUPE μ. *Rhétorique générale*. Paris: Librairie Larousse, 1970.

GUERRERO, Gustavo. "Severo Sarduy." *Letras Libres* (2003): 54-58.

— "La religión del vacío". Sarduy, *Obra Completa* 1689-1703.

— *La estrategia neobarroca, estudio sobre el resurgimiento de la poética barroca en la obra narrativa de Severo Sarduy*. Barcelona: Edicions Del Mall, 1987.

GUEVARA, Ernesto. *La guerra de guerrillas*. New York: Ocean Press, 2006.

— *El hombre nuevo*. Buenos Aires: Editorial del noroeste, 1973.

GUGELBERGER, George M. (ed.). *The Real Thing: Testimonial Discourse and Latin America*. Durham: Duke University Press, 1996.

GUIBERT, Rita. *Seven Voices; Seven Latin American Writers Talk to Rita Guibert*. New York: Knopf, 1973.

GUILLÉN, Nicolás. *Páginas vueltas: selección de poemas y apuntes autobiográficos*. Buenos Aires: Grupo Editor de Buenos Aires, 1980.

GUILLERMOPRIETO, Alma. *Looking for History: Dispatches from Latin America*. New York: Pantheon Books, 2001.

GUMBRECHT, Hans Ulrich. "El espacio que reaparece. Cinco breves reflexiones sobre los conceptos de 'posmodernidad' y 'globalización'." Herlinghaus y Moraña 201-7

GUNDLE, Stephen y Clino T. CASTELLI. *The Glamour System*. Basingstoke; New York: Palgrave Macmillan, 2006.

GUSDORF, Georges. *Auto-Bio-Graphie*. Paris: Éditions Odile Jacob, 1991.

— "Conditions and Limits of Autobiography." Olney, *Autobiography* 28-48.

GUTIÉRREZ, John. "Gabo ganó pleito por el relato de un náufrago." *El Tiempo* 7 febrero (1994). Web.: 20 agosto 2010. <http://www.eltiempo.com/archivo/documento/MAM-34917>

GUTKIN, Irina. *The Cultural Origins of the Socialist Realist Aesthetic, 1890-1934*. Ewanston: Northwestern University Press, 1999.

HAGGITH, Toby y Joanna NEWMAN (eds.). *Holocaust and the Moving Image. Representations in Film and Television since 1933*. London: Wallflower Press, 2005.

HALLPIKE, Christopher. "Social Hair." *Man* 4 (1969): 256-64.

HAMBURGER, Käte. *La lógica de la literatura*. Madrid: Visor, 1995.

HANDLEY, George B. *New World Poetics: Nature and the Adamic Imagination of Whitman, Neruda, and Walcott*. Athens: University of Georgia Press, 2007.

HARASYM, Sarah (ed.). *The Post-Colonial Critic: Interviews, Strategies, Dialogues*. New York; London: Routledge, 1990.

HARAWAY, Donna. "A Manifesto for Cyborgs: Science, Technology, and Socialist Feminism in the 1980s." Seidman 82-115.

HARRINGTON, Thomas. "Rapping on the Cast(i)le Gates: Nationalism and Culture Planning in Contemporary Spain." Moraña, *Ideologies of Hispanism* 107-37

HARVEY, David. *A Brief History of Neoliberalism*. New York: Oxford University Press, 2005.

— *The Condition of Posmodernity: An Enquiry into the Origins of Cultural Change*. Oxford; Cambridge: Blackwell, 1990.

HATZFELD, Helmut. "Los elementos constitutivos de la poesía mística (San Juan de la Cruz)." *Nueva Revista de Filología Hispánica* 17, 1/2 (1963-1964): 40-59.

HAVERTY RUGG, Linda. *Picturing Ourselves. Photography and Autobiography*. Chicago; London: University of Chicago Press, 1997.

HAWHEE, Debra. *Bodily Arts: Rhetoric and Athletics in Ancient Greece*. Austin: University of Texas Press, 2004.

HEGEL, Georg Wilhelm Friedrich. *Aesthetics: Lectures on Fine Art*. Oxford; New York: Clarendon Press, 1975. 2 vols.

HELG, Aline. *Liberty & Equality in Caribbean Colombia. 1770-1835*. Chapel Hill; London: The University of North Carolina Press, 2004.

HENCKMANN, Wolfhart y Konrad LOTTER. *Diccionario de estética*. Barcelona: Grijalbo & Mondadori, 1998.

HERLINGHAUS, Hermann (ed.). *Narraciones anacrónicas de la modernidad: melodrama e intermedialidad en América Latina*. Santiago: Editorial Cuarto Propio, 2002.

HERLINGHAUS, Hermann y Mabel MORAÑA (eds.). *Fronteras de la modernidad en América Latina*. Pittsburgh: IILI, 2003.

HERLINGHAUS, Hermann y Monika WALTER (eds.). *Posmodernidad en la periferia. Enfoques latinoamericanos de la nueva teoría cultural*. Berlin: Verlag, 1994.

HERMAN, David, Manfred JAHN y Marie-Laure RYAN. *Routledge Encyclopedia of Narrative Theory*. London; New York: Routledge, 2005.

HEWITT, Leah D. "Getting into the (Speech) Act: Autobiography as Theory and Performance." *Sub-Stance* 52 (1987): 32-44.

HIDDLESTON, Jane. "Derrida, Autobiography and Postcoloniality." *French Cultural Studies* 16. 3 (2005): 291-304.

HILL, Mike. *Whiteness. A Critical Reader*. New York; London: New York University Press, 1997.

HOFFMANN, David L. (ed.). *Stalinism: The Essential Readings*. Malden: Blackwell, 2003.

HOLLOWELL, John. *Fact & Fiction: The New Journalism and the Nonfiction Novel*. Chapel Hill: University of North Carolina, 1977.

HOMER, Sean y Douglas KELLNER (eds.). *Fredric Jameson: A Critical Reader*. Basingstoke; New York: Palgrave MacMillan, 2004.

HORNUNG, Alfred y Ernstpeter RUHE (eds.). *Autobiographie & Avant-Garde*. Tubingen: Narr, 1992.

HOROWITZ, Irving Louis. "Autobiography as the Presentation of the Self for Social Inmortality." *New Literary History* 9. 1 (1977): 173-9.

HUBERMAN, Ariana. "Threading Layers of Memory into Family Trees: Family Collective Memory and Jewish Memory by Two Contemporary Latin American Writers." *Cincinatti Romance Review* 23 (2004): 117-30.

HUBERMAN, Ariana y Alejandro METER (eds.). *Memoria y representación. Configuraciones culturales y literarias en el imaginario judío latinoamericano*. Rosario: Beatriz Viterbo, 2006.

HULME, Peter. *Colonial Encounters: Europe and the Native Caribbean, 1492-1797*. London; New York: Methuen, 1986.

HYMAN, Ronald. *Empire and Sexuality. The British Experience*. Manchester; New York: Manchester University Press, 1992.

IBSEN, Kristine. "Entre la espada y la piedra: función exegética de la figura femenina en Neruda." *Symposium* 47.4 (1993): 257-68.

IGLER, Sussane. "Identidades fragmentadas, fragmentos de identidad: proceso de negociaciones culturales de escritoras judeo-mexicanas." Igler y Stauder 99-110.

IGLER, Sussane y Thomas STAUDER (eds.). *Negociando identidades, traspasando fronteras. Tendencias en la literatura y el cine mexicanos en torno al nuevo milenio*. Madrid; Frankfurt am Main: Iberoamericana / Vervuert, 2008.

JACOBSEN, Neil. "Liberalism and Indian Communities in Peru, 1821-1920." Jackson 123-70.

JACKSON, Robert (ed.). *Liberals, the Church and the Indian Peasants*. Albuquerque: University of New Mexico Press, 1997.

JAMESON, Fredric. *Postmodernism, or The Cultural Logic of Late Capitalism*. Durham: Duke University Press, 2001.

— *The Cultural Turn. Selected Writings on the Postmodern, 1983-1998*. London; New York: Verso, 1998.

— "De la sustitución de importaciones literarias y culturales en el tercer mundo: El caso del testimonio." *Revista de Crítica Literaria Latinoamericana* 36 (1992): 117-34.

— *Signatures of the Visible*. New York: Routledge, 1990.

— "Periodizing the 60s." *The Ideologies of Theory: Essays 1971-1986. Volume 2: The Syntax of History*. Minneapolis: University of Minnesota Press, 1988. 178-208,

— "Third-World Literature in the Era of Multinational Capitalism." *Social Text* 15 (1986) 65-88.

— *The Political Unconsciouss. Narrative as a Socially Symbolic Act*. Ithaca: Cornell University Press, 1981.

JÁUREGUI, Carlos A. *Canibalia. Canibalismo, calibanismo, antropofagia cultural y consumo en América Latina*. Frankfurt am Main; Madrid: Iberoamericana / Vervuert, 2008.

— y Juan Pablo Davobe (eds.). *Heterotropías: narrativas de identidad y alteridad latinoamericana*. Pittsburgh: IILI, University of Pittsburgh, 2003.

JAY, Martin. *Force Fields: Between Intellectual History and Cultural Critique*. NewYork: Routledge, 1993.

JAY, Paul. "Being in the Text: Autobiography and the Problem of the Subject." *Modern Language Notes* 97 (1982): 1046-63.

JELINEK, Estelle C. *The Tradition of Women's Autobiography: From Antiquity to the Present*. Boston: Twayne Publishers 1986.

— (ed.). *Women's Autobiography: Essays in Criticism*. Bloomington: Indiana University Press, 1980.

JIMÉNEZ AYBAR, José. "Historia, memoria y narrativa en *Vivir para contarla* de Gabriel García Márquez." *Literatura, teoría, historia y crítica* 8 (2006): 53-96.

JOHNSON, Barbara. *The Critical Difference: Essays in the Contemporary Rhetoric of Reading*. Baltimore; London: The Johns Hopkins University Press, 1992.

JOSEPH, Gilbert M., Catherine LEGRAND y Ricardo D. SALVATORE (eds.). *Close Ecounters of Empire. Writing the Cultural History of U.S.-Latin American Relations*. Durham; London: Duke University Press, 1998.

JOSEPH, Gilbert M. y Timothy J. HENDERSON (eds.). *The Mexico Reader. History, Culture, Politics*. Durham, London: Duke University Press, 2002.

JOYCE, James. *Stephen Hero*. New York: New Directions, 1944.

JÜNGER, Ernst. *On Pain*. New York: Telos Press Publishing, 2008.

KAHN, Douglas y Gregory WHITEHEAD (eds.). *Wireless Imagination. Sound, Radio, and the Avant-Garde*. Cambridge; London: The MIT Press, 1992.

KAMINSKY, Amy. "Genealogies and Diasporas: A Personal Reading of a Family History." *Letras Femeninas* 27.2 (2001): 42-53.

— *Reading the Body Politic: Feminist Criticism and Latin American Women Writers*. Minneapolis: University of Minnesota Press, 1993.

KANT, Immanuel. *Critique of Judgement*. Indianapolis: Hackett, 1987.

KANZEPOLSKY, Adriana. "Raer (con) la lengua." Huberman y Meter 229-47.

— "Territorios De Lo Cotidiano: Las Genealogías De Margo Glantz." Congresso Brasileiro De Hispanistas, Oct. 2002. Web. 15 Sept. 2011. <http://www.proceedings.scielo.br/scielo.php?script=sci_arttext&pid=MSC0000000012002000300001&lng=en&nrm=iso>.

KAPLAN, E. Ann. Trauma Culture. *The Politics of Terror and Loss in Media and Literature*. New Brunswick, New Jersey, London: Rutgers University Press, 2005.

KARST, Roman. *Thomas Mann oder der deutsche Zwiespalt*. Wien; München; Zürich: Verlag Fritz Molden, 1970.

KING, John (ed.). *Modern Latin American Fiction: A Survey*, London: Faber and Faber, 1987.

KHLEVNYUL, Oleg. "The Objectives of the Great Terror, 1937-1938." Hoffmann 87-104.

KLARÉN, Peter Flindell. *Peru: Society and nationhood in the Andes*. New York: Oxford University Press, 2000.

KLEEBLATT, Norman L. (ed.). *Too Jewish? Challenging Traditional Identities*. New York, New Brunswick: Jewish Museum; Rutgers University Press, 1996.

KRACAUER, Siegfried. "Photography." *Critical Inquiry* 19.3 (1993): 421-36.

KRAUSS, Rosalind. *The Optical Unconscious*. Cambridge: The MIT Press, 1993.

Kristal, Efraín. "Lessons from the Golden Age." *New Left Review* 24 (2003): 145-153.

— *Tempation of the Word: The Novels of Mario Vargas Llosa*. Nashville: Vanderbilt University Press, 1998.

KRISTEVA, Julia. *Revolution in Poetic Language*. New York: Columbia University Press, 1984.

— *Powers of Horror: An Essay on Abjection*. New York: Columbia University Press, 1982.

— *Semeiotikè: recherches pour une sémanalyse*. Paris, Éditions du Seuil, 1969.

KROKER, Arthur y David COOK. *The Postmodern Scene. Excremental Culture and Hyper-Aesthetics*. Montreal: New World Perspectives, 1986.

KULAWIK, Krzysztof. *Travestismo lingüístico: el enmascaramiento de la identidad sexual en la narrativa latinoamericana neobarroca*. Madrid; Frankfurt am Main: Iberoamericana/Vervuert, 2009.

KUSHIGIAN, Julia A. *Orientalism in the Hispanic Literary Tradition. In Dialogue with Borges, Paz, and Sarduy*. Albuquerque: University of New Mexico Press, 1991.

— "Severo Sarduy. La serpiente en la sinagoga." *Vuelta* 89 (1984): 14-20.

LABANYI, Jo. "The Construction/Deconstruction of the self in the Autobiographies of Pablo Neruda and Juan Goytisolo." *Forum for Modern Languages Studies* 26.3 (1990): 212-21.

LACAN, Jacques. *Le séminaire VII: L'éthique de la psychanalyse*. Paris:Éditions du Seuil, 1986.

— *Écrits: A Selection*. London: Tavistock Publication, 1980.

LACAPRA, Dominick. *History in Transit; Experience, Identity, Critical Theory*. Ithaca: Cornell University Press, 2004.

— *A Preface to Sartre*. Ithaca: Cornell University Press, 1978.

LACLAU, Ernesto. *Politics and Ideology in Marxist Theory: Capitalism, Fascism, Populism*. London; Atlantic Highlands: NLB/Humanities Press, 1977.

LAFFORGUE, Jorge. "Entrevista a Pablo Neruda (Su excelencia, el poeta)." *Hispamérica* 95 (2004): 55-65.

LAFUENTE, Fernando R. "Gabriel García Márquez, *Vivir para contarla*." Ortega, *Gaborio* 95-97.

LAMBERT, Gregg. *The Return of the Baroque in Modern Culture*. London; New York: Continuum, 2004.

LANDER, Edgardo (comp.). *Colonialidad del Saber. Eurocentrismo y Ciencias Sociales (Perspectivas latinoamericanas)*. Buenos Aires: CLACSO-UNESCO, 2000.

LANSER, Susan S. *Fictions of Authority: Women Writers and the Narrative Voice*. Cornell: Cornell University Press, 1992.

LAPORTE, Dominique. *History of Shit*. Cambridge; London: The MIT Press, 2000.

LARA POZUELO, Antonio (ed.). *La autobiografía en lengua española en el siglo veinte*. Laussane: Hispánica Helvética, 1991.

LARSEN, Neil. *Determinations: Essays on Theory, Narrative, and Nation in the Americas*. London; New York: Verso, 2001.

LARSON, Brooke. *Trials of Nation Making: Liberalism, Race, and Etnichity in the Andes, 1810-1910*. Cambridge; New York: Cambridge University Press, 2004.

LAUER, Mirko. *El sitio de la literatura: escritores y política en el Perú del siglo XX*. Lima: Mosca Azul, 1989.

LAZARUS, Neil. "Fredric Jameson on 'Third-World Literature': A Qualified Defence." Homer y Kellner 42-61.

LAZO, Raimundo. *La literatura cubana. Esquema histórico desde sus orígenes hasta 1964*. México: UNAM, 1965.

LE GUÉRER, Annick. *Scent. The Mysterious and Essential Powers of Smell*. New York; Tokio; London: Kodansha, 1994.

LEACH, Edmund Ronald. "Magical Hair." *The Journal of the Royal Anthropological Institute of Great Britain and Ireland* 88.2 (1958): 147-64.

LECARME, Jacques y Eliane LECARME-TABONE. *L'autobiographie*. Paris: Armand Colin, 1999.

LECHNER, Norbert. "A Disenchantment Called Postmodernism." Beverley, Oviedo y Aronna 147-64.

LeGrand, Catherine C. "Living in Macondo: Economy and Culture in a United Fruit Company Banana Enclave in Colombia." Joseph, LeGrand y Salvatore 333-68.

Leiner, Marvin. *Sexual Politics in Cuba: machismo, homosexuality, and AIDS*. Boulder: Westview Press, 1994.

Leiris, Michel. *L'âge d'homme. Précédé de De la Littérature considérée comme une tauromachie.* Paris: Gallimard, 1973.

Lejeune, Philipe. *Les brouillons de soi*. Paris: Éditions du Seuil, 1998.

— *Le pacte autobiographique*. Paris: Éditions du Seuil, 1996.

— *Moi aussi*. Paris: Éditions du Seuil, 1986.

Lentricchia, Frank y Thomas McLaughlin (eds.). *Critical Terms for Literary Studies*. Chicago; London: The University of Chicago Press, 1990.

Levi, Neil y Michael Rothberg (eds.). *The Holocaust. Theoretical Readings*. New Brunswick: Rutgers University Press, 2003. 82-8

Levine, Robert M. "Adapative Strategies of Jews in Latin America." Elkin y Merkx 71-84.

Levine, Suzanne Jill. "Borges a Cobra es Barroco." Aguilar Mora 87-107.

Lévy, Isaac Jack y Juan Loveluck (eds.). *Simposio Pablo Neruda. Actas*. New York: University of South Carolina, 1975.

Liebman, Seymour B. *The Jews in New Spain; Faith, Flame, and the Inquisition*. Coral Gables: University of Miami Press, 1970.

Lima, Alceu Amoroso. *O jornalismo como gênero literário*. São Paulo: EDUSP, 1990.

Lihn, Enrique. *El circo en llamas: una crítica de la vida*. Santiago: LOM Ediciones, 1996.

Lindstrom, Naomi. "The Heterogeneus Jewish Wit of Margo Glantz." Agosín, *Memory* 115-29.

Lipovetsky, Gilles. *The Empire of Fashion. Dressing Modern Democracy*. Princeton: Princeton University Press, 1994.

Longo, Teresa (ed.). *Pablo Neruda and the U.S. Culture Industry*. New York; London: Routledge, 2002

López, Pedro de Jesús. "Los estereotipos en Sarduy." *Unión. Revista de Literatura y Arte* 25 (1996): 37-9.

López González, Aralia (coord.). *Sin imágenes falsas, sin falsos espejos. Narradoras mexicanas del siglo* xx. México: El Colegio de México, 1995.

Lorenzano, Sandra. "Del amoroso enredo en la literatura. (Entrevista con Margo Glantz)." *Actual* 40 (1999): 401-20.

Lotman, Yuri. *Cultura y explosión. Lo previsible y lo imprevisible en los procesos de cambio social*. Barcelona: Gedisa, 1999.

— *La semiósfera II*. Madrid: Cátedra, 1998.

— *La semiósfera I*. Madrid: Cátedra, 1996.

Loureiro, Angel G. *The Ethics of Autobiography. Replacing the Subject in Modern Spain*. Nashville: Vanderbilt University Press, 2000.

Loyola, Hernán. *Neruda: la biografía literaria*. Santiago: Editorial Planeta Chilena, 2006

— "García Márquez narra a Neruda en uno de sus cuentos peregrinos." *Nerudiana* 1 (1995): 290-3.

— "El ciclo nerudiano 1958-1967: tres aspectos." *Anales de la Universidad de Chile* 157-160 (1971): 235-53.

— *Los modos de autorreferencia en la obra de Pablo Neruda*. Santiago: Ediciones de la revista Aurora 3-4, 1964.

LUDMER, Josefina (ed.). *Las culturas de fin de siglo en América Latina*. Coloquio en Yale, 8 y 9 de abril de 1994. Rosario: Beatriz Viterbo, 1994.

LYOTARD, Jean-François. "Figure Foreclosed." *The Lyotard Reader*. London: Blackwell, 1989. 69-110.

— *La condition postmoderne: rapport sur le savoir*. Paris: Éditions de Minuit, 1979.

MA, Sheng-mei. *The Deathly Embrace. Orientalism and Asian American Identity*. Minneapolis: University of Minnesota Press, 2000.

MACHOVER, Jacobo. *La memoria frente al poder. Escritores cubanos del exilio: Guillermo Cabrera Infante, Severo Sarduy, Reinaldo Arenas*. València: Universitat de Valencia, 2001.

MAHAFFEY, Vicki. "Joyce's Shorter Works." Attridge 185-211.

MAIHOLD, Gunter y Sonja STECKBAUER (eds.). *Literatura, historia, política. Articulando las relaciones entre Europa y América* Latina. Madrid; Frankfurt am Main: Iberoamericana / Vervuert, 2004.

MAÍZ-PEÑA, Magdalena. "Mapping the Jewish Female Voice in Contemporary Mexican Narrative." Agosín, *Passion* 17-33.

— "Sujeto, género y representación autobiográfica: *Las Genealogías* de Margo Glantz." *Confluencia* 12.2 (1997): 75-87.

MANRIQUE, Nelson. *La piel y la pluma: escritos sobre literatura, etnicidad y racismo*. Lima: CIDIAG: SUR Casa de Estudios del Socialismo, 1999.

— *Historia de la República*. Lima: Fondo Editorial de COFIDE, 1995.

MANZONI, Celina (comp.). *Margo Glantz. Narraciones, ensayos y entrevista*. Caracas: Ediciones Excultura, 2003.

MARCUS, George (ed.). *Rereading Cultural Anthropology*. Durham; London: Duke University Press, 1992.

MARCUS, Laura. *Auto/biographical Discourses: Theory, Criticism, Practice*. Manchester; New York: Manchester University Press, 1994.

MARINETTI, Filippo Tommaso y Pino MASNATA. "La radia." Kahn y Whitehead 265-8.

MARTAN GÓNGORA, Helcias. "De la autobiografía de Neruda." *Boletín de la Academia Colombiana* 110 (1975): 424-9.

MARTIN, Gerald. *Gabriel García Márquez. A Life*. New York: Alfred A. Knopf, 2009.

— *Journeys Through The Labyrinth: Latin American Fiction in the Twentieth Century*. London; New York: Verso, 1989.

— "Mario Vargas Llosa: Errant Knight of the Liberal Imagination." King 205–33.

MARTÍN-BARBERO, Jesús. *De los medios a las mediaciones. Comunicación, cultura y hegemonía*. Barcelona: Gustavo Gili, 1987.

— "La telenovela desde el reconocimiento y la anacronía." Herlinghaus, *Narraciones anacrónicas* 61-77.

MARTÍN SEVILLANO, Ana Belén. "A Revolution in Pink: Cuban Queer Literature Inside and Outside the Island." Pérez Rosario 137-52.

— "De la dificultad de morir, literatura, budismo y muerte en el último Sarduy." *Revista de Filología Románica* 14.2 (1997): 247-56.

MARTÍNEZ, Tomás Eloy. "La imagen ante el espejo." Ortega, *Gaborio* 197-9.

MARX, Karl. "Critique of Hegel's Dialectic and Philosophy in General." Easton y Guddat 314-37.

MASIELLO, Francine. "Women as Double Agents in History." Castro-Klarén 59-72.

MATEO PALMER, Ana Margarita y Luis ÁLVAREZ ÁLVAREZ. *El Caribe en su discurso literario*. México: Siglo XXI ,2004.

MAY, Georges. *L'autobiographie*. Paris: Presses Universitaires de France, 1979.

MAYER, Enrique. "Peru in Deep Trouble: Mario Vargas Llosa's Inquest in the Andes Reexamined." Marcus 181-219.

MAYNARD, Patrick. *The Engine of Visualization*. Ithaca; London: Cornell University Press, 1997.

MAYORAL, José Antonio (comp.). *Estética de la recepción*. Madrid: Arco Libros, 1987.

MCCAULEY, Martin. *Stalin and Stalinism*. Harlow: Pearson/Longman, 2003.

MCCLINTOCK, Anne, Aamir MUFTI y Ella SHOHAT (eds.). *Dangerous Liasons: Gender, Nation and Postcolonial Perspectives*. Minneapolis: University of Minnesota Press, 2004.

MCMURRAY, George. "The Nonfiction Novel and García Márquez's *Relato de un náufrago*". *Antipodas: Journal of Hispanic and Galician Studies* 4 (1992): 111-9.

MELVILLE, Herman. *Moby Dick, or, the Whale*. New York: Norton, 2002.

MÉNDEZ RODENAS, Adriana. *Severo Sarduy: el neobarroco de la transgresión*. México: UNAM, 1983.

MENTON, Seymour. *Magic Realism Rediscovered, 1918-1981*. Philadelphia: Art Alliance Press; London: Associated University Presses, 1982.

MIAJA DE LA PEÑA, María Teresa. "La memoria como testimonio y permanencia en *Las genealogías* de Margo Glantz." Bravo y Treviño 265-74.

MILLER, Beth. *A la sombra del volcán: conversaciones sobre la narrativa mexicana actual*. Guadalajara: Universidad de Guadalajara/Xalli; Jalapa: Universidad Veracruzana; México, D.F.: Consejo Nacional para la Cultura y las Artes, Instituto Nacional de Bellas Artes, 1990.

MILLER, Joseph Hillis. *Reading Narrative*. Norman: University of Oklahoma Press, 1998.

— *Ariadnes's Thread: Storylines*. New Haven: Yale University Press, 1992.

MISCH, Georg. *A History of Autobiography in Antiquity*. Cambridge: Harvard University Press, 1951.

MISTRAL, Gabriela. "Recado sobre Pablo Neruda." *Gabriela piensa en…* Santiago: Editorial A. Bello, 1978. 127-31.

MOLLOY, Sylvia. *Acto de presencia. La escritura autobiográfica en Hispanoamérica*. México: FCE:, 1996.

MONGIA, Padmini (ed.). *Contemporary Postcolonial Theory: A Reader*. London: Arnold, 1997.

MONSIVÁIS, Carlos. "Notas sobre la cultura mexicana en el siglo XX." Cosío Villegas 303-476.

MONTERO, Óscar. "The Queer Theories of Severo Sarduy." Rivero Potter 65-78.

MORAN, Dominic. *Pablo Neruda*. London: Reaktion Books, 2009.

MORAÑA, Mabel. "Baroque/Neobaroque/Ultrabaroque: Disruptive Readings of Modernity." Spadaccini y Martín-Estudillo 241-81.

— *Crítica impura. Estudios de literatura y cultura latinoamericanas*. Madrid; Frankfurt am Main: Iberoamericana/Vervuert, 2004.

— *Ideologies of Hispanism*. Nashville: Vanderbilt University Press, 2005.

— *Nuevas perspectivas desde/sobre América Latina. El desafío de los estudios culturales*. Pittsburgh: IILI, 2002.

— *Ángel Rama y los estudios latinoamericanos*. Pittsburgh, IILI, 1997.

— ed. *Cultura y cambio social en América Latina*. Madrid; Frankfurt am Main: Iberoamericana/Vervuert, 2008.

MOREIRAS, Alberto. *The Exhaustion of Difference: The Politics of Latin American Cultural Studies*. Durham: Duke University Press, 2001.

MORETTI, Franco. *Modern Epic: The World-System from Goethe to García Márquez*. London; New York: Verso, 1996.

— *The Way of The World. The Bildungsroman in European Culture*. London: Verso, 1987.

— (ed.). *The Novel*. Vol I. Princeton: Princeton University Press, 2006.

MORTARA GARAVELLI, Bice. *Manual de retórica*. Madrid: Cátedra, 1991.

MOULIN CIVIL, Françoise. "Invención y epifanía del neobarroco: excesos, desbordamientos, reverberaciones." Sarduy, *Obra Completa* 1649-78.

MUDDE, Cas. "The Populist Zeitgeist." *Government and Oposition* 39 (2004): 541-63.

MUDROVCIC, María Eugenia. "Nombres en litigio: Velasco vs. García Márquez." *Arizona Journal of Hispanic Cultural Studies* 9 (2005):161-70.

— "¿Qué diferencia es entre fue y era?: exilio, fotografía y memoria en *Las genealogías* de Margo Glantz." *Hispamérica* 32/96 (2003): 49-56.

— "*El pez en el agua*. Notas en torno a una escritura de la rabia." *Revista Iberoamericana* 196 (2001): 527-37.

— *Mundo Nuevo: Cultura y Guerra Fría en la década del 60*. Rosario: Beatriz Viterbo, 1997.

MULVEY, Laura. *Visual and Other Pleasures*. Houndmills, Basingstoke, Hampshire, New York: Palgrave Macmillan, 2009.

MURCHINSON, John C. "Review of *Confieso que he vivido*." *Books Abroad* 49.2 (1975): 292-3.

NADAL PALAZÓN, Juan. *El sastre aprendiz y sus costuras: estudio de la narrativa periodística temprana de García Márquez*. México: Plaza y Valdés, 2008.

NALBANTIAM, Suzanne. *Aesthetic Autobiography: From Life to Art in Marcel Proust, James Joyce, Virginia Woolf, and Anaïs Nin*. New York: St. Martin's Press, 1994.

NANCY, Jean-Luc. *Au fond des images*. Paris: Galilée, 2003.

— *The Birth to Presence*. Stanford: Stanford University Press, 1993.

NARVAEZ, Jorge (ed.). *La invención de la memoria. (Actas)*. Santiago: Pehuén, 1988.

NEF, Jorge y Alejandra RONCALLO. "Latin America and the New Pax Americana." Yovanovich y Huras 3-25.

NELSON, Cary y Lawrence GROSSBERG (eds.). *Marxism and the Interpretation of Culture*. Urbana; Chicago: University of Illinois Press, 1988.

NERUDA, Pablo. *Itinerario de una amistad: Pablo Neruda-Héctor Eandi: epistolario 1927-1943*. Buenos Aires: Ediciones Corregidor, 2008.

— *Correspondencia entre Pablo Neruda y Jorge Edwards: cartas que romperemos de inmediato y recordaremos para siempre*. Selección, estudio preliminar y notas de Abraham Quezada Vergara. Santiago de Chile: Alfaguara, 2008.

— *Oriente*. Barcelona: Littera, 2004.

— *Epistolario Viajero 1927-1973*. Selección, estudio preliminar y notas de Abraham Quezada Vergara. Santiago de Chile: RIL Editores, 2004.

— *Memorial de isla negra*. Madrid: Visor, 1994.

— *Para nacer he nacido*. Barcelona: Seix Barral, 1978.

— *Confieso que he vivido*. Barcelona: Seix Barral, 1974.

— *Antología esencial*. Buenos Aires: Losada, 1971.

— *Una casa en la arena*. Barcelona: Lumen, 1966.

— "Las vidas del poeta. Memorias y recuerdos de Pablo Neruda." *O Cruzeiro Internacional* (Sao Paulo, Brasil), 16 de enero-16 de junio 1962.

— *Residencia en la tierra*. Buenos Aires: Losada, 1958.

— "Infancia y poesía." *Obras completas*. Buenos Aires: Losada, 1957. 23-38.

— *Viajes*. Santiago de Chile: Nascimento, 1955.

NEUSNER, Jacob (ed.). *The Encyclopaedia of Judaism*. Leiden; Boston; Köln: Brill, 2005.

NORA, Pierre. "Between Memory and History: Les Lieux de Mémoire." *Representations* 26 (1989): 7-25.

NORDHEIMER, Isaac. *A Critical Grammar of Hebrew Language*. Vol 2. New York: Wiley & Putnam, 1842.

NOUHAUD, Dorita. *L'ombre d'affolées en pleurs ou l'érotisme métrisé de Severo Sarduy*. Paris: Harmattan, 2009.

OLIVARES BRIONES, Edmundo. *Pablo Neruda: los caminos de Oriente. Tras las huellas del poeta itinerante (1927-1933)*. Santiago: LOM, 2000.

— *Pablo Neruda: los caminos del mundo. Tras las huellas del poeta itinerante II (1933-1939)*. Santiago: LOM, 2001.

OLNEY, James. *Metaphors of the Self: The Meaning of Autobiography*. Princeton: Princeton University Press, 1972.

— (ed.). *Autobiography: Essays Theoretical And Critical*. Princeton: Princeton University Press, 1980.

ONG, Walter. *Orality and Literacy. The Technologizing of the Word*. London; New York: Methuen, 1982.

OROVIO, Helio. *Cuban music from A to Z*. Durham: Duke University Press, 2004.

ORTEGA, Julio. "Margo Glantz en cuerpo y alma." *Cuadernos Hispanoamericanos* 640 (2003): 79-83.

— *Taller de la escritura: conversaciones, encuentros, entrevistas*. México: Siglo XXI, 2000.

— "Severo Sarduy: escribir con colores." Sarduy, *Obra Completa* 1822-27.

— "El lector en su laberinto." *Hispanic Review* 60.2 (1992): 165-179.

— "Re: Joyce. Voces para una ópera de la lectura." *Hueso Húmero* (1982):79-105.

— "El otro Vargas Llosa." *La imaginación crítica: ensayos sobre la modernidad en el Perú*. Lima: Peisa, 1974. 213-32.

— ed. *Gaborio: artes de releer a Gabriel García Márquez*. México D. F.: Jorale Editores, 2003.

ORTEGA Y GASSET, José. *La deshumanización del arte*. Madrid: Revista de Occidente, 1964.

OSPINA, William. "Un muchacho muy pobre con unas alas enormes. Los años de aprendizaje de Gabriel García Márquez." *Cambio* 485/7-14 de Octubre (2002): 53-66.

OSUNA, Rafael. *Pablo Neruda y Nancy Cunard*. Madrid: Orígenes, 1987.

OTERO-KRAUTHAMMER, Elizabeth. "Integración de la identidad judía en *Las genealogías* de Margo Glantz." *Revista Iberoamericana* 51(1985): 867-873.

OVIEDO, José Miguel (ed.). *Mario Vargas Llosa*. Madrid: Taurus, 1981.

PANERO MANCEBO, Martín. "Las memorias de Pablo Neruda." *Anales de la Literatura Hispanoamericana* 5 (1976): 221-40.

PARANAGUÁ, Paulo Antonio. "América Latina busca su imagen." Aumont, *Historia* 205-393.

PARANAGUA, Paulo Antonio (ed.). *Mexican Cinema*. London: British Film Institute, 1995.

PARKINSON Zamora, Lois y Monika KAUP (eds.). *Baroque New Worlds. Representation, Transculturation, Counterconquest*. Durham; London: Duke University Press, 2010.

— *et al. Magical Realism. Theory, History, Community*. Durham; London: Duke University Press, 1995.

PASCAL, Roy. *Design and Truth in Autobiography*. London: Routledge, 1960.

PASTERNAC, Nora. "La escritura fragmentaria." López González 339-366.

PATTON, Paul (ed.). *Deleuze: A Critical Reader*. Oxford; Cambridge: Blackwell, 1996.

PAVLIČIĆ, Pavao. "La intertextualidad moderna y la postmoderna." *Criterios* 30 (1993): 65-87.

PAZ, Octavio. *Vislumbres de la India*. Barcelona: Seix Barral, 1995.

— *Itinerario*. México: Fondo de Cultura Económica, 1994.

— *Sor Juana Inés de la Cruz, o las trampas de la fe*. México: Fondo de Cultura Económica, 1982.

— *Conjunciones y disyunciones*. México: Joaquín Mortiz, 1969.

PEASE G. Y., Franklin. "Los Incas totalitarios: historia de un prejuicio." *Dominical*, suplemento de *El Comercio*. 26 Jul. 1987: 7, 20.

PECKHAM, Shannan. "Consuming Nations." Griffiths y Wallace 170-82.

PÉREZ-ANZALDO, Guadalupe. *Memorias pluridimensionales en la narrativa mexicana. Las mujeres judeomexicanas cuentan sus historias*. México, D.F.; El Paso: Ediciones y Gráficos Eón; The University of Texas at El Paso, 2009.

PÉREZ ROSARIO, Vanessa (ed.). *Hispanic Caribbean Literature of Migration: Narratives of Displacement*. New York: Palgrave Macmillan, 2010.

PERILLI, Carmen. "Margo Glantz y el arte de poner el cuerpo." Girona y Asensi 105-15.

PERRIAM, Christopher. "Metaphorical Machismo: Neruda's Love Poetry." Foster y Altamiranda 272-91.

PFAFFENBERGER, Bryan. *Caste in Tamil Culture: The Religious Foundations of Sudra Domination in Tamil Sri Lanka*. Syracuse: Maxwell School of Citizenship and Public Affairs, Syracuse University, 1982.

PFANDL, Ludwig. *Sor Juana Inés de la Cruz, la décima musa de México: su vida, su poesía, su psique*. México: Instituto de Investigaciones Estéticas; UNAM, 1983.

PFEIFFER, Erna. *Entrevistas. Diez escritoras mexicanas desde bastidores*. Madrid; Frankfurt am Main: Iberoamericana / Vervuert, 1992.

PIKE, Burton. "Time in Autobiography." *Comparative Literature* XXVIII (1976): 326-42.

PIÑA, Cristina (ed.). *Mujeres que escriben sobre mujeres (que escriben) Vol. II*. Buenos Aires: Editorial Biblos, 2003.

PLATÓN. *Diálogos* (vols. I, II, III, IV y V). Madrid: Gredos, 1981-1988.

POIROT, Luis. *Pablo Neruda: Absence and Presence.* New York: W.W. Norton & Company, 1990.

POLLÁN, Tomás. "Exploración de una metáfora." *Revista Hiperión. El excremento* 4 (1980) 18-40.

PONCE, Aníbal. *Humanismo burgés y humanismo proletario. De Erasmo a Romain Rolland.* Buenos Aires: Editorial Cartago, 1975.

POPS, Martin. "The Metamorphosis of Shit." *Home Remedies.* Amherst: The University of Massachusetts Press, 1984. 86-116.

PORTOCARRERO, Gonzalo. *Racismo y mestizaje.* Lima: SUR Casa de Estudios del Socialismo, 1993.

POSADA CARBÓ, Eduardo. *The Colombian Caribbean: A Regional History, 1870-1950.* Oxford: Oxford University Press, 1996.

POZUELO YVANCOS, José María. *De la autobiografía. Teoría y estilos.* Barcelona: Editorial Crítica, 2005.

— *Poética de la ficción.* Madrid: Editorial Síntesis, 1993.

PRADO UGARTECHE, Javier. *Estado social del Perú durante la dominación española (estudio histórico-sociológico).* Lima: Librería e Imprenta Gil, 1941.

PRATT, Marie Louise. *Imperial Eyes: Studies in Travel Writing and Transculturation.* London: Routledge, 1992.

PRIETO, René. *Body of Writing. Figuring Desire in Spanish American Literature.* Durham; London: Duke University Press, 2000.

PRINCE, Gerald. *A Dictionary of Narratology.* Lincoln: University of Nebraska Press, 1987.

PRICE, Henry Habberley. "Some Considerations about Belief." *Proceedings of the Aristotelian Society*, New Series, Vol. 35 (1934-1935): 229-52.

PURDY, Daniel Leonard (ed.). *The Rise of Fashion. A Reader.* Minneapolis; London: University of Minnesota Press, 2004.

QUIJANO, Aníbal. "Colonialidad del poder y clasificación social." *Journal of World-Systems Research* VI. 2 (2000): 342-86.

— "Colonialidad del poder, eurocentrismo y América Latina." Lander 201-46.

— "Colonialidad y modernidad-racionalidad." Bonilla 437-47.

— *Dominación y cultura. Lo cholo y el conflicto cultural en el Perú.* Lima: Mosca Azul, 1980.

RABINOW, Paul y Nikolas ROSE (eds.). *The Essential Foucault. Selections from The Essential Works of Michel Foucault 1954-1984.* New York; London: The New Press, 2003

RADFORD, Micahel, dir. *Il Postino.* Hollywood Pictures, 1994.

RAMA, Ángel. "El boom en perspectiva." *Signos Literarios 1* (2005): 161-208.

— *La ciudad letrada.* Hanover: Ediciones del Norte, 1984.

— *Transculturación narrativa en América Latina.* México: Siglo XXI, 1982.

— *Novísimos narradores hispanoamericanos en marcha, 1964-1980.* México: Marcha Editores, 1981.

— *Rubén Darío y el modernismo. (Circunstancia socioeconómica de un arte americano).* Caracas: Ediciones de la Biblioteca de la Universidad Central de Venezuela, 1970.

RAMOS, Julio. "Genealogías de la moral latinoamericanista: el cuerpo y la deuda de Flora Tristán." Moraña, *Nuevas perspectivas* 217-44.

— "Migratorias." Ludmer 52-61.

RESINA, Joan Ramon. "Whose Hispanism? Cultural Trauma, Disciplined Memory, and Symbolic Dominance." Moraña, *Ideologies* 160-86.

REYES, Bernardo. *El enigma de Malva Marina. La hija de Pablo Neruda*. Santiago: RIL Editores, 2007.

— *Retrato de familia: Neruda 1904-1920*. Santiago: RIL Editores, 2003.

RIBEYRO, Julio Ramón. *Las respuestas del mudo: (entrevistas)*. Selección, prólogo y notas de Jorge Coaguila. Lima: Jaime Campodónico Editor, 1998.

— *La tentación del fracaso I. Diario personal 1950-1960*. Lima: Jaime Campodónico Editor; COFIDE, 1992.

— *La tentación del fracaso II. Diario personal 1960-1974. Lima: Jaime Campodónico Editor; COFIDE, 1993.*

— *La tentación del fracaso III. Diario personal 1975-1978*. Lima: Jaime Campodónico Editor; COFIDE, 1995.

RICHARD, Nelly. "Cultural Peripheries: Latin America and Postmodernist De-Centering." Beverley, Oviedo y Aronna 217-22.

RICOEUR, Paul. *La memoria, la historia, el olvido*. Buenos Aires: Fondo de Cultura Económica, 2004.

RIEGL, Alöis. *El culto moderno a los monumentos*. Madrid: Visor, 1987.

RIVERA-BARNES, Beatriz. "Pablo Neruda's Latin American Landscape: Nations, Economy, Nature." *Reading and Writing the Latin American Landscape*. New York: Palgrave Macmillan, 2009. 145-58.

RIVERO POTTER, Alicia. *Between the Self and the Void: Essays in honor of Severo Sarduy*. Boulder: Society of Spanish-American Studies, 1998.

— *Autor/lector, Huidobro, Borges, Fuentes y Sarduy*. Detroit: Wayne State University Press, 1991.

ROBIN, Régine. *Socialist Realism: An Imposible Aesthetic*. Stanford: Stanford University Press, 1992.

ROCHA, Glauber. *Revolução do cinema novo*. Rio de Janeiro: Alhambra/Embrafilme, 1981.

RODMAN, Selden. *Tongues of Fallen Angels*. New York: New Directions Books, 1974.

RODRÍGUEZ MONEGAL, Emir. *Neruda: el viajero inmóvil*. Caracas: Monte Avila, 1977.

— "Las metamorfosis del texto." Aguilar Mora 35-61.

— "Review of *Confieso que he vivido*." *Journal of Spanish Studies* 3 (1975): 218-20.

— "Pablo Neruda: Las *Memorias* y las vidas del poeta." Levy y Loveluck 189-207.

— *El arte de narrar: diálogos*. Caracas: Monte Ávila Editores, 1968.

RODRÍGUEZ MONEGAL, Emir y Enrico Mario SANTI (eds.). *Pablo Neruda*. Madrid: Taurus, 1980.

RODRÍGUEZ, Ileana. *Liberalism at Its Limits. Crime and Terror in the Latin American Cultural Text*. Pittsburgh: University of Pittsburgh Press, 2009.

— "The Literature of the Caribbean: Initial Perspectives." Rodríguez y Zimmerman 13-24.

RODRÍGUEZ, Ileana y Marc ZIMMERMAN (eds.). *Process of Unity in the Caribbean Society: Ideologies and Literature*. Minneapolis: Institute for the Study of Ideologies and Literatures, 1983.

ROLDÁN, Julio. *Vargas Llosa entre el mito y la realidad: posibilidades y límites de un escritor latinoamericano comprometido*. Marburg: Tectum Verlag, 2000.

ROSENBERG, Herbert. *The Tradition of the New*. Freeport: Books for Libraries Press, 1971.

ROTH, Philip. *The Facts. A Novelist's Autobiography*. New York: Farrar, Straus & Giroux, 1988.

ROUSSEAU, Jean-Jacques. *Les confessions*. Paris: Éditions Garnier frères, 1964.

ROWE, William. "Gabriel García Márquez." King 191-204.

ROY, Joaquín (ed.). *Narrativa y crítica de nuestra América*. Madrid: Castalia, 1978.

RUFFINELLI, Jorge. *La escritura invisible. Arlt, Borges, García Márquez, Roa Bastos, Rulfo, Cortázar, Fuentes, Vargas Llosa*. Xalapa: Universidad Veracruzana, 1986.

RYAN, Michael. "Self-Evidence." *Diacritics* 10 (1980): 2-16.

— "Self-De(con)struction." *Diacritics* 6 (1976): 34-41.

SACKETT, Andrew. "The Two Faces of Acapulco during the Golden Age." Joseph y Henderson 500-10.

SADOW, Stephen A. *King David's Harp. Autobiographical Essays by Jewish Latin American Writers*. Albuquerque: University of New Mexico Press, 1999.

SÁENZ, Francisco. *Cuba en la lejanía, la vivencia obicua: el neobarroco en tres escritores cubanos: Severo Sarduy, Guillermo Cabrera Infante, Reinaldo Arenas*. Santiago: Centro de Estudios Bicentenario, 2009.

SAID, Edward W. *On Late Style. Music and Literature Against the Grain*. New York: Vintage Books, 2006.

— *Representations of the Intellectual*. New York: Vintage Books, 1996.

— *Culture and Imperialism*. New York: Knopf, 1993.

— *Orientalism*. New York: Vintage Books, 1979.

SALAZAR BONDY, Augusto. *Historia de las ideas en el Perú contemporáneo; el proceso del pensamiento filosófico*. 2 vols. Lima: F. Moncloa, 1965.

SALERNO, Nicolás. "Neruda: sus críticos y sus biógrafos." *Estudios públicos* 94 (2004):17-44.

— "Retratos, Etopeyas y hagiografías de Pablo Neruda." *Estudios públicos* 94 (2004): 391-457.

SANTI, Enrico Mario. "Poetry and Cold War: Pablo Neruda's *Canto General*." *Ciphers of History. Latin American Readings for a Cultural Age*. New York: Palgrave Macmillan, 2005. 23-65.

SANTOS, Lidia. *Kitsch tropical. Los medios en la literatura y el arte en América Latina*. Madrid; Frankfurt am Main: Iberoamericana / Vervuert, 2001.

SARDUY, Severo. *Cartas*. Madrid: Verbum, 1996.

— "Diario de la peste." *Vuelta* 206 (1994): 33-5.

— *Obra completa*. 2 vols. Madrid: Galaxia Gutenberg, Círculo de Lectores; Nanterre, France: ALLCA XX, Université de Paris X, 1999.

— *Epitafios*. Miami: Ediciones Universal, 1994.

— "Prólogo para leer como un epílogo." *Hispamérica* 63 (1992): 69-71.

SARLO, Beatriz. "Basuras culturales, simulacros políticos." Herlinghaus y Walter 223-32.

SAUTEL, Nadine. "Vargas Llosa par lui-même." *Lire* 329 (1995): 88-9.

SCHAEFFER, Jean-Marie. *Pourquoi la fiction?* Paris: Éditions du Seuil, 1999.

SCHIDLOWSKY, David. *Las furias y las penas: Pablo Neruda y su tiempo*. Berlin: Wvb, Wissenschaftlicher Verlag Berlin, 2003.

SCHOPF, Federico. *Del vanguardismo a la antipoesía. Ensayos sobre la poesía en Chile*. Santiago: LOM, 2000.

— "*Confieso que he vivido* de Neruda: identidad y máscaras." Narvaez 201-25.

SCHULMAN, Iván A. "Severo Sarduy." Roy 387-404.

SCHWARZ, Jorge. "Con Severo Sarduy en Río de Janeiro." Sarduy, *Obra Completa* 1828-34.

SCOTT, Clive. *The Spoken Image. Photography and Language*. London: Reaktion Books, 1999.

SCOTT, Ridley (dir.). *Alien*. Twentieth Century Fox, 1979.

SEDGWICK, Eve Kosofsky. *Epistemology of the Closet*. Berkely: University of California Press, 1990.

SEIDMAN, Steven (ed.). *The Postmodern Turn. New Perspectives on Social Theory*. Cambridge: Cambridge University Press, 1994.

SELNES, Gisle. "La recuperación del naufragio como forma textual: *Relato de un náufrago* de García Márquez." *Revue Romane* 40-2 (2005) 274-88.

SEMANA DE AUTOR MARIO VARGAS LLOSA (1984: Instituto de Cooperación Iberoamericana). *Mario Vargas Llosa*. Madrid: Ediciones Cultura Hispánica: Instituto de Cooperación Iberoamericana, 1985.

SESHADRI-CROOKS, Kalpana. *Desiring Whiteness. A Lacanian Analysis of Race*. London; New York: Routledge, 2000.

SHERROW, Victoria. *Encyclopedia of Hair: A Cultural History*. Westport: Greenwood Press, 2006.

SICARD, Alain. "El rostro como máscara: autobiografía e historia en la obra de Pablo Neruda." Flores 26-33.

— *El pensamiento poético de Pablo Neruda*. Madrid: Gredos, 1981.

SIFUENTES-JÁUREGUI, Ben. *Transvestism, Masculinity, and Latin American literature: Genders Share Flesh*. New York; Hampshire: Palgrave Macmillan, 2002.

SILVA CASTRO, Raúl. *Pablo Neruda*. Santiago: Editorial Universitaria, 1964.

SILVA RUETE, Javier. *Yo asumí el activo y el pasivo de la revolución*. Lima: Centro de Documentación e Información Andina, 1981.

SIMMEL, Georg. "The Philosophy of Fashion." Frisby y Featherstone 187-206.

SIMPSON, Mark. *Male Impersonators: Men Performing Masculinity*. London: Cassell, 1994.

SKÁRMETA, Antonio. *Ardiente paciencia*. Buenos Aires: Editorial Sudamericana, 1985.

— (dir.) *Ardiente paciencia*. Von Vietinghoff Filmproduktion; Prole File, 1983.

SMITH, Richard H. (ed.). *Envy.Theory and Research*. New York: Oxford University Press, 2008.

SMITH, Robert. *Derrida and Autobiography*. Cambridge; New York: Cambridge University Press, 1995.

SMITH, Sidonie. *A Poetics of Women's Autobiography: Marginality and the Fictions of Self-Representation*. Bloomington: Indiana University Press, 1980.

— "Identity's Body." Ashley, Gilmore y Peters 266-292.

SMITH, Sidonie y Julia WATSON (eds.). *Reading Autobiography: A Guide for Interpreting Life Narratives*. Nebraska: University of Minnesota Press, 2001.

— *Getting a Life: Everyday Uses of Autobiography*. Minneapolis: University of Minnesota Press, 1996.

SOLLERS, Philippe. "La boca obra." Aguilar Mora 116-20.

SONTAG, Susan. "The Aesthetics of Silence". *Styles of Radical Will*. New York: Picador, 2002. 3-34.

— *Illness as Metaphor and AIDS and Its Metaphors*. New York: Picador, 1990.

— *On Photography*. New York: Picador, 1977.

SORELA, Pedro. *El otro García Márquez: los años difíciles*. Madrid: Mondadori, 1988.

SOSNOWSKI, Saúl. "Latin American–Jewish Writers: Protecting the Hyphen." Elkin y Merkx 297-307.

SPACKS, Patricia Meyer. *Imagining a Self: Autobiography and Novel in Eighteenth-Century England*. Cambridge: Harvard University Press, 1976.

SPADACCINI, Nicholas y Luis MARTÍN-ESTUDILLO (eds.). *Hispanic Baroques: Reading Cultures in Context*. Nashville: Vanderbilt University Press, 2005.

SPECTER, Michael. "The Nobel Syndrome." *The New Yorker* 5 (1998): 46-55.

SPENGEMANN, William. *The Forms of Autobiography: Episodes in a History of a Literary Genre*. New Haven: Yale University Press, 1980.

SPIVAK, Gayatri Chakravorty. *A Critique of Post-Colonial Reason: Toward a History of the Vanishing Present*. London: Routledge, 1999.

— "Can the Subaltern Speak?" Nelson y Grossberg 271-313.

— "Questions of Multiculturalism." Harasym 59-66.

STALLYBRASS, Peter y Allon WHITE. *The Politics and Poetics of Transgression*. Ithaca: Cornell University Press, 1986.

STANTON, Domna y Jeannine PARSIER PLOTTEL. *The Female Autograph*. New York: New York Literary Forum, 1984.

STANZEL, Franz. *Narrative Situations in the Novel. Tom Jones, Moby Dick, The Ambassadors, Ulysses*. Bloomington; London: Indiana University Press, 1971.

STAROBINSKI, Jean. *Jean-Jacques Rousseau. La transparence et l'obstacle*. Paris: Gallimard, 1971.

STAVANS, Ilan. "On Separate Ground." Agosín, *Passion, Memory, Identity* 1-16.

STEINER, George. "The Retreat from the Word." *Language and Silence. Essays on Language, Literature, and the Inhuman*. New Haven: Yale University Press, 1998. 12-35.

STEWART, Susan. *On Longing: Narratives of the Miniature, the Gigantic, the Souvenir, the Collection*. Durham: Duke University Press, 1993.

STIERLE, Karlheinz. "Qué significa 'Recepción' en los textos de ficción." Mayoral 87-143.

— "Identité du discours et transgression lyrique." *Poétique* 32 (1977): 422-41.

STURROCK, John. *The Language of Autobiography. Studies in the First Person Singular*. Cambridge; New York: Cambridge University Press, 1993.

— "The New Model Autobiographer." *New Literary History* 9 (1977): 51-63.

SUSINI-ANASTOPOULOS, Françoise. *L'Escriture fragmentaire. Definitions et enjeux*. Paris: PUF, 1997.

SUBLETTE, Ned. *Cuba and Its Music: From the First Drums to the Mambo*. Chicago: A. Cappella, 2004.

SUZUKI, Daisetsu Teitarō. *Zen Buddhism: Selected Writings of D.T. Suzuki*. New York: Anchor Books, 1956.

SYNNOTT, Anthony. *The Body Social. Symbolism, Self and Society*. London; New York: Routledge, 2001.

TAGG, John. *The Burden of Representation: Essays on Photographies and Histories*. London: MacMillan Education, 1988.

TALLIS, Raymond. *Hunger*. Stocksfield: Acumen, 2008.

TAYLOR, Victor E. and Charles E. WINQUIST. *Encyclopedia of Postmodernism*. London; New York: Routledge, 2001.

TEITELBOIM, Volodia. *Neruda: la biografía*. La Roda, Albacete: Ediciones Meran, 2003.

TEJA, Ada. "Entrevista: Severo Sarduy." *Hispamérica* 61 (1992): 59-64.

TERDIMAN, Richard. *Present Past. Modernity and the Memory Crisis*. Ithaca; London: Cornell University Press, 1993.

TODOROV, Tzvetan. *La conquista de América. La cuestión del otro*. México: Siglo XXI , 1987.

— "Macondo en París." Earle, *Gabriel García Márquez* 104-13.

TOLEDO, Alejandro. *Los márgenes de la palabra. Conversaciones con escritores*. México: UNAM, 1995.

TRIANA Y ANTORVEZA, Humberto. *Las lenguas indígenas en la historia social del Nuevo Reino de Granada*. Bogotá: Instituto Caro y Cuervo, 1987.

TURNER, Bryan S. *The Body and Society. Explorations in Social Theory*. London; Thousand Oaks; New Delhi: Sage Publications, 1996.

TURNER, Charles. *Modernity and Politics in the Work of Max Weber*. London; New York: Routledge, 1992.

ULLOA, Justo C. "Severo Sarduy: Pintura y literatura." *Hispamérica* 41 (1985): 85-94.

— "Señales enviadas desde Arecibo: conversación con Severo Sarduy." *Crítica Hispánica* 6.2. (1984): 175-6.

ULLOA, Leonor A. de. "Signos en rotación en el neobarroco pictórico de Severo Sarduy." *Hispamérica* 52 (1989): 97-108.

ULLOA, Leonor A. y Justo C. ULLOA. "Pájaros en la playa de Severo Sarduy: final del juego." *Hispamérica* 78 (1997): 17-27.

UPDIKE, John. *More Matter: Essays and Criticism*. New York: Alfred A. Knopf, 1999.

URQUIDI ILLANES, Julia. *Lo que Varguitas no dijo*. La Paz: Editorial Khana Cruz, 1983.

VALDÉS, Enrique. "Memorias de Pablo Neruda: contrapunto autobiográfico en prosa y verso." *Revista Iberoamericana* 168-169 (1994): 1125-1133.

— "Memorias como metáforas: Pablo Neruda y Rafael Alberti." *Monographical Review* IX (1993): 58-66.

VALDIVIESO, Mercedes. "Remontándose al Génesis." *Mensaje* 40 (1991): 257-8.

— "Conversación con Margo Glantz." Literatura chilena, creación y crítica 9/1 (1985): 32-4.

VALÉRY, Paul. "Stendhal." *Œuvres I*. Paris: Gallimard, 1957-1960. 553-82.

VALLEJO, César. *Desde Europa: crónicas y artículos 1923-1938*. Lima: Ediciones Fuente de Cultura Peruana, 1987.

VARAS, José Miguel. *Neruda clandestino*. Santiago de Chile: Editorial Alfaguara, 2003.

VARGAS LLOSA, Mario. *Sables y utopías. Visiones de América Latina*. Doral, F.L.: Santillana, 2009.

— *El pez en el agua*. México: Alfaguara, 2006.

— *Literatura y política*. Monterrey: Cátedra Alfonso Reyes, ITESM, México D.F.: Ariel, 2001.

— *Cartas a un joven novelista*. Barcelona: Ariel; Planeta, 1997.

— "Eterno crepúsculo." *Desafíos a la libertad*. Madrid: El País Aguilar, 1994. 187-91.

— "El pueblo y la gente decente." *Desafíos a la libertad*. Madrid: El País Aguilar, 1994. 1115-19.

— "La moral de los cínicos." *Desafíos a la libertad*. Madrid: El PaísAguilar, 1994. 133-38.

— *Contra viento y marea, III (1964-1988)*. Barcelona: Seix Barral, 1990.

— *Acción para el cambio: El programa de gobierno del Frente Democrático*. Lima, 1989.

— *Contra viento y marea, II (1972-1983)*. Barcelona: Seix Barral, 1983.

— *Contra viento y marea (1962-1982)*. Barcelona: Seix Barral, 1983.

— *La orgía perpetua: Flaubert y "Madame Bovary"*. Madrid: Taurus, 1975.

— *García Márquez, historia de un deicidio*. Barcelona: Barral, 1971.

— *La historia secreta de una novela*. Barcelona: Tusquets, 1971.

— "Carta de Amor, de César Moro." *Literatura* 2 (1958): 28-31.

— "Nota sobre César Moro." *Literatura* 1 (1958): 5-6.

VARGAS LLOSA, Mario y Gabriel GARCÍA MÁRQUEZ. *Diálogo*. Lima: Carlos Milla Batres, 1967.

VELEZ, Irma. "Lecturas con sabor a chocolate de cerezas: conversando con Margo Glantz en Coyoacán." *Revista Iberoamericana* 192 (2000): 661-76.

VIDAL, Virginia. *Neruda memoria crepitante*. Valencia: Ediciones Tilde, 2003.

VILANOVA, Nuria. "Narrativas y fronteras de *Las genealogías*." Bravo y Treviño 119-24.

VILLALOBOS, Juan Pablo. *La imaginación genealógica. Herencia y escritura en México*. Colima: Universidad de Colima, 2006.

VOSSLER, Carlos. "La 'décima musa de México', Sor Juana Inés de la Cruz." *Escritores y poetas de España*. Buenos Aires: Espasa-Calpe, 1947. 103-31.

YERUSHALMI, Yosef Hayim. *Zakhor, Jewish History and Jewish Memory*. Seattle: University of Washington Press, 1982.

YOVANOVICH, Gordana y Amy HURAS (eds.). *Latin American Identities after 1980*. Waterloo: Wilfrid Laurier University Press, 2010.

WALCOTT, Derek. *What the Twilight Says*. New York: Farrar, Straus and Giroux, 1998.

WAGNER, Peter. *A Sociology of Modernity: Liberty and Discipline*. London; New York: Routledge, 1994.

WALDE URIBE, Erna von der. "Lengua y poder: El proyecto de nación en colombia a finales del siglo XIX" *Estudios de Lingüística Española* 16 (2002). 13 Abril 2008. Web. <http://elies.rediris.es/elies16/Erna.html>

WATSON, Julia. "Ordering the Family: Genealogy as Autobiographical Pedigree." Smith y Watson 297-327.

WEBER, Max. *The Vocation Lectures*. Indianapolis: Hackett, 2004.

WEINTRAUB, Karl J. "Autobiography and Historical Consciousness."*Critical Inquiry* I, 4 (1975): 821-48.

WEIR, Peter, dir. *The Truman Show*. Paramount, 1999.

WENZEL, Christian Helmut. *An Introduction to Kant's Aesthetics. Core Concepts and Problems*. Malden: Blackwell, 2005.

WILDE, Oscar. "The Critic as Artist." *Intentions*. Amherst: Prometheus Books, 2004. 93-217.

WILLIAMS, Raymond. *The Long Revolution*. Westport: Greenwood Press Publishers, 1975.

WILLIAMS, Raymond L. *Gabriel García Márquez*. Boston: Twayne Publishers, 1984.

WIMSATT, William Kurtz y Monroe BEARDSLEY. "The Intentional Fallacy." Warburton 480-492.

WITTGENSTEIN, Ludwig. *Tractatus Logico-Philosophicus*. New York: Harcourt, Brace & Company, 1922.

YOUNG, Robert J. C. *Postcolonialism: An Historical Introduction*. Oxford; Malden: Blackwell, 2001.

YURKIEVICH, Saúl. "Premio Casa de las Américas: diez años de poesía." *Poesía Hispanoamericana: 1960-1970; una antología a través de un certamen continental*. México: Siglo XXI, 1972. 7-39.

ZALDÍVAR, Gladys. "El escritor Severo Sarduy." Sarduy, 67-84.

ZAMBRANO, María. *La confesión: género literario*. Madrid: Siruela, 1995.

ZAPATA GALINDO, Martha. "Shoa, atisemitismo e imaginario social judío en México (1970-2000)." Carreras 36-46.

ZHDANOV, Andrei *et al*. *Problems of Soviet Literature: Reports and Speeches at the First Soviet Writer's Congress*. Westport: Greenwood Press, 1979.

ZEA, Leopoldo. *El pensamiento latinoamericano*. Barcelona: Editorial Ariel, 1976.

ZERAN, Faride. *La guerrilla literaria: Pablo de Rokha, Vicente Huidobro, Pablo Neruda*. Santiago de Chile: Fondo de Cultura Económica, 2005.

ZIMMERMAN, Marc. "The Unity of the Caribbean and its Literature." Rodríguez y Zimmerman 28-56.

ZIV, Avner. "Psycho-Social Aspects of Jewish Humor in Israel and in the Diaspora." *Jewish Humor*. Tel Aviv: Papyrus-Publishing House at Tel Aviv University, 1986. 47-71.

ŽIŽEK, Slavoj. *Living in the End Times*. London; New York: 2011.

— *Violence*. New York: Picador, 2008.

— *Enjoy Your Symptom. Jacques Lacan in Hollywood and Out*. New York; London: Routldege, 2008.

— *The Metastases of Enjoyment*. London; New York: Verso, 2005.

— *On Belief*. London; New York: Routledge, 2001.

— *Tarrying with the Negative: Kant, Hegel, and the Critique of Ideology*. Durham: Duke University Press, 1993.

ZOPÓ MÉNDEZ, Ricardo (ed.). *Cuarto Seminario Regional sobre propiedad intelectual para Jueces y Fiscales de América Latina*. Web. 29 sept. 2005. <http://www.oepm.es/cs/OEPMSite/contenidos/ponen/sem_jueces_05/Jurisprudencia/Jurisp_Colombia.pdf>.

ZURBRUGG, Nicholas (ed.). *Jean Baudrillard, Art and Artefact*. London; Thousand Oaks, New Delhi: Sage Publications, 1997.

ÍNDICE ONOMÁSTICO

T

U

V

Y

W

Y

Z

ÍNDICE ANALÍTICO